좌파적 사고
왜, 열광하는가?

좌파적 사고
왜, 열광하는가?

공병호 지음

공병호연구소

"사람의 행동을 좌우하는 것은 관념(ideas)이라는 것이다.

오늘은 과거의 관념(past ideas)이 낳은 산물이다.

그리고 오늘의 관념(present ideas)은 내일을 형성할 것이다."

–루트비히 폰 미제스(Ludwig von Mises)

보이지 않는 것이 가진 파워

"오늘의 우리가 누리는 것이 과거의 생각과 그것에 기초한 행동의 성과물이라면, 내일의 우리가 누리는 것은 현재의 생각과 그것에 기초한 행동의 성과물이 될 것이다. 다수가 어떤 생각을 갖고 있는지가 한 사회의 현재와 미래를 결정한다."

시간이 가면 좀 나아질 것이다. 누구든 사람은 희망을 품고 살아간다. 설령 어려운 상황이 닥치더라도 더 나아질 것이라는 희망이 없이 사람이 살아가기는 쉽지 않다. 따라서 낙관주의는 생존과 번영에 유익한 도구가 되는 것은 사실이지만 모든 종류의 낙관주의가 환영받을 수 있는 것은 아니다. 이따금 지나친 낙관주의가 현실을 왜곡함으로써 측량할 수 없는 비용청구서를 안기는 일들이 종종 일어나기 때문이다. 우리가 환영해야 할 낙관주의는 현실을 있는 그대로 기꺼이 받아들이고 이를 분석하지 않고 더 나은 미래를 위해 대안을 찾으려는 마음가짐과 태도일 것이다.

2012년부터 가시화되기 시작한 한국의 불황은 점점 상황이 악화되고 있다. 이따금 몇몇 거시 지표를 근거로 상황이 호전되고 있다고 말하는 사람들도 있지만 체감 경기는 계속 악화되고 있다. 근래에 과감하게 실천에 옮겨지고 있는 이상주의적인 정책들은 상황을 더욱 악화시키고 있고 앞으로도 더욱더 악화시킬 것으로 보인다. 이론적 근거가 빈약한 정책의 파급효과를 예상하는 일은 어렵지 않기 때문이다. 마치 우리 경제와 사회가 미끄럼틀을 내려오는 듯한 모습이다. 물론 사람이 하는 일이기에 전망이 빗나갈 가능성도 있지만, 그럴 확률은 그리 높아 보이지 않는다. 설마설마했지만 우리 사회의 상황은 예상 가능한 미래를 향해 나아가고 있다.

개별 기업 차원의 구조조정 노력을 제쳐두면 1997년 환란 이후에 반짝하듯 이루어진 임시방편격인 구조조정 작업 이후에는 경제와 사회 분야에서 제대로 된 청소 작업이 거의 이루어지지 않았다. 문제가 생기면 임기응변 조치로 슬쩍 환부를 덮어버리는 일이 일상화되어 있다. 필요하다면 재정을 투입해서라도 막는 처리 방식이 반복된다. 그 결과 지속적인 경기 부양 정책으로 인해 가계 신용과 전세 부채를 합한 가계 부채는 2017년에 2,201조[가계 신용 1,451조+전세 부채 750조, 김세직·고제헌(2018년), 「한국의 전세 금융과 가계부채 규모」, 『경제논집』 추계치]에 달했다. 이는 GDP의 127% 수준으로 스위스, 호주와 더불어 세계 최상위권에 도달한 것이다. 국가 부채와 국가 채무도 만만치 않다. 국가 부채는 2017년에 1,555조(연금 충당 부채와 공공기관 부채 포함)를 넘어섰다. 이 가운데 절반 이상인 845조 8,000억 원이 공무원·군인 연금 충당 부채였다. 국가 채무는 지난 20년간 10배 이상[2017년 기준 순확정채무(국가 채무) 660조 7,000억 원] 증가했다. 부채의 증가 속도와 규모가 '위험하다'는 평가를 내리는 것도 무리가 아니다.

왜, 이렇게 불황이 지속되는가? 이런 추세가 앞으로 계속될 것으로 전망되는가? 이런 추세의 끝자락에는 무엇이 기다리고 있는가? 그 이유가 도대체 무엇인가? 여기에 우리가 눈에 보이는 경제 지표를 넘어 눈에 보이지 않는 요소들을 탐구해야 할 이유가 있다. 우리 사회가 집단적으로 내리는 다양한 선택과 행동의 토대가 되는 지적 인프라(intellectual infrastructure)를 들추어볼 필요가 있다. 여기서 지적 인프라는 한 사회의 구성원들이 갖고 있는 생각, 믿음, 신념, 비전, 사고 패턴 등을 말한다.

어떤 사회라도 배고픔의 단계를 벗어나기 위한 초기 단계에서는 지적 인프라가 별반 중요하지 않다. 배고픔의 강도가 너무 강해서 다른 모든 요소들을 압도해버린다. 살아남아야 하는 절박함과 갈급함이 압도적인 우위를 차지하기 때문에 지적 인프라가 별반 중요하지 않다. 갈급함과 절박함으로 무장한 사람들은 마치 시장 속의 전사(戰士)처럼 움직일 가능성이 높기 때문이다. 그들을 추동하는 것은 생존에 대한 압박감과 자립과 자존 정신이다. 하지만 배고픔이 어느 정도 채워지고 고등교육을 받은 사람들의 숫자가 늘어나면 새로운 양상이 벌어진다. 이때는 한 사회가 처분할 수 있는 자원의 양이 제법 커지면서 어김없이 나라의 방향, 즉 경제 및 사회

정책의 방향을 둘러싸고 격한 논쟁이 벌어진다. 좁게는 경제정책을 넓게는 정치, 사회, 문화 전반의 정책을 둘러싸고 노선 투쟁 혹은 사상 투쟁과 같은 이념 전쟁(War of Ideas)이 전개된다.

가치관의 격돌과 한반도의 미래

여기에다 우리 사회는 지구 상에 어느 나라도 경험하지 못한 독특한 역사적·실제적 환경에 놓여 있다. 전쟁이 끝난 것이 아니라 휴전 중이고, 한반도 북쪽에는 가장 호전적이고 극단적인 전체주의 체제가 자리 잡고 있다. 인권유린이라는 기준으로 보면 세계에서 유례가 없는 국가가 핵무기 완성을 목전에 둔 상황에 있다. 장기 불황의 극복이라는 경제문제도 버겁지만 이와는 차원이 다른 중대한 도전 과제가 한국이라는 나라를 짓누르고 있다.

북한 핵무기의 완성과 실전 배치를 두고도 한국 사회는 극명하게 양쪽으로 나뉘어 있는 상태다. 북한 핵을 인정하고 핵무기를 그대로 두고도 민족끼리 평화롭게 살 수 있다고 믿는 사람들이 무시할 수 없을 정도로 많다. 이들의 반대쪽에는 한반도의 비핵화 없이는 '노예의 평화' 상태가 불가피하고 결국은 북한 중심으로 이루어지는 적화의 길을 걸을 수밖에 없다고 전전긍긍하는 사람들이 있다. 핵무기를 인정하고 평화롭게 살자고 주장하는 사람들과 비핵화 없이는 결국 한국이 노예 상태를 넘어 공산화 단계를 벗어날 수 없다는 진영 사이에 첨예한 충돌과 갈등이 있다. 두 진영 사이에는 도저히 좁힐 수 없는 세계관과 가치관의 차이가 존재하지만, 현재는 전자를 믿는 정치 세력이 권력을 잡고 있다.

결국 한국 사회는 정치, 경제, 문화, 군사 등 거의 모든 면에서 가치관과 세계관의 불꽃 튀는 격돌을 경험하고 있으며, 이는 한국 사회의 앞날에 심대한 영향을 미칠 것으로 보인다. 이것은 지적 인프라의 차이에 따른 대표적인 갈등 사례로 볼 수 있다. 어떤 가치관과 세계관을 가진 사람들이 다수를 차지하는가? 어떤 가치관과 세계관을 가진 사람들의 지원을 받는 정치 세력이 집권에 성공할 수 있는가? 이에 따라서 한국 사회의 앞날은 물론이고 정책과 제도, 체제의 성격도 큰 영향을 받을 것으로 보인다. 쉽게 이야기하자면 예전에는 우리 사회의 과제가 좀 잘살 수 있는가 아닌가라는 '번영의 문제'였다면 이제는 자유와 생명과 재산을 지킬 수 있는가 아닌가라는 '생존의 문제'로까지 확장되고 있다.

사람들은 눈에 보이는 도로, 항만, 공장, 건물 등에 주목하지만, 눈에 보이는 자산도 결국 눈에 보이지 않는 생각, 사상, 신념, 주장 등에 의해 결정된다. 오늘날 한국 사회에서는 눈에 보이지 않는 사상이나 주장 그리고 생각에 따라 전혀 다른 세계에 살고 있는 사람들끼리 갈등과 분쟁을 일으키는 상황이 전개되고 있다. 결국 인간이란 자신이 옳다고 생각하는 것, 옳다고 믿고 싶은 것에 따라 말하고 생각하고 행동한다. 옳다고 인식하는 것 자체를 사실로 받아들이는 것이 인간이다.

어쩌면 인간에겐 사실이 아니라 인식이 더욱더 중요할 수 있다. 인간에겐 '인식이 곧 사실'이라고 믿는 특성이 있다. '이것이 옳다'

고 하면 사실이야 어떠하든지 관계없이 옳다고 생각하는 것이 그에겐 혹은 그녀에겐 현실이 되어버린다.

현재 한국 사회에서 집권 세력은 물론이고 집권 세력에 표를 던진 사람들 가운데 다수의 사상과 신념은 '정부개입주의적 사고방식'일 것이다. 이는 넓은 의미에서 '좌파적 사고' 혹은 '좌파적 사고방식'이라 부를 수 있다. '정부개입주의적 사고방식'은 좌파적 사고방식의 부분집합으로 이해할 수 있으며, 정부개입주의적 사고방식은 주로 경제적인 문제에 국한할 때 사용할 수 있기 때문에 이 책에서는 좌파적 사고라는 용어로 통일해서 사용한다. 좌파적 사고의 반대편에는 우파적 사고가 위치해 있는데, 이를 '시장친화적 사고방식'이라 부를 수 있다. 그런데 '시장친화적 사고방식' 또한 '우파적 사고'의 한 부분에 속한다.

'좌파적 사고방식'을 정확하게 이해하는 것이야말로 한국 사회의 현재를 진단하고 미래를 전망하는 데 도움을 줄 수 있을 것이다. 오래된 기계는 새 기계로 대체하면 그만이다. 하지만 어떤 사람이 갖고 있거나 혹은 어떤 진영이 공유하고 있는 사고방식은 생명이 다하는 날까지 오래 지속될 가능성이 높고 변화가 쉽지 않다. 그래서 사고방식이 갖는 관성의 힘은 오랫동안 한 사회의 진로를 결정하고 한 사회에서 양적인 변화는 물론이고 질적인 변화까지 초래하게 된다. 중요한 것은 이런 사고방식이 사회의 진로에만 영향을 미치는 데 그치지 않는다는 점이다. 이런 사고방식은 한 사람의 인생 전반에 걸쳐 영향을 미치고 자립과 자존 그리고 자활과 성공에도 영향을 미친다.

좌파적 사고에 대한 탐구

이 책은 한국 사회의 현재와 미래를 결정하게 될 '좌파적 사고(정부개입적 사고방식)'의 특성을 분석하는 데 초점을 맞춘다. 이를 기초로 한국 사회의 앞날을 전망하는 것을 목적으로 한다. 모두 다섯 장으로 구성된 책의 내용은 다음과 같다. 1장은 좌파적 사고의 구조적인 특성을 살펴본다. 이 장을 통해서 독자들은 좌파적 사고의 뿌리와 기원은 물론이고 자신과 타인을 들여다볼 수 있는 시간을 가질 것이다. 생각을 생각하는 기회, 즉 사고를 사고하는 기회를 가질 것이다. 일종의 '인간론'을 다룬 장이다.

2장은 좌파적 사고의 가장 중요한 특성들을 다룬다. 독자들은 좌파적 사고의 5가지 특성을 읽으면서 자신 혹은 주변 사람들에게서 흔히 볼 수 있는 사고의 특성이 좌파적 사고임을 이해하는 기회를 갖게 될 것이다. '이게 바로 그것이었구나!'라는 깨달음을 얻게 될 것이다. 깨달음은 깨달음으로 그치지 않고 옳고 그름에 대해 스스로 생각해볼 기회를 제공할 것이다.

3장, 4장, 5장은 좌파적 사고의 구체적인 특성을 세상, 시장, 그리고 정치로 나누어서 다룬다. 세상 측면에서 좌파적 사고, 시장 측면에서 좌파적 사고, 정치 측면에서 좌파적 사고로 구성된다. 좌파적 사고의 특성을 말해주는 각론으로 받아들이면 된다. 이들 특성은 한국 사회의 현재 모습은 물론이고 장기 불황 같은 현재 문제들의 원인을 이해하는 데 길잡이 역할을 담당해줄 것이다. 마무리 글에서는 이런 사고방식이 한국 사회를 지배할 가능성이 높은 현재의 상황에서 한국 사회가 어떤 모습으로 나아가게 될지에 대한 가설을 제시한다.

저자와 신념과 생각이 다른 독자들은 다소 불편함을 느낄 수 있다. 그러나 현실을 바라보는 상반된 시각으로 이해하면 다름이 야기할 수 있는 거북함을 자연스럽게 받아들일 수 있을 것이다. 자신과 사회에 대한 이해와 아울러 이 책이 제시하는 미래에 대한 가설이 어느 정도 맞아떨어질지는 세월이 가려줄 것이다. 요령과 재치 그리고 선동과 선전이 한때 기세를 올릴 수 있지만, 결국에는 진리와 진실이 옳은 것으로 판명될 것이라는 생각으로 책을 썼다. 하지만 역사는 진리와 진실도 결국 무력 앞에선 허망한 것이 될 때가 많았음을 증명해준다.

이 책이 한국인들이 문제의 실체와 본질 그리고 공동체의 현재를 올바르게 이해하고 미래를 제대로 준비하는 데 도움이 되길 바란다. 끝으로 이 책은 인간을 진화심리학적인 측면에서 접근하여 서술한 것임을 언급해둔다.

공병호

차례

머리말 보이지 않는 것이 가진 파워 ——————— 6

■■ **1장 좌파적 사고**

⑴ 이상향은 매력적이다 ——————————— 22

⑵ 본능은 힘이 세다 ———————————— 28

⑶ 힘이 들지 않는다 ———————————— 35

⑷ 타고나는 부분이 강하다 —————————— 40

⑸ 후천적 노력도 영향을 미친다 ———————— 47

■■ **2장 좌파적 사고의 특성**

⑴ 본능의 목소리를 따른다 —————————— 56

⑵ 따뜻함과 함께한다 ———————————— 70

⑶ 선함에 대한 믿음이 강하다 ————————— 78

⑷ 자신의 도덕적 우월성을 믿는다 ——————— 88

⑸ 태생적 차이를 중히 여기지 않는다 —————— 98

■ 3장 세상과 좌파적 사고

⑴ 통제할 수 있다는 믿음이 강하다 ———— 112

⑵ 악을 제거하는 일에 만족하지 않는다 ———— 122

⑶ 집단 간의 갈등으로 바라본다 ———— 132

⑷ 급격한 단절이 가능하다고 본다 ———— 141

⑸ 지배와 피지배로 본다 ———— 150

⑹ 세상이 마땅히 평등해야 한다고 믿는다 ———— 158

⑺ 모든 것을 만들어낼 수 있다고 믿는다 ———— 166

4장 시장과 좌파적 사고

① 경쟁에 우호적이지 않다 ──────────── 176

② 부침과 도태가 필수적임을 받아들이지 않는다 ─── 183

③ 경제주체들의 문제 해결 능력을 과소평가한다 ─── 191

④ 경제정책의 보이지 않는 효과에 무심하다 ──── 199

⑤ 경제도 민주화의 대상이 되어야 한다고 믿는다 ── 206

⑥ 앞선 자에 대한 원념(怨念)에서 자유롭지 않다 ── 213

⑦ 평준화와 획일화를 선호한다 ────────── 221

⑧ 유연성에 거부감을 느낀다 ──────────── 228

⑨ 마음의 중요성을 이해하지 못한다 ─────── 234

⑩ 정부개입주의와 항상 함께한다 ───────── 239

5장　정치와 좌파적 사고

⑪ 자유가 목적인 정체를 추구하지 않는다 ——— 248

⑫ 재산권을 수단이나 도구로 간주한다 ——— 256

⑬ 민중주의에 친화적이다 ——— 263

⑭ 정치 과잉의 시대를 연다 ——— 270

⑮ 역동성에 대한 대안 제시가 쉽지 않다 ——— 277

⑯ 감각의 선택을 선호한다 ——— 282

맺음말　좌파적 사고의 약진과 미래 ——— 288

공병호의 저작물 목록 ——— 293

1장

좌파적 사고

"좌파적 사고는 우리의 사고 패턴 가운데서 기본값에 가깝다. 특별한 노력이나 체험이 더해지지 않으면 좌파적 사고를 벗어날 가능성은 높지 않다. 따라서 좌파적 사고는 어느 시대나 호소력이 강하고 감동적으로 다가오기 때문에 이를 뿌리치기가 쉽지 않다."

* *

먹고사는 문제가 시급한 과제일 때는 좌파적 사고가 확산될 가능성은 낮다. 먹고살기 위한 자원을 확보하느라 바쁜 사람들은 이것저것을 생각할 여유가 없기 때문이다. 또한 나눠 가질 수 있는 자원이 턱없이 부족하기 때문이다. 그러나 세월이 흐르면서 어떤 사회가 만들어내는 잉여 자원이 커질수록 어김없이 좌파적 사고는 많은 사람에게 확산된다. 문명화된 사회 가운데 빈곤에서 벗어나 풍요로워지면서 좌파적 사고가 확산된 역사

적 경험을 공유한 국가들이 많다. 물론 시대나 나라에 따라 정도의 차이
는 있지만 말이다.

컴퓨터 과학에서 우리는 흔히 기본값(default)이라는 용어를 사용한다. 응
용 소프트웨어나 컴퓨터 프로그램 혹은 장치에서 사용자의 개입 없이 자
동으로 할당되는 설정 또는 값을 말한다. 이를 대다수 사람의 사고 유형
이나 패턴에 적용할 수 있다. 대다수 사람이 태어날 때부터 갖는 사고의
기본값은 좌파적 사고다. 쉽게 말하자면 대다수는 좌파적 사고에 대단히
친화적이고 우호적으로 태어난다. 물론 모든 인간이 그렇다는 이야기는
아니다. 예외적인 사람들도 있기는 하지만 그들은 소수에 불과하다. 앞으
로 차근차근 살펴보겠지만 다수가 좌파적 사고에 익숙한 인물로 태어난
다는 것을 입증하는 일은 어렵지 않다.

이상향은 매력적이다

"깔끔하고 완전한 상태를 추구하는 좌파적 사고는 인기를 끌 수밖에 없다."

좌파적 사고는 우파적 사고의 반대편에 있는 사고, 사고방식, 사고 유형 혹은 사고 패턴을 말한다. 두 가지 사고는 어떤 현상에 대해 서로 대척점에 서 있으며, 동일한 현상에 대해 서로 다른 이해와 해석 그리고 처방을 내놓는다. 우선 용어의 혼란이 가져올 수 있는 문제점을 해결하기 위해 좌파적 사고를 간략하게라도 정리해둘 필요가 있다.

전통적으로 우리는 좌파와 우파라는 용어 대신 진보와 보수로 나누는 데 익숙하다. 그러나 이런 구분은 그 자체에 이미 가치판단이 들어 있기 때문에 이 책에서는 사용하지 않는다. 마르크스의 역사 발전론에 따르면 자본주의를 고수하는 것은 역사 발전의 '보수 반동'으로, 사회주의 혹은 공산주의를 지향하면 역사 발전의 '진보'가 된다는 주장이 내재되어 있기 때문이다. 사회주의를 역사 발전에서 진보로 간주하는 것은 틀린 주장이므로 이 책에서는 진보 혹은 진보 진영이라는 용어는 사용하지 않는다. 진보라는 용어는 그 자체만으로 선진적이라는 편견을, 보수라는 용어는 그 자체만으로 고리타분하다는 편견을 심어줄 수 있기 때문이다. 그러나 사회 통념상 진보가 곧바로 좌파라는 가정을 받아들인다면 좌파적 사고를 진보적 사고라 부를 수 있다.

참고로 마르크스의 역사 발전 5단계설은 인류 역사는 원시 공동사회를 거쳐 고대 노예사회, 중세 봉건사회, 자본주의사회로 발전해가며 자본주의사회는 자체 모순이 심화되어 필연적으로 붕괴되고 새로운 이상사회인 사회주의·공산주의사회가 도래한다는 역사관을 말한다. 구소련 붕괴 이후에 우리 사회에서 이런 견해를 내놓고 주장하는 사람들은 드물지만, 1970~1990년대 운동권에 몸담았던 사람들이 가졌던 확고한 역사관이었다.

좌익과 우익의 기원

좌파(Left)와 우파(Right)라는 용어를 처음 사용하기 시작한 것은 18세기 말 프랑스혁명을 전후해서다. 프랑스 제헌의회가 1789~1791년에 국왕에게 남겨진 권한과 국왕의 거부권 문제를 놓고 분열되었을 때, 급진파인 제3신분인 평민 대표들은 의장 자리에서 볼 때 의회 왼쪽에 자리 잡고 있었고, 오른쪽에는 보수적인 견해를 가진 제1신분인 성직자 계급과 제2신분인 귀족의 대표들이 앉아 있었다. 이후 사람들은 제3신분인 평민 대표들을 왼쪽에 앉았다고 해서 '좌파' 혹은 '좌익'이라고 불렀다. 당시만 하더라도 좌파에 대해 어떠한 정치적 성격도 부여되지 않은 상태였다.

이후 프랑스대혁명으로 절대왕정 체제가 붕괴되고 3부회의가 국민의회로 개편된 뒤 처음 소집한 국민의회에서 각 당파의 의석을 배치할 때 의장석을 중심으로 하여 좌측에는 공화정으로 급격한 개혁을 추구하는 자코뱅파가 앉았다. 그리고 우측에는 입헌군주제를 추구하는 온건한 성향의 프이앙파가 앉았다. 좌측에 앉은 자코뱅파를 좌파 혹은 좌익으로 부르고, 우측에 앉은 프이앙파를 우익이라 불렀다. 이렇게 만들어진 좌파와 우파라는 용어는 시간이 가면서 점점 정치적 사상이나 사고방식 혹은 행동 성향이라는 의미를 갖게 된다. 볼셰비키 혁명을 거치면서 좌파는 급격한 사회변혁을 추구하고 그 변혁을 시도하는 과정에서 기존 권위나 전통을 부정하는 사회 세력이나 그들의 사상 성향 및 행동 방식을 총칭하는 용어로 자리 잡게 된다. 반면에 우익은 상대적으로 온건하고 점진적인 변화를 추구하며 기존의 권위나 전통을 유지하려는 사회 세력과 그들의 사상 성향을 가리키게 됐다.

한국에서 좌파는 다양한 구성원들로 이루어져 있으며 사상 성향 및 행동 방식의 스펙트럼이 비교적 넓은 편이다. 급격한 방식으로 경제 및 사회 문제를 해결하려는 일반 시민이나 일부 시민사회단체 활동가부터 북한과 같은 폭정을 감싸 도는 '친북' 세력은 물론이고 내놓고 북한을 두둔하는 '종복' 세력에 이르기까지 다양한 부류의 사람들로 구성되어 있다. 좌파적 사고를 가진 사람들 가운데 대다수는 헌법질서 내에서 급격한 변화를 달성하길 원하지만, 일부는 헌법질서를 벗어난 방법으로 사회변혁을 꾀하는 것이 정당하다고 생각한다.

구소련의 몰락 이후 한국의 좌파 가운데 일부는 다른 나라 좌파와 뚜렷한 차이점이 있다. 공산권의 몰락 이후 대다수 국가의 좌파는 환경문제, 군축 및 반전운동, 소득격차 극복 등과 같은 다양한 주제에 관심을 기울인 데 반해서 한국에서는 유독 친북 혹은 종복좌파 세력의 활동이 건재한 실정이다. 이들 가운데 일부는 우리의 헌법질서인 자유시장경제와 자유민주주의 체제를 부정하고 북한의 대남혁명노선이나 마르크스·레닌 노선에 입각한 사회를 꿈꾸며 여전히 북한에 우호적인 시각과 태도를 보이고 있다. 이처럼 좌파를 구성하는 구성원들의 스펙트럼이 넓기 때문에 구체적인 문제에 대해서 좌파적 사고는 다른 모습을 보인다. 그럼에도 이 책에서는 좌파적 사고의 공통점을 중심으로 이야기를 전개하려 한다.

프레임과 좌파적 사고

좌파적 사고는 좌파가 공유하는 사고, 사고방식, 사고 유형 혹은 사고 패턴을 말하며, 우파적 사고는 우파가 공유하는 것들을 말한다. 좌파적 사고와 우파적 사고를 손쉽게 이해할 수 있도록 돕는 것은 '프레임'이라는 용어다. 좌파적 사고는 독특한 프레임이나 관점으로 세상의 이모저모를 바라본다. 이처럼 어떤 프레임을 갖고 바라보는가에 따라 세상의 모습은 판이하게 다르게 받아들여진다.

서울대 최인철 교수는 『프레임』에서 프레임을 '세상을 바라보는 마음의 창'으로 정의한다. "어떤 문제를 바라보는 관점, 세상을 향한 마인드셋, 세상에 대한 은유, 사람들에 대한 고정관념 등이 모두 프레임의 범주에 포함되는 일이다. 마음을 비춰주는 창으로서의 프레임은 특정한 방향으로 세상을 보도록 이끄는 조력자의 역할을 하지만, 동시에 우리가 보는 세상을 제한하는 검열관의 역할도 한다."

좌파적 사고의 뚜렷한 특징 가운데 하나는 힘이나 능력을 가지고 있을 법하게 보이는 누군가가 나서서 사회문제를 해결하는 데 적극적이어야 한다고 믿는 것이다. 좌파적 사고는 은연중에 사회문제를 깔끔하게 해결한 상태, 즉 이상적인 상태를 급속히 만들어내야 하고 그럴 수 있다고 믿는 경향이 강하다. 물론 이를 가능하게 하는 주체는 특정 정치 세력이나 국가 혹은 강한 힘을 가진 지도자여야 한다고 믿는다.

예를 들어, 좌파적 사고와 우파적 사고는 경제문제를 바라보는 시각 면에서 큰 차이를 보인다. 좌파적 사고를 흔히 '정부개입적 사고'로 부르거나 우파적 사고를 '시장친화적 사고'로 부르는 데는 전자의 경우 힘을 가진 국가(주로 행정부)가 더욱더 깊숙이 개입해서 문제 해결을 서둘러야 한다고 믿는 것을 반영하고 있다. 대체로 좌파적 사고는 정부의 강한 개입을 선호하고 정부가 신속한 결과를 내놓아야 하고 내놓을 수 있다고 믿는 경향이 강하다. 또한 좌파적 사고는 어떤 정책이나 제도를 사용하면 이상적인 상태를 충분히 달성할 수 있다고 믿는다. 그래서 그들이 사용하는 언어에도 그런 성향이 강하게 배어 있다. 좌파적 사고에서 자연스럽게 나오는 용어들인 '청산'이나 '척결' 등과 같은 표현이 대표적이다. 이처럼 한 점 흠결이 없는 깨끗한 상태를 염두에 둔 표현들이 좌파적 사고를 가진 인물들의 입에서 자주 나온다. 반면에 우파적 사고는 이상적인 상태를 달성하는 것은 어렵다고 본다. 다만 상태를 개선하거나 최악의 상태에 도달하지 않도록 대안을 제시하는 데 초점을 맞춘다.

보통 사람들은 본능적으로 어떤 상태를 원할까? 마치 우리가 깨끗하게 청소한 상태를 좋아하는 것처럼 사회문제에 대해서도 한 점 오류가 없는 깔끔한 상태를 선호하고 이것이 가능하다고 믿는다. 마치 집 안 청소를 깨끗하게 할 수 있는 것처럼, 다수의 사람들은 사회도 깨끗한 상태로 만들 수 있다고 믿는다. 특히 사회생활 경험이 적은 젊은이일수록 조급하게 이상적인 상태를 달성할 수 있다고 믿는 경향이 강하다. 물론 모든 젊은이에게 해당되는 이야기는 아니다. 좌파적 사고와 우파적 사고는 어떤 개인의 정치적 성향이자 두뇌 구조와 밀접하게 연결되어 있다. 그런데 인간이 완벽한 것, 즉 완전한 것을 원하는 것은 본능이다. 따라서 좌파적 사고는 서서히 불완전한 상태를 벗어날 수 있으며 완전한 상태를 달성하기는 쉽지 않다고 주장하는 사고보다 더 많은 이들에게 인기를 끈다.

본능은 힘이 세다

"이성보다는 본능의 압도적인 지지를 받는 것이 좌파적 사고다."

사고(思考)한다는 것은 어떤 것을 말하는가? 사고 과정은 다른 두 뇌 활동과 마찬가지로 두뇌의 신경회로에 전기가 흐르는 물리적인 변화다. 일종의 '자극-반응'과 같은 현상이다. 우리는 말과 글을 통해서 사고 과정의 결과물을 확인할 수 있다. 예를 들어, 어떤 사람의 글이나 말에 나타나는 일정한 패턴이나 특성을 보면 이 사람이 좌파적 사고에 익숙한지 아닌지를 확인할 수 있다.

　사고는 어떻게 이루어지는 것일까? 우리의 두뇌 속에는 사고 활동을 진두지휘하는 구조물, 즉 생각이나 의견(혹은 주장)을 만들어내는 공장이 자리 잡고 있다. 이 '사고공장'은 신경회로망의 조합으로 이루어져 있으며, 사고 과정은 '자극-반응'과 유사한 형태로 이루어진다. 사고공장은 개념의 창출, 추리와 분별, 옳음과 틀림, 선과 악 그리고 미와 추 등에 대해 다양한 의견이나 주장을 만들어낸다. 이런 의견이나 주장이 일회성에 그치지 않고 특정 문제나 사안에 대해 반복적으로 유사한 형태를 보인다면, 우리는 이를 좌파적 사고의 결과물 혹은 우파적 사고의 결과물이라 이름 붙일 수 있다.

사고공장과 신경회로망

좌파적 사고를 가진 사람과 우파적 사고를 가진 사람은 뚜렷한 차이를 보인다. 어떤 경제문제가 발생하면 습관적으로 "정부가 개입해서 그것을 해결해야 한다"고 주장하는 사람이 있는 반면에, 또 어떤 사람은 "정부 개입은 최소한에 그쳐야 하고 신중해야 한다"고 주장한다. 전자에 속하는 사람의 사고공장은 좌파적 사고에 특화된(혹은 치우친) 구조물일 것이고, 후자에 속하는 사람의 사고공장은 우파적 사고에 특화된 구조물일 것이다. 이를 달리 표현하면 좌파적 사고에 특화된 신경회로망 혹은 우파적 사고에 특화된 신경회로망이라 할 수 있다.

예를 들어, 1960년대 초반 미국의 케네디 행정부와 존슨 행정부에서 '빈곤과의 전쟁'을 대대적으로 실시한 적이 있다. 케네디와 존슨 대통령은 다양한 사회 프로그램을 통해 정부가 대폭적으로 가난한 사람들을 돕지 않는다면 미국이 무질서 상태에 놓일 것으로 내다봤다. 린든 존슨(Lindon B. Johnson) 대통령은 "우리 모두는 무지, 차별, 빈민굴, 빈곤, 질병, 그리고 부족한 일자리가 어떠한 상태인지를 안다"고 주장했다. 사회 병폐를 철두철미하게 해결할 수 있다는 좌파적 사고의 전형적인 특징을 존슨 대통령이 갖고 있었음을 알 수 있다. 똑같은 사회문제에 대해 애리조나 상원의원이자 공화당 대통령 후보였던 배리 골드워터(Barry Goldwater)는 이러한 프로그램에 대해 "점점 더 많은 사람이 정부가 돌봐야 할 계급으로 이동하도록 촉진해서 빈곤을 조장할 것이다"라고 비판했다. 우파적 사고를 가진 사람의 전형적인 주장이다. 이런 주장을 통해 우리는 두 사람의 사고공장의 신경회로망이 상당히 다르리라는 것을 추측할 수 있다. 신경회로망을 구성하는 배선판이 다를 것으로 추측된다.

특별히 주목할 만한 사실은 대체로 사람들은 좌파적 사고에 특화된 구조물을 갖고 있을 가능성이 매우 높다는 점이다. 쉽게 이야기하자면 좌파적 사고에 특화된 신경회로망을 갖고 있을 가능성이 높다. 이는 신경회로망을 구성하는 배선판이 좌파와 우파 사이에 뚜렷한 차이가 있음을 뜻한다. 이는 오랜 세월을 거쳐 환경에 적응해온 인간 두뇌에 대한 탐구로부터 얻을 수 있는 유력한 가설이다.

자동반응기와 유연한 신경회로망

인간의 뇌는 3중 구조로 이루어져 있다. 가장 안쪽에 위치한 R(파충류, reptilian)-복합체, 그다음에 위치한 변연계 그리고 가장 바깥에 위치한 신피질로 구성된다. 가장 안쪽에 위치한 R-복합체는 가장 원시적인 뇌로 '파충류의 뇌'로 불리기도 한다. 심장 조절, 혈액순환, 호흡 등의 기본적 대사과정 조절과 다른 생물들로부터 자기 보호 기능, 생식 행위, 세력권 확장, 순위제(개체 상호 간의 인지에 기초를 둔 우열 관계를 유지하며 투쟁이나 혼란을 피하는 체제) 등을 맡고 있다. 이 부분은 본질적으로 자기 보호 기능을 맡고 있는 대단히 동물적인 두뇌에 해당한다.

파충류의 뇌라 불리는 이 부분은 대단히 이기적이다. 상대가 자기보다 약하면 공격하고 강하면 도망치는 것이 자기 보호의 전형적인 모습이다. 거기에는 타인을 생각하거나 배려하는 여지가 없다. 얼마 전에 미국 플로리다 주의 한 공원을 애완견과 산책하던 중년 여성이 갑자기 달려든 악어에게 제물이 된 사건이 있었다. 눈앞에 나타난 먹잇감이라는 자극에 대해 공격성을 드러낸 사례다. R-복합체로만 뇌가 구성된 대표적인 동물은 악어인데, 악어의 뇌에는 먹잇감을 확보해서 살아남는 것 외에는 다른 기능이 없다. R-복합체의 신경회로망은 원시적인 자동반응기(自動反應機)와 같다. 일정한 자극이 주어지면 마치 프로그램이라도 되어 있는 것처럼 곧바로 자극에 대해 정해진 반응이 뒤따른다. 신경회로의 구조가 아주 단순하며 어떤 유연성도 없다.

중간에 있는 대뇌변연계는 '포유류 뇌'로 불리기도 한다. 포유류 뇌는 R-복합체와 아울러 대뇌변연계를 갖춤으로써 자기 자식을 포함해서 남을 약간 생각할 여지가 있다. '파충류의 뇌'에 비해 신경회로망 구조가 약간 복잡하고 다소 유연성이 있지만 여전히 자동반응기 성격이 짙다. 대뇌변연계를 구성하는 주요 부위는 해마다. 지름 1cm에 길이 5cm 정도인 해마는 10⁷개 정도의 뉴런으로 구성되고, 한 개의 뉴런이 약 2만~3만 개의 뉴런과 네트워크로 연결되어 있다. 해마는 냄새 같은 각종 감각정보들을 해석해서 기억할 것은 기억하고 버릴 것은 버리는 역할을 수행한다. 장기기억은 주로 해마가 담당한다.

시간을 중심으로 보면 '영장류의 뇌' 혹은 '인간의 뇌'라 불리는 신피질이 근래에 더해진 것이다. 여기서 근래라고 하면 6,000만~7,000만 년 전을 말한다. 고릴라나 원숭이 같은 영장류는 물론이고 초기 인류는 집단생활을 영위했다. 초기 인류는 20~30명으로 구성된 소규모 부족 생활을 영위했으며 이들의 생계 수단은 주로 채집이었다. 단백질이 부족한 문제를 해결하기 위해 시간이 가면서 수렵 생활이 더해지게 된다. 초기 인간은 자신들보다 몸집이 큰 동물을 집단적으로 사냥해서 먹고사는 문제를 해결하기도 했다.

본능에 잘 맞는 좌파적 사고

현대인들의 뿌리인 현생인류인 호모사피엔스는 혹독한 빙하기를 거친 다음에 등장했다. 이들이 빙하기를 통과하는 과정에서 주된 사냥감은 매머드, 들소, 순록, 곰 등과 같이 인간보다 덩치가 훨씬 컸기 때문에 집단적으로 협력하지 않고서는 사냥에 성공할 수 없었다. 집단 사냥을 위한 협동심, 집단을 위한 충성심, 패

거리 의식, 이탈자에 대한 징벌, 공동 생산과 공동 분배는 생존에 필수적인 부분이었고, 이런 필수적인 덕목은 인간의 두뇌에 깊고 깊은 흔적을 남겼다.

'영장류의 뇌'인 신피질은 다른 두뇌에 비해 유연하다. 후천적인 교육이나 노력 그리고 깨달음을 통해서 신경회로망의 배선판을 바꿀 수 있다. 정상적인 인간의 신경회로망의 복잡성이 거의 무한대에 가까운 점을 염두에 두면, 교육이나 노력 등을 통해서 두뇌의 구조물을 변화시키는 일은 가능하다. 그러나 쉬운 일은 아니다. 의식적인 노력이 더해져야 하기 때문이다.

인간의 두뇌는 어느 날 갑자기 하늘에서 뚝 떨어진 것이 아니다. 진화의 긴 여정을 거쳐오는 동안 마치 벽돌을 쌓듯이 하나하나가 쌓이면서 현대인의 두뇌를 형성하게 된다. 따라서 우리의 두뇌를 구성하는 구조물에는 먼 옛날의 파충류가 남긴 흔적인 공격 본성의 잔영이 고스란히 남아 있다. 또한 넘지 말아야 할 선을 넘어서는 성욕의 공격성도 그대로 남아 있다. 무엇보다도 소규모 부족 생활에 필수적인 집단생활과 집단의식 그리고 공동 생산과 공동 분배에 대한 열정과 그리움도 구조물에 짙게 남아 있다. 인간의 두뇌가 유연한 것은 사실이지만 의식적으로 올바른 노력을 하지 않으면 '파충류의 뇌', '포유류의 뇌', '영장류의 뇌'의 영향력에서 벗어나기 힘들다. 현대인의 사고공장은 물려받은 유산으로부터 자유로울 수 없다. 오히려 물려받은 유산에 의해 압도되는 일이 자주 일어난다.

개인보다는 집단을 강조하고, 개인의 책임보다는 사회적 책임을 강조하고, 시장보다는 정부 개입을 선호하는 주장들은 과거로부터 물려받은 유산과 잘 맞아떨어진다. 좌파적 사고는 본능 친화적이고 인간적이라는 평가를 받는다. 결론적으로 좌파적 사고는 본능에 토대를 두기 때문에 호소력이 강하고 사람들에게 받아들여질 가능성이 매우 높다.

힘이 들지 않는다

"논리를 동원할 필요가 없는 좌파적 사고는 에너지를 절감시켜준다."

우파적 사고는 현대인들이 물려받은 두뇌라는 유산과 거리가 멀리 떨어져 있다. 반면에 좌파적 사고는 물려받은 유산에 토대를 두고 있을 뿐만 아니라 유산과 쉽게 어우러져 조화를 이룬다. 언제 어디서나 본능의 든든한 지원을 받는 의견이나 주장은 다수의 지지를 받는다. 역사적으로 민중주의(포퓰리즘)가 항상 인기를 끄는 이유다. 민중주의는 자원 배분 권한을 가진 국가를 이끄는 지도자들이 어떤 집단에 혜택을 줄 것을 약속하는 주장이 주를 이루기 때문에 전형적인 좌파적 사고의 결과물이다. 그러나 포퓰리즘에 반하는 의견이나 주장을 공개적으로 표출하는 일은 힘들다. 본능이라는 큰 흐름을 거스르는 의견이나 주장을 상대방에게 설득하는 일은 어렵고 많은 자원이 필요하기 때문이다. 일단 본능에 순응하여 '저것이 옳다'고 믿어버린 사람들은 실제로 실상이 어떠한지에 대해서는 별반 관심이 없다. 믿고 싶은 것 자체가 그 혹은 그녀에겐 진실이 되어버리기 때문이다.

2011년 무렵, 이 땅에서 무상급식이 막 시작될 때의 일이다. 보편적인 무상급식 제도의 도입이 낳을 부작용을 지적하는 사람들에게, "아이들에게 한 끼 식사를 대접하겠다는데 뭘 그렇게 따지고 말고 하는가!"라는 호소는 다수의 사람들의 마음에 강한 울림을 남겼다. 비용이 얼마나 들 것이며, 그 비용이 앞으로 얼마나 늘어날 것이며, 무상급식이 어떤 파급효과를 불러올 것인지 등을 논리적으로 따지는 주장의 손을 들어주는 사람은 적을 수밖에 없다. 따라서 좌파적 사고는 쉽고 편안하고 다수의 지지를 받는다. 반면에 본능을 넘어서 이성이나 논리에 바탕을 두는 경향이 강한 우파적 사고를 견지하려면 어떤 의미에서 개인적으로 상당한 비용을 치러야 한다. 옳고 그름을 따져야 하고, 직접 효과 이외에 간접 효과를 따져야 하고, 단기 효과 외에 장기 효과를 따져야 하고, 눈에 보이는 효과 외에 눈에 보이지 않는 효과도 따져야 한다.

에너지 소모가 적은 방향으로

모든 유기체는 에너지를 절약하려는 강한 동기를 갖고 있다. 그것이 생존에 유리하기 때문이다. 집에서 키우는 화초나 나무도 필사적으로 햇볕을 더 많이 받을 수 있는 장소를 향해서 가지를 뻗는다. 살아 있는 모든 유기체는 '적게 투입하고 많이 거둔다(Less Input, More Output)'는 원칙에 충실하게 행동한다. 좌파든 우파든 자신의 지갑에서 돈이 나가는 일이나 돈이 들어오는 일에 관한 한 별반 차이가 없다. 이익을 남기거나 손해를 줄이는 것처럼 사적인 이익이 관련된 일에서는 모두가 최적의 선택을 내린다.

반면에 사회적 선택과 관련된 문제에서는 좌파적 사고와 우파적 사고의 간극을 발견할 수 있다. 사회가 당면한 현안 과제들에 대해서 좌파적 사고와 우파적 사고는 큰 격차를 보인다. 정치의 현안 과제나, 경제 및 사회적인 정책의 도입과 제도의 설정 등과 같은 과제들은 보통 시민들로서는 비용을 나누어 갖는 일이기 때문에 개인의 이익과 관련된 문제처럼 신경을 곤두세워야 할 필요가 없다. '그런 것 같다'는 생각이나 느낌이 들면 그쪽의 손을 들어주면 그만이다. 공동체가 직면한 문제는 대부분 공공재 성격이 강하다. 비용은 시간을 두고 모두가 나누어 지불하기 때문에 굳이 자신이 나서서 옳고 그름을 따져야 할 인센티브가 없다. 게다가 사람들은 대체로 단기 이익에 관심이 많다. 자신이 누리는 혜택의 대가로 다음 세대가 엄청난 비용을 지불해야 하더라도 별로 개의치 않는다. 아버지는 아들을 생각하지만 아버지 세대는 아들 세대를 말만 생각할 뿐 행동으로 보이는 데 익숙지 않다.

나라가 빚을 얼마나 질지, 누구에게 무상 의료를 제공할지, 누구에게 어떤 혜택을 제공할지 등과 같은 과제는 자신에게 피부로 와닿지 않는 주제들이다. 당장 돈이 나가는 개인의 사적 의사 선택과는 차원이 다르다. 이런 일에서는 본능적인 반응이 우위를 차지할 가능성이 상당히 높다. 이처럼 비용 부담 측면에서 좌파적 사고를 들여다보면 절대적으로 유리한 위치에 있음을 알 수 있다. 마음도 편안하고 자신의 에너지를 절약할 수 있다면 어느 누가 이를 마다할 수 있을까!

심리적 부담감과 불편함

여기에다 다수가 좌파적 사고를 선호한다면 대세를 거스르는 사람은 심리적인 비용을 치러야 한다. 대체로 사람들은 동조 압력을 받는다. 다수가 가는 길로 가면 그만큼 마음이 편안해진다. 반면에 반대 방향으로 가기로 결심하는 순간부터 자신이 소수 그룹에 속해 있다는 느낌을 받게 된다. 사람은 대체로 다수 그룹에 속할 때 편안함을 느낀다. 유행이 만들어지는 데도 동조 압력이 중요한 역할을 담당한다.

어떤 시대에 특정 사상이나 사조가 유행하면 지식인들 중에서도 이를 추종하는 사람이 늘어난다. 아마도 지식인들 가운데 일부는 다수의 대중이 가진 의견이나 주장에 일부러 맞추기도 할 것이다. '지식인의 아부'라는 용어를 사용할 수 있다. 다수가 믿는 쪽으로 가야 기회도 생기고 자리도 얻을 수 있고 경제적 이득도 거둘수 있다면 이를 거부할 수 있는 사람이 얼마나 될까? 시민사회단체 가운데 좌파적 사고로 무장한 사람들이 모인 단체 출신들이 출세할 가능성이 현저히 높다. 우파적 성격의 단체 활동으로 거둘 수 있는 기대수익은 낮다. 우파적 사고 덕분에 많은 이득을 보는 사람이나 조직도 안전망을 확보하는 차원에서 좌파 단체에 기부금을 내기도 한다. 일종의 보험을 드는 것이다. 그래서 늘 좌파적 사고로 뭉친 사람들이 모인 곳에 돈이 몰린다.

우파적 사고에 이론적 토대를 제공한 대표적인 지식인 프리드리히 폰 하이에크(Friedrich von Hayek) 교수는 1940년대부터 1970년대에 이르기까지 영국과 유럽 전역에서 좌파적 사고가 만들어낸 주장이 선풍적인 인기를 끌 때, "학자로서의 외로움을 심하게 느꼈다"고 회고한 바 있다. 물론 그는 살아생전에 자신의 소수 의견이 승리하는 것을 직접 볼 수 있었고 노벨 경제학상을 타는 영예를 누리기도 했다. 미국 정부에서 민간인에게 주는 최고의 훈장인 '자유의 메달'을 수상하기도 했다.

좌파적 사고는 에너지를 절약해주고 쉽고 편안하기 때문에 예외적인 사람이 아니라면 이를 받아들일 가능성이 높다. 인간은 먼 미래의 일보다 가까운 날의 일에 더 관심이 많고, 사회라든지 전체의 이익보다 내 이익에 더 끌리는 존재다. 그래서 어느 사회든 좌파적 사고는 인기를 끈다.

타고나는 부분이 강하다

"좌파적 사고는 특정 정보에 민감하게 반응하는 신경회로망을 필요로 한다."

다른 다양한 재능과 마찬가지로 좌파적 사고와 우파적 사고는 '선천(nature)'에 뿌리를 두고 있다. 대가족의 일원으로 자란 사람들 가운데 필자의 생각에 고개를 끄덕거리는 사람이 많을 것이다. 같은 부모 밑에서 태어나더라도 가족 구성원이 마치 남남처럼 너무 다른 성격과 성향을 타고난다. 필자도 7남매 가운데 한 사람인데, 이따금 '어쩌면 이다지도 형제들이 서로 다른 특성을 타고났을까!' 하고 놀라움을 금치 못할 때가 있다. 마치 타인이라도 되듯이 성격, 취향, 선호 등 여러 면에서 형제들이 다르다. 형제뿐만 아니라 자신을 관찰자의 입장에서 바라볼 때면 '사람은 누구나 저마다의 뚜렷한 특성을 타고나며 이는 어찌할 수 없다'는 진실을 거듭해서 확인하게 된다. 그렇다면 다른 부모 밑에서 태어난 인간의 다양성은 얼마나 그 폭이 넓고 깊이가 깊겠는가!

선천적 반응기와 후천적 반응기

두뇌도 타고난다는 점에서 다른 재능과 마찬가지다. 두뇌는 복잡한 반응기들(brain response mechanisms)로 이루어진다. 외부에서 어떤 자극이 들어오면 그 자극과 관계된 반응기가 작동한다. 이때 반응기는 선천적 반응기와 후천적 반응기가 있다. 파충류에서 영장류를 거쳐오는 동안 반응기의 숫자는 크게 증가했다. 파충류와 같은 동물은 반응기의 숫자가 제한적이지만 인간은 특정 자극이 영향을 미치는 반응기의 종류가 많고 반응기들 사이의 상호관계도 매우 복잡하다. 그만큼 고등동물일수록 새로운 반응기가 만들어질 수 있도록 두뇌에 여분의 회로를 갖고 있으며, 새로운 학습이나 경험은 계속해서 새로운 회로들을 만들어낸다.

1945년 해방 정국의 혼란스러운 상황으로 돌아가보자. 일본 등지에서 유학하던 청년들 가운데 일부가 좌파의 길을 선택하게 된다. 여기서 좌파란 볼셰비키 혁명을 추종하는 사람을 의미한다. 흥미롭게도, 비슷한 환경에서 유학한 일부 청년들은 좌파에 전혀 눈길을 주지 않고 우파의 길을 선택한다. 비슷한 환경과 비슷한 교육 과정에 노출되었음에도 이처럼 다른 선택을 한 이유는 무엇일까?

동일한 정보가 입력되어 자극을 주더라도 어떤 사람은 특정 정보에 민감하게 반응하는 반면에 또 어떤 사람은 무덤덤하게 반응할 뿐만 아니라 이를 무시하고 만다. 이는 특정한 반응기가 잘 발달한 사람이 있는가 하면 또 다른 반응기가 더 발달한 사람이 있음을 말해준다. 이렇게 이해하면 좌파적 사고는 두뇌 속의 특정 반응기의 발전과 밀접하게 연결되어 있음을 뜻한다. 좌파적 사고를 낳는 두뇌 반응기와 우파적 사고를 낳는 두뇌 반응기가 무척 다를 수 있음을 뜻한다. 우리가 흔히 관찰하는 사실, 즉 '나의 당연함이 타인의 당연함과 다른' 원인을 확인할 수 있다.

필자가 대학을 다닐 무렵은 유신 독재가 기승을 부릴 때였고 당시에 동기생들 가운데 일부가 학생운동권에 몸담았다. 필자 또한 그런 운동권에 가세할 수 있는 학생 후보군 가운데 한 사람이었다. 대학에 입학했을 때 한 친구의 소개로 서울에서 이념적 색채가 강한 한 개신교 대학 동아리에서 일 년을 보낸 적이 있다. 이곳 출신 가운데 다수는 훗날 독재 체제에 항거하는 운동권 인사로서 유명세를 날리기도 했다.

당시에 읽은 글들은 주로 식민 지배하의 비참한 민중 생활을 강조하는 문헌들이었다. 당시까지만 하더라도 훗날의 운동권 학생들이 접한 주사파류의 문헌들은 없었다. 운동권 학생들이 주로 읽던 필독서를 중심으로 차근차근 교육과정을 거쳤지만 그런 정보가 필자로 하여금 운동권행을 선택하도록 유도하지 않았다. 필자는 지나치게 집단 중심으로 모든 문제에 접근하는 저자들의 주장이 어색하게 여겨졌다. 당시에 별다른 주변 지식을 갖고 있지 않은 대학 새내기였지만 '명망가 지식인들의 주장이 도통 현실과 맞지 않는다'는 판단을 내렸다. 동료들과 의견이 갈리면서 필자는 그곳을 떠났다.

당시에는 동료들과의 의견 차이가 어떤 이유에서 비롯되었는지를 알 수 없었고 다만 집단을 중심하는 주장들이 나에게 잘 맞지 않는다는 정도로 이해했다. 사람마다 다른 성향의 차이로 이해하고 말았다. 이제 와서 생각해보면 체계적인 공부를 하기 이전이라도 좌파적 주장에 친화적인 두뇌 반응기가 발달한 사람이 있고, 반대로 우파적 주장에 친화적인 두뇌 반응기가 발달한 사람이 있는 듯하다. 태어날 때부터 이런 차이가 있을 것으로 보인다. 따라서 어떤 사람은 특정 정보가 유입되면 그 정보에 민감하게 반응하는 반응기, 즉 신경회로망을 갖추고 있는 반면에 또 어떤 사람은 전혀 그런 반응을 보이지 않는다. 적극적으로 반응하는 신경회로망을 갖춘 사람과 밋밋한 반응을 보이는 신경회로망을 갖춘 사람 사이에는 큰 간격이 있다. 이는 두 사람의 두뇌라는 구조물에 차이가 있음을 뜻한다.

타고나는 좌파, 타고나는 우파

또 한 가지 개인적인 체험은 미국에서 박사학위를 마치고 난 다음 20대 말엽 연구소 생활을 할 때 경험했다. 당시까지만 하더라도 세상이나 경제를 바라보는 나름의 시각이 정립되어 있지 않은 상태였다. 지금은 어떤지 모르지만 당시까지만 하더라도 미국의 경제 관련 학과에서는 일부 대학원을 제외하면 상당히 사회공학적인 훈련을 시킬 때였다. 세상을 바라보는 시각, 즉 세계관에 관한 한 별반 교육을 받을 기회가 없었다. 필자가 자신의 세계관을 새롭게 단장하고 정립할 수 있었던 것은 박사 학위 공부를 마치고 연구소 생활을 막 시작했을 무렵이다.

필자의 지적 토대에 결정적인 영향을 미친 것은 몇 편의 논문들이었다. 하이에크 교수가 쓴 인간 본성과 지식에 관한 단 몇 편의 논문들이 필자의 세계관을 정립시켰다고 할 수 있다. 아마도 다른 사람들도 이 논문을 접했겠지만 유독 필자에게는 세상을 바라보는 시각에 일대 파란을 일으켰다. 여기서 추론할 수 있는 것은 똑같은 정보가 입력되더라도 그 정보에 민감하게 반응하는 반응기를 가진 사람들에 한해서 격한 반응을 보인다는 사실이다.

좌파든 우파든 타고난다는 주장은 생소한 이야기가 아니다. 근래에 미국 정치학계의 실증적인 연구 논문들은 "인간이 태어날 때부터 정치적 성향을 타고난다"는 가설을 입증하는 결과물을 내놓고 있다. 여러 논문들 가운데서도 뉴욕 대학교 심리학과의 존 조스트(John T. Jost)와 데이비드 아모디오(David Amodio)는 『동기와 감정(Motivation and Emotion)』(2012)에 게재된 논문에서 "사람마다 정치적 성향이 다른 까닭은 뇌 안에서 정보가 처리되는 방식이 근본적으로 다르기 때문이다"는 주장을 펼친다. 아모디오는 43명에게 보수주의자(우파적 사고 소유자)인지 자유주의자인지(좌파적 사고 소유자)인지 정치적 입장을 묻는 질문을 던지고 두개골에 삽입한 전극으로 전방대상피질(ACC, Anterior Cingulate Cortex)의 활동을 측정했다. 이 부분은 의견이나 이해관계의 충돌을 해결하는 기능을 가진 영역이다. 자유주의자의 뇌에서 이 부위가 보수주의자보다 2.5배 더 활성화되는 것으로 나타났다. 또한 런던 대학교의 인지신경과 학자들인 로요타 카나이(Ryota Kanai) 그룹은 『최신 생물학(*Current Biology*)』(2011)에서 "런던 대학교 학생들을 상대로 한 연구조사에 따르면 정치적 견해의 차이와 두뇌 구조의 차이에는 상관관계가 있음을 발견했다"고 주장한다.

필자는 사회생활을 하면서 만나는 사람들을 통해서도 좌파적 사고와 우파적 사고가 학벌이나 집안 형편과는 별반 관련이 없다는 사실을 발견하곤 한다. 어떤 사람과 교분을 나누며 오랜 기간 사귀다 보면 나이가 들어서까지 좌파적 사고를 유감없이 발휘하는 사람도 있음을 확인하게 된다. 대개는 세월이 가면 조금 더 현실적인 시각을 갖지만 나이가 들어서까지 좌파적 사고를 과감하게 외부로 표출하는 사람을 목격할 때마다 학벌이나 교육 정도와 좌파적 사고는 별반 관련이 없다는 생각이 든다. 물론 인생의 어느 시점에 어떤 계기로 말미암아 자신의 세계관을 전환하는 경우도 있다.

이런 사례들에서 짐작해볼 수 있는 것은 좌파적 사고와 우파적 사고는 타고나는 부분이 상당 부분을 차지한다는 점이다. 다시 말하면 좌파적 사고든 우파적 사고든 타고나는 두뇌 구조물의 특성에 의존하는 면이 많다는 것이다. 조금 용감한 가설을 내놓는다면, "좌파는 태어나고, 우파도 태어난다"고 주장할 수 있다. 우리 사회에서 흔히 사용하는 '강남 좌파'라는 용어도 현재 누리고 있는 풍요한 삶과 무관하게 좌파적 사고를 타고난 사람이 있을 수밖에 없음을 보여준다. 이는 비단 오늘날에만 볼 수 있는 현상이 아니다. 오래전 해방 정국에서 당시로서는 상류층이던 지주 출신의 자식들이 일본으로 유학 가서 극단적인 좌파적 활동을 한 것도 마찬가지다. 그렇다고 해서 날 때부터 모든 것이 결정되는 것은 아니지만, 일단 타고난 것의 중요성을 충분히 인식할 필요가 있다. 선천과 후천이라는 두 가지의 대결 구도라는 측면에서 이해하면, 좌파적 사고는 선천적인 것으로 이해해도 무리는 아니다.

후천적 노력도 영향을 미친다

"이따금 만남과 의지 그리고 학습에 의해 교정되기도 하는 것이 좌파적 사고다."

누구나 젊은 날에는 이상주의적인 성향이 강하다. 젊은 시절에는 급격한 방법으로 이른 시간 안에 세상을 바꿀 수 있다고 믿기도 하고 그런 일이 올바르다고 생각한다. 다시 말하면 젊은 날에는 과격한 방법을 동원한 이상사회 건설에 우호적인 좌파적 사고에 매료될 가능성이 높다. 사람은 공간과 시간의 영향에서 벗어나기가 쉽지 않다.

우리 사회에서도 특정 시점에 특수한 정치 상황으로 말미암아 좌파적 사고가 유행하던 시절이 있었다. 386세대가 대학을 다니던 1980년대가 그런 시절이었다. 그 시대는 민주화라는 시대적 과제를 달성하는 방법으로 좌파적 사고가 위력을 발휘했다. 특히 운동권에 속한 사람들은 대부분 좌파적 사고로 무장했다. 그 세대에 젊은 날을 보낸 사람들 가운데 한국이 아니라 다른 나라에서 태어났다면 다른 세계관을 가질 수 있었던 사람들도 있을 것이다.

이따금 그 시대에 창의적인 사고로 좌파적 사고를 확산시키는 데 주도적인 역할을 한 인물들이 젊은 날을 회상하면서 자신의 실수에 대해 이야기하는 인터뷰를 접할 때가 있다. 이때면 필자는 어김없이 '이 양반들이 좀 더 넓게 생각할 수 있는 나라에서 태어났더라면 다른 길을 걸었을 텐데'라는 생각이 든다. 시대정신이나 시대 분위기와 같은 요인들이 세계관을 선택하는 데 영향을 미친다. 이런 점에서 보면 어떤 사람이 좌파적 사고로 무장하는 데는 후천적인 영향도 무시할 수 없다.

사람의 사고(思考)공장도 다른 자연현상들과 마찬가지로 정규분포와 비슷한 양상을 보일 것이다. 왼쪽 끝으로 갈수록 극단적인 좌파적 사고를 소유한 사람이 있고, 그다음 중앙으로 올수록 적당한 좌파적 사고를 소유한 사람이 있을 것이다. 또 다른 오른쪽 끝에는 극단적인 우파적 사고를 소유한 사람이 있고, 중앙으로 갈수록 적당한 우파적 사고를 가진 사람이 위치해 있을 것이다. 정규분포처럼 중간 부분에 위치한 적당한 좌파적 사고와 우파적 사고를 가진 사람들의 비중이 압도적으로 높을 것이다. 이 부류에 속한 다수의 사람들은 그가 활동하는 시대나 공간의 영향을 받게 된다. 그들 가운데 지적으로 좌파적 사고가 유행하던 시절에 젊은 날을 보냈다면 그런 대열에 들어설 가능성이 높다. 반대로 지적으로 우파적 사고가 유행하던 시절에 젊은 날을 보냈다면 우파로 활동했을 가능성이 높다. 그러나 왼쪽 끝과 오른쪽 끝에 위치한 사람들은 어느 시대, 어느 공간에서 태어나더라도 타고난 신경회로망의 특성을 버릴 수 없을 것이다.

교정이 불가능한 것은 아니지만

어떤 성향의 세계관을 갖고 태어났더라도 교정이나 수정이 불가능한 것은 아니다. 다만 스스로 옳고 그름을 판단한 다음에 이를 올바른 것으로 수정하려는 의지와 실행이 뒤따를 때 가능하다. 인간의 두뇌는 거의 무한대에 가까운 복잡한 신경회로망을 갖고 있다. 자신이 이미 갖고 있는 세계관에 문제가 있다고 판단하면 이를 수정하기 위해 스스로 책을 읽거나, 올바른 스승의 도움으로 교육을 받으면서 교정 작업에 뛰어들 수 있다. 인간은 자신의 노력을 통해서 신경회로망 변화를 실천에 옮길 수 있다. 이른바 신경회로망 개조 공사의 주인공은 타인이 아니라 자기 자신이기 때문에 의도적인 노력이 있어야 하는 것은 분명하다.

앞에서 이야기한 바와 같이 필자가 미처 정돈되지 않은 흐릿한 상태의 세계관을 정립하는 계기가 된 것은 단 몇 편의 연구 논문이었다. 그 논문을 읽으며 스스로 "유레카!"를 외쳤으며, 자신의 세계관이 제대로 정립되고 있다는 확신을 갖기도 했다. 필자는 당시에 결정적인 연구 논문을 읽고 난 다음에 마치 스펀지로 물을 빨아들이듯이 추가로 같은 저자의 저술을 계속해서 탐구했다. 짧은 시간에 자신의 신념 체계이자 세계관을 재조직하는 멋진 경험을 한 이때는 필자의 인생 항로에서 가장 빛나는 순간들 가운데 하나다.

그러나 이런 일이 모두에게 가능한 것은 아니다. 글을 읽고 쓰는 것을 전업으로 하는 필자와 같은 사람들은 정확한 세계관을 제시하는 글을 읽음으로써 자신의 사고공장을 재조정할 수 있었지만, 모두가 그런 과정을 거칠 수는 없다. 사람들은 저마다에 맞는 나름의 특별한 방법이 있을 수 있다.

또 다른 훈련 방법은 직접 현실에 부딪치면서 현실을 가장 잘 담아낼 수 있는 세계관을 갖는 일이다. 지식인이나 직장인과 달리 사업가들은 살아 숨 쉬는 현장을 경험한다. 사업가들이 활동하는 현장에서 잘못된 판단이나 행동을 하는 사람들에게는 어김없이 가혹한 징벌이 내려진다. 따라서 사업가들은 현실을 가장 잘 담아낸 세계관으로 무장하지 않으면 실패나 몰락이라는 비용을 치를 수밖에 없다. 따라서 사업가들은 자연스럽게 현실을 제대로 반영한 사고공장을 갖게 된다. 치열하게 현장에서 활동하는 사업가들이 좌파적 사고로 무장할 가능성이 아주 낮다. 그들은 인식을 진실로 받아들이기 쉬운 지식인들과 달리 사실을 진실로 받아들이는 사람들이다. 만약 그들이 자신이 선택한 인식을 사실로 받아들인다면 현장에서 크게 패배할 가능성이 높다.

반면에 지식인들 가운데는 좌파적 사고로 무장한 사람들이 의외로 많다. 그들이 수많은 글과 말을 쏟아내지만 실제로 현장에서 치열하게 부대낄 빈도는 높지 않다. 설령 그들이 인식하는 것을 진실로 받아들이더라도 어떤 벌도 주어지지 않는다. 오히려 자신이 선택한 좌파적 사고가 경제적 이득이나 사회적 평판을 높이는 데 덕이 될 가능성이 높다. 게다가 지식인들의 경쟁력은 유연성이라기보다는 일관성이다. 한번 어떤 노선을 선택하고 나면 그 길로 계속가는 것이 이롭다. 중간에 노선을 바꾸면 지지 기반도 상실하게 되고 자신이 속했던 그룹으로부터 변절자라는 비판을 들을 수도 있기 때문이다.

세계관을 교정해야 할 동기 부족

일반 시민들은 자신의 세계관을 검증하거나 재조정할 만한 충분한 동기가 없다. 투자를 하는 사람은 투자 결정에 따라 자신의 이해관계가 좌우되므로 가장 정확한 결정을 내리지 않으면 톡톡히 비용을 치러야 한다. 하지만 사회적 이슈에 대한 사고는 일종의 공공재다. 사람들은 공공재에 관한 한 정확성을 얻기 위해 시간과 비용을 투입할 별다른 이유가 없다. 다수가 선택한 의견이나 주장을 선택하면 무난한 사람으로 통하고 동료 집단으로부터 지지를 받을 수 있다. 마치 베스트셀러 책을 읽고 베스트셀러 영화를 보는 것처럼 대세를 따르는 것이 유리하다.

대체로 좌파적 사고의 결과물은 가슴을 훈훈하게 하고 감동적인 경향이 강하다. 게다가 좌파적 사고의 결과물은 딱 한 번 보는 것만으로 혹은 딱 한 번 듣는 것만으로 '이것이 옳은 것 같다'는 느낌이 팍 다가온다. 논리적이거나 이성적으로 따셔야 할 일이 좌파적 사고의 결과물에는 별로 없다. 여기서 주의 깊게 봐야 할 점은 '옳다'는 것이 아니라 '옳은 것 같다'는 점이다.

논리나 이성을 이용해서 이것저것을 따져보고 생각해봐야 하는 우파적 사고는 상당한 에너지를 요구한다. 그렇다고 이런 고역의 대가로 별다른 경제적 이득이 뒤따르지도 않는다. 오히려 "저 양반은 사람이 지나치게 차다"거나 "저 양반은 사람이 지나치게 째째하다"는 비난이 돌아올 가능성이 높다. 품은 품대로 들고 개인적으로 손에 쥐는 것이 없는 것이 우파적 사고다. 이런 연유로 다수의 사람들이 좌파적 사고의 손을 들어주거나 이를 박수로 환영하는 것은 자연스런 일이다. 더욱이 고쳐봐야 남는 것이 별반 없기 때문에 젊은 날에 가졌던 좌파적 사고는 생애 내내 계속될 가능성이 높다. 큰 이변이 없는 한 말이다.

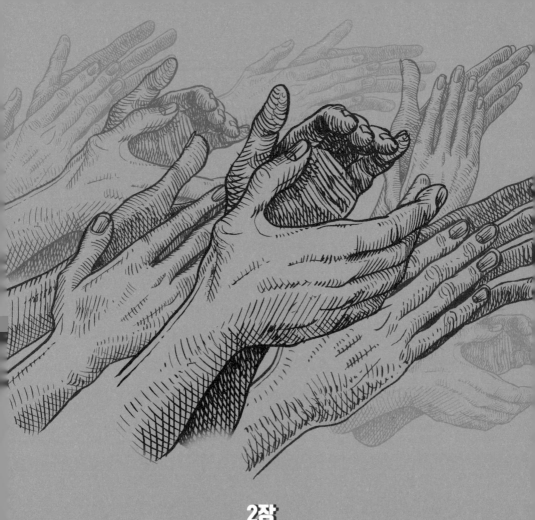

2장

좌파적 사고의 특성

"삶의 알파와 오메가는 사상이자 신념이다. 사람은 무엇이 옳다고 생각하기 시작하면 실상에는 눈을 감고 만다. 올바른 사상과 신념은 개인에게는 성공을 그리고 공동체에게는 번영을 가져다준다. 반대로 잘못된 사상과 신념은 개인에게는 실패를 그리고 공동체에게는 몰락을 안겨준다."

* *

"제가 다른 것은 해냈는데, 아들과는 대화가 안됩니다." 70대 초반의 아버지가 각각 45세, 41세인 아들들과는 전혀 말을 섞지 않는다고 한다. 부자지간의 대화는 말로 옮길 수 없을 만큼 격한 말과 마음의 상처로 끝이 나고 만다. "아이들이 꼭 외계인 같아서 허탈감을 느낍니다"라는 이야기를 더한다. 왜, 이런 일이 생기는 것일까?

우리는 사람이 어떤 현상을 대하는 지속적이고 일관된 생각을 신념, 사상, 혹은 철학이라 부른다. 줄자 위에 신념을 놓으면 좌측 끝에는 좌파적 사고가 있고 우측 끝에는 우파적 사고가 있을 것이다. 대다수 사람은 그 중간 어디인가에 위치해 있을 것이다. 좌파적 사고의 색채가 다소 강한 사람이 있는 반면에 우파적 사고의 색채가 강한 사람도 있을 것이다. 위에서 언급한 아버지와 아들의 갈등과 반목은 전쟁, 가난, 그리고 경제성장의 거친 세파를 헤쳐오면서 아버지가 갖고 있는 우파적 사고 혹은 우파적 신념과 풍요로운 시대를 살며 민주화를 경험한 아들과 딸이 가질 가능성이 높은 좌파적 사고와 좌파적 신념이 충돌하는 것으로 이해할 수 있다.

'신념의 충돌(conflict of conviction)'은 어느 사회에서나 관찰할 수 있지만, 한국은 유독 그런 현상이 심한 편이다. 신념은 두뇌라는 구조물(思考) 공장이 만들어내는 눈에 보이지 않는 생산품(invisible commodity)이다. 사람은 정치, 경제, 사회, 문화 등의 분야에서 일어나는 어떤 현상에 대해서 비슷한 패턴의 생각을 반복적으로 생산해낸다. 좌파적 사고와 우파적 사고의 갈등과 반목은 그런 생각을 만들어내는 사람에 대한 미움이나 공격으로 발전하는 일들이 흔히 일어난다. 어떤 사람의 신념을 두뇌가 만들어내는 생산품 정도로 이해할 수 있다면 사람에 대한 미움은 크게 줄일 수 있고, 관찰자의 눈으로 바라볼 수 있을 것이다. 우선 좌파적 사고는 어떤 특징이 있는지 살펴보자.

본능의 목소리를 따른다

"좌파적 사고는 본능의 지배를 더 많이 받고, 본능의 소리를 더 자주 따른다."

인간의 두뇌는 거대한 퇴적층과 같다. 현대 문명 속에서 살아가는 사람들은 자신들이 이루어낸 도시, 시장, 교역, 기술, 제도 등에 자부심을 갖고 그 중요성을 지나치게 과대 포장하는 경향이 있다. 하지만 눈에 보이는 결과물들은 거대한 빙산의 한 부분에 지나지 않는다. 우리가 남극이나 북극의 차가운 물속에 잠긴 채 그 모습을 드러내지 않는 빙산의 어마어마한 부분에 주목할 수 없다면 빙산의 실체를 알 수 없듯이, 두뇌 깊숙이 자리 잡은 본능에 주목할 수 없다면 현대인들이 이루어낸 눈부신 문명과 번영은 언제라도 허물어져 내릴 수 있다. 우리가 두 눈으로 확인할 수 있는 것은 부분에 불과하다. 눈에 보이지 않는 것들을 제대로 볼 수 있을 때 현대 문명을 보존하고 번영의 길로 달려갈 수 있다.

1989년 베를린장벽이 무너지고 1991년 철옹성 같던 구소련이 해체될 때 미국의 정치학자 프랜시스 후쿠야마(Francis Fukuyama)는 "사회주의나 공산주의가 자유주의나 민주주의 앞에 굴복한 오늘날이야말로 '역사의 종언'이다"라고 단정적인 표현을 아끼지 않았다. 과연 '역사의 종언'은 실현되었는가? 실현되지 않았다면 미래의 어느 날 그것이 가능할까? 인간의 이성과 지성을 깊이 신뢰할 수 있다면, 이는 가능한 일이다. 인간이 역사로부터 충분한 교훈을 얻거나 주요한 사회적 이슈에 대해 합리적으로 생각할 수 있다면 가능한 일이다. 그러나 이 같은 인간의 능력에 대해 회의감을 갖거나, 역사적 경험이나 교훈을 쉽게 잊어버리는 인간의 속성에 주목한다면 '역사의 종언이 가능한 일인가?'라는 의문을 품지 않을 수 없다. 또한 인간이 집단적으로 쉽게 선전과 선동에 이끌릴 수 있다는 점을 염두에 두면, 후쿠야마 교수의 단정적인 표현에 의문을 갖게 된다. 그가 베를린장벽의 붕괴에 고무된 나머지 인간의 역사와 인간 자체에 대해 지나친 낙관론을 갖게 된 것이 아닌가라는 의문을 품게 된다.

'역사의 종언'은 진실인가?

'역사의 종언'을 선언한 후쿠야마의 주장은 인간이라는

존재의 구조적인 특성을 고려하면 더더욱 설득력을 잃게 된다. 인간의 원시 본능에 관심을 기울일수록 인간의 행동이 현대인들이 기대하는 대로만 이루어질 가능성은 높지 않다. 인간이 걸어온 수천, 수만 년의 긴 도정(道程)을 염두에 두면 자유민주주의 체제나 자유시장경제 체제의 역사는 찰나(刹那)와 같이 지극히 짧은 순간에 지나지 않기 때문이다. 1956년의 한 모임에서 윈스턴 처칠은 "지난날을 더 멀리 되돌아볼수록, 당신은 더 먼 미래를 볼 수 있을 것이다"라고 이야기했다. 하지만 인간은 현재의 일에 골몰한 나머지 걸어온 길을 성찰하거나 교훈을 얻는 데 인색하다.

시간이 흐르면 참혹했던 역사적 경험조차도 망각의 깊은 강으로 흘러가고 만다. 어떤 공동체가 겪은 전쟁과 같은 참담한 경험도 세월이 가면 다음 세대 혹은 그다음 세대에겐 흥미 있는 소설과 같은 이야기가 될 뿐이다. 오늘날 이 땅의 젊은이들에게 한국전쟁의 참화가 얼마나 가슴에 닿을 수 있을까? 가난했던 그 시절, 선대들이 고심했던 일들을 어느 정도나 이해할 수 있겠는가? 역사의 교훈과 지혜를 기억하는 일은 인간의 이성과 합리가 담당하는 것이지만, 이성과 합리를 온전히 신뢰할 수 없다. 왜냐하면 인간의 두뇌는 거대한 남극 빙산처럼 보이지 않는 영역이 압도적인 위력을 발휘하고 있기 때문이다. 바로 인간이 수천수만 년의 세월을 거치며 물려받은 원시 본능이 인간의 사고와 행동에 압도적인 영향력을 발휘하기 때문이다.

인간의 두뇌를 형성하는 데 중요한 몫을 담당하는, 원시 본능이라는 유산을 물려준 원시사회는 현대사회와는 크게 달랐다.

20~30명 규모의 소집단들이 모여서 함께 식량을 채집하고 함께 사냥해서 확보한 먹이를 공동으로 나누는 이른바 공동 생산과 공동 분배 방식의 삶은 현대인들이 살아가는 현재 삶의 모습과는 너무나 달랐다. 인간의 두뇌는 이런 삶의 방식에 철저하게 적응했고, 이런 적응 과정을 통해 인간의 두뇌는 뚜렷한 특성을 지니게 된다. 공동 생산과 공동 분배의 삶은 인류 역사의 거의 대부분을 차지해왔다.

인류가 걸어온 길과 현대 문명을 뚜렷하게 대조해서 보여줄 수 있는 뛰어난 비유가 있다. 인류의 전 역사를 24시간이라고 치면 공동 생산과 공동 분배 방식의 삶을 영위해온 시간은 23시간 57분에 해당한다. 반면에 교환과 교역을 통해 삶을 영위한 시간은 불과 3분에 지나지 않는다. 인류 역사에서 분업을 통해 저마다 장기를 발휘하여 생산하거나 갖고 있는 것을 타인의 것과 교환하는 것이 경제 활동의 중심을 차지한 시간은 아주 짧다. 23시간 57분과 3분의 대결 구도를 간략하게 표현한 사람은 제도주의 경제이론으로 1993년에 노벨 경제학상을 수상한 더글러스 노스(Douglas North) 교수다. 그는 노벨 경제학상 수상식에서 23시간 57분이 인류의 미래에 얼마나 위력적인 영향력을 발휘하는지를 이렇게 말했다.

"현재까지 인류의 경험을 24시간으로 이루어진 시계로 표현해 봅시다. 시작점은 400만 년이나 500만 년 전 아프리카에서 일어난 일입니다. 당시에 호모사피엔스라 불리는 인간은 다른 유인원들과 분리되었습니다. 그런 일이 일어난 다음 장구한 세월이 흐른 기원전 8000년 무렵 비옥한 초승달 지대인 유프라테스강과 티그리스강 주변에서 농업이 시작되고 인간의 정착이 시작됩니다. 마침내 농업과 인간의 정주로 대표되는 문명(civilization)이 시작된 것입니다. 인류 역사에서 문명의 시작은 3분, 길어야 4분에 지나지 않습니다. 나머지 23시간 57분의 긴 시간 동안 인류는 수렵인(hunters)과 채집인(gathers)으로 활동했습니다.

이제부터 농업이 시작된 기원전 8000년부터 현재까지 1만 년으로 구성된 새로운 24시간 시계를 가정해봅시다. 전반부 12시간(5,000년) 동안 변화는 서서히 이루어졌습니다. …… 인구학자들은 이 기간 동안의 인구 성장률은 23시간 57분에 비해 두 배 속도로 이루어진 것으로 추계하지만, 여전히 매우 낮은 수준이었다고 말합니다. 후반부 12시간(5,000년) 동안 변화의 속도에 가속도가 붙었습니다.

기원후 1세기인 예수그리스도의 시대에 지구 상에는 약 3억 명 정도의 사람들이 있었지만 1750년(과학과 상업의 비약적인 발전의 시대) 무렵에는 약 8억 명으로 급속히 증가합니다. 이런 수치는 지난 시대와는 비교할 수 없을 정도로 급속한 증가였습니다. 지난 250년을 우리의 새로운 24시간 시계로 표현하면 단지 35분(1만 년을 24시간으로 가정할 때 정확히 36분)에 지나지 않습니다. 지난 250년은 현대적 의미의 경제성장의 시대입니다. 경제성장은 인구 폭발을 낳고 2008년을 기준으로 인류는 68억 명을 넘어섰습니다. 만일 우리가 지난 250년에 집중한다면, 성장은 서구 유럽과 영국의 해외 진출에 대부분 국한되었습니다. 참고로 250년 가운데 200년간은 영국의 해외 진출이 활발하게 이루어진 시기였습니다."

수많은 사람이 교환으로 살아가는 자본주의는 인간들에게 아주 생소한 체제다. 인류 역사를 24시간에 비유하면 불과 3분에 지나지 않고, 문명의 시작점인 지난 1만 년 전을 기준으로 하면 35분에 지나지 않는다. 현대인들이 현대 문명 속에서 살아가면서도 끊임없이 본능의 목소리에 굴복할 수밖에 없는 것은 "문명 이후의 시대는 인류가 물려받은 원시 본능의 유산에 비해 너무 짧다"는 피할 수 없는 사실 때문이다.

인류의 삶을 지배한 대부분의 시기 동안에 인간은 20~30명의 구성원들로 이루어진 소규모 그룹 생활을 하며 구성원들이 자신의 눈으로 상대방의 행동을 볼 수 있고 확인할 수 있는 사회를 살아왔다. 하지만 현대사회는 어떤가?

수십만, 수백만 그리고 수천만 명으로 이루어진 익명(匿名) 사회가 현대사회다. 오늘날 도회지의 삶과 같은 익명 사회는 시골의 삶과 크게 다르다. 익명 사회는 인류에게는 아주 색다른 환경이다. 익숙하지 않은 환경은 인간에게 때로는 당혹감을, 때로는 불편함을, 때로는 분노를 안겨준다.

소규모 집단생활에서 절대적으로 중요한 생존 덕목은 평등(equality)이다. 소규모 집단에서 자유(freedom)나 남과 달리 튀는 행동이 들어설 여지는 없었다. 집단에 속한 남자들이 자신들보다 덩치가 큰 사냥감을 잡기 위해서 가장 필요한 덕목은 보조를 맞추는 일이고, 협동하는 일이고, 자기만 잘살겠다고 튀지 않는 일이다. 튀는 행위는 사냥에 참여한 사람들의 목숨을 위태롭게 할 수도 있고 귀한 사냥감을 확보하는 일을 어렵게 만들 수 있다. 개성이나 자유나 튀는 행위는 철저한 금기였다. 아울러 기여에 연동하는 성과급은 있을 수 없다. 공동으로 확보한 먹이는 추장이나 부족장처럼 힘 있는 자가 주도해서 골고루 나눠야 했다. 그러지 않으면 공동으로 함께 하는 일을 수행할 수 없다. 왜냐하면 서로 얼마를 나눠 가졌는지를 알 수 있는 상황에서 특정인이나 특정 가족에게 더 많은 자원을 배분하는 일은 곧바로 분노와 질투 그리고 부족이라는 공동체의 해체를 낳을 수 있기 때문이다.

결과의 평등이 지배하던 시대

인류는 평등이 절대적으로 중요한 시기를 아주 오랜 기간 동안 살아왔다. 그 길고 긴 시절의 유산은 사람들의 뇌에 원시 본능의 모습으로 고스란히 흔적을 남겼다. 이 같은 생물학적 유산은 눈에 보이는 결과의 평등이 인간 본성에 오랫동안 차곡차곡 쌓인 퇴적물처럼 남아 있음을 말해준다. 그래서 본능은 뇌의 깊숙한 곳에 자리 잡은 채 시도 때도 없이 고개를 쳐든다. "우리는 평등해야 해요!", "왜, 이렇게 격차가 벌어지는 거예요!", "우열반을 없애야 해요!"라는 본능의 목소리가 현대사회에서도 강력한 메아리로 울려 퍼질 수밖에 없는 이유다.

현대인들이 당연하게 여기는 '자유'는 인간이 타고나면서부터 물려받은 것은 아니다. 오히려 유산 목록에 자유가 들어설 여지는 없었다. 자신의 책임하에 선택할 수 있는 경제적 자유, 자신의 의견을 두려움 없이 말하고 쓸 수 있는 표현의 자유, 자신이 원하는 존재를 믿을 수 있는 신앙의 자유, 자신이 원하는 지도자를 선택할 수 있는 정치적 자유, 적법 절차에 의하지 않고는 신체가 구속되지 않을 자유 등은 모두 물려받은 것이 아니다. 오랜 세월 동안 소규모 집단생활을 하며 배워서 익힌 것도 아니다. 요컨대 현대인들이 지극히 당연하게 여기는 자유는 생물학적 유산으로부터 물려받은 것이 아니다. 오히려 자유의 반대쪽에 우뚝 서 있는 결과의 평등만을 인간은 고스란히 물려받았을 뿐이다.

자유와 결과의 평등은 함께할 수 없는 가치다. 자유는 선택을, 선택은 결과의 차이를 낳을 수밖에 없기 때문이다. 자유를 절대적인 가치이자 행동 지침으로 받아들여야 한다면 과연 사람들이 이를 손쉽게 수긍할 수 있겠는가? 바로 이 점에서 고민을 시작해야 한다. 좌파적 사고방식의 여러 특징 중에서 주목해야 할 점은 자유를 절대적 가치가 아니라 수단이나 도구로 이해한다는 점이다. 얼마 전, 헌법 개정 작업에서 은근슬쩍 자유민주주의에서 자유라는 용어를 빼려고 한 일이 드러나면서 논란이 인 적이 있다. 이를 두고 분노하는 사람들도 있었지만 실제로 사람의 본성을 고려하면 이는 얼마든지 가능한 일이다. 공부를 많이 한 지식인이라고 해서 자유에 대한 신념을 갖고 있으리라고 확신할 수도 없다. 오히려 그들 가운데 자유를 상위 목표를 달성하기 위한 수단으로 생각하는 사람들이 적지 않다.

이처럼 자유가 물려받은 것도 아니고, 역사적 경험을 통해 배운 것도 아니라면, 사람들은 후천적인 교육과정이나 사회의 관습이나 관례 그리고 문화를 통해서 자유의 소중함을 배워야 한다. 만약에 어떤 사회의 구성원들이 자유의 소중함과 값어치를 배울 수 있는 기회가 드물다면 어떨까? 자유민주주의나 자유시장경제 체제를 선택한 국가의 시민조차도 본성의 영향력, 즉 평등의 영향력하에 놓일 가능성이 매우 높다. 어떤 사회든지 결과의 평등을 주장하는 정책이나 제도 그리고 정치인이 인기를 끌 가능성이 아주 높아질 수밖에 없다. 결과의 평등에 기초한 정책이나 주장은 본성에 호소하는 바가 크다. 소수를 제외하고는 그런 정책이나 주장에 솔깃해질 수 있다.

물론 교육을 통하지 않고도 자유의 가치를 확실히 배울 수 있는 방법이 없는 것은 아니다. 공산주의와 같은 전체주의 체제하에서 혹독한 경험을 한 사람들은 정치적 자유나 경제적 자유의 상실에 대해 본능적인 두려움을 갖고 있다. 이들은 자유의 소중함을 알고 자유를 빼앗길 수도 있다는 두려움을 평생 동안 안고 살아간다. 그러나 평화 시대가 오랫동안 지속되면 어떤 사회에서든 자유의 상실이라는 참담한 경험을 한 사람들은 소수를 차지할 수밖에 없다. 자유의 상실을 경험해보지 못한 이들은 자유가 재산이나 생명과 동전의 양면 관계임을 잘 알지 못한다. 그들이 본능의 목소리에 설득당한 나머지 자유를 타인에게 제공하는 데 익숙한 이유다. 반면에 전체주의하에서 자유를 빼앗기는 혹독한 체험을 한 자들은 재산을 빼앗기는 것은 자유를 상실하는 것이며 동시에 생명을 내놓는 것임을 누구보다 잘 안다. 그들이 자유를 침해하는 행위에 민감하게 반응할 수밖에 없는 이유다.

자유는 부자연스러운 것

    자유는 당연한 것이 아니다. 자유는 개인적인 차원에서 뿐만 아니라 공동체 차원에서도 적극적으로 배우려 노력할 때만이 가질 수 있다. 배움을 즐겁게 받아들이는 사람도 있지만 다수는 당장 이익이 되지 않는 배움을 기꺼이 받아들이지 않는다. 그래서 자신의 돈이 나가는 일과 관련해서는 자유를 빼앗기는 일에 민감한 사람들도 사회적인 이슈에 대해서는 무감각해지고 만다. 일단 뭔가를 배우는 일은 에너지와 시간을 빼앗기는 것을 뜻하기 때문이다. 사실 정책이나 제도는 당장의 이익과는 별로 관련이 없다. 정책이나 제도는 시간을 두고 사회 구성원들에게 골고루 영향을 미친다. 그만큼 자유를 빼앗는 정책을 추진하는 정치인들이나 관료들은 유리한 위치에 서게 된다. 역사상 모든 체제가 계속해서 양적으로나 질적으로 거대한 정부로 나아갈 수밖에 없는 이유다. 개인에게서 권력을 가진 사람들에게로 더 많은 자유가 이동할 수밖에 없는 이유다.

    좌파적 사고는 본능의 지배를 많이 받는다. 좌파적 사고는 내놓고 이야기를 하지 않더라도 대부분 결과의 평등을 강화하고 개인적 자유를 제3의 권력자나 정부 기관에 양보하는 일에 우호적이다. 어떤 집단에게 이익을 나누어 주는 정책은 그것을 어떤 명분으로 포장하든지 간에 다수가 갖고 있는 자유를 상실케 하는 일과 연결되어 있다. 누군가를 돕기 위한 정책이나 다음 세대에 부담을 지우는 정책은 어떤 방법으로 미화하든지 간에 누군가의 돈을 가져가는 것이거나 누군가의 선택할 수 있는 권리를 가져가는 것을 뜻한다. 그런 결정을 내리는 사람들이 정치인들이며, 이런 행위에 이론적 배경을 제공하는 사람들이 지식인들이다.

대다수 사람들은 본능의 영향이 워낙 강한 탓에 좌파적 사고의 영향력에서 벗어나기 어렵다. 대개 그런 과정은 자신도 모르는 사이에 일어난다. 우리의 뇌를 지배하는 본능은 옳고 그름을 따져볼 여력조차 제공하지 않는다. 자신의 사업과 관련해서 정부 개입을 싫어하고 경제적 자유를 선호하는 사업가라고 해서 정치적 영역이나 사회적 영역에서도 자유를 옹호하는 사람이 되리라는 보장은 없다. 어느 사회든 일관되게 자유를 보호하는 정책이나 제도에 강하게 찬성하는 사람들은 다수가 되기 어렵다.

일관되게 자유 그 자체를 옹호하는 사람이 되는 경로는 여러 가지다. 첫째, 처절한 체험을 통해서 자유의 소중함을 깨우친 사람들이다. 우리 사회에서는 공산 치하에서 살아본 사람들이 이런 부류에 속한다. 공산주의로 대변되는 전체주의 사회에서 가족의 재산과 생명을 빼앗긴 체험을 한 사람들은 평생 동안 자유를 열망하고 자유를 상실할까 두려워한다. 그 어떤 교육도 자유를 상실해본 직접적인 체험만큼 오래가는 교훈을 심어주지는 못한다.

둘째, 선천적으로 좌파적 사고에 본능적인 알레르기 반응을 보이는 사람들이 있다. 이들은 누군가가 나서서 도움을 주겠다고 하면 이런 반응을 보인다. "당신이 왜 그렇게 해야 하나요? 그것은 당신의 일이 아니라 내가 책임져야 할 일입니다." 같은 부모 밑에서 태어나 비슷한 교육 환경에서 성장한 자식들도 각자가 선택하는 정치적 노선이 뚜렷하게 갈리는 것을 보면 개개인이 타고나는 성향의 중요성은 아무리 강조해도 지나치지 않다. 좌파 이데올로기가 위력적이었던 시대를 산 젊은이나 성인 가운데는 일찍부터 그런 이데올로기의 문제점을 예리하게 알아차리는 사람들이 있다. 설령 그런 이데올로기에 대해 공부한 경험이 없을지라도 그것의 약점과 한계를 알아차리는 사람들이 있다. 예를 들어, 동일한 정보에 노출되더라도 어떤 사람은 민감하게 반응하는 데 반해서 또 어떤 사람은 무덤덤하게 반응한다. 이렇게 타고나는 특성이 사람마다 다르다. 유독 결과의 평등을 주장하는 이데올로기에 민감하게 반응하는 사람이 있는 반면에 또 어떤 사람은 그 이데올로기에 담긴 허구와 거짓을 일찍부터 알아차린다. 인간이 타고난 다양한 특성들처럼 특정 이데올로기에 대한 선호도 인간이 타고나는 특성 가운데 하나다.

셋째, 태어나서 자란 사회의 문화적 토양과 분위기 그리고 교육환경 등도 중요한 역할을 한다. 어떤 사회는 개인주의를 높게 평가하는 문화적 토양을 갖고 있다. 개인의 행운과 불행에 대해 개인이 책임져야 한다는 생각이 강한 사회에서는 자유와 책임에 대한 믿음을 가진 사람들이 다수를 차지한다. 이런 문화적 토양이나 공동체 차원의 역사적 유산이 없는 사회는 자유의 가치를 공유하려면 더 많은 자원을 투입해야 한다. 그러지 않으면 다수가 좌파적 사고를 공유하는 사람들이 될 수 있다.

넷째, 교사의 역할과 부모의 역할도 일정 부분을 차지한다. 결과의 평등을 중시하는 사상적 세례를 받은 교사들은 교직에서 은

뇌할 때까지 수많은 학생들을 가르친다. 그들은 은연중에 자신의 신념과 사상을 전달할 것이고 이들이 학생들에게 미치는 영향도 무시할 수 없을 것이다. 부모가 그런 교육에 대해 무게중심을 잡아줄 수 있다면 좋지만, 그런 부모들이 다수를 차지할 수는 없다. 이런 경우 교사의 영향력이 오랫동안 학생 개개인에게 미치는 영향력을 무시할 수 없다.

자유는 목적이 아니라 수단

좌파적 사고방식은 자유와 관련해서 뚜렷한 특징을 보인다. 그것은 자유를 수단이나 도구로 여기는 것이다. 좌파적 사고는 자유를 더 중요한 어떤 것을 달성하기 위해 언제든 동원하거나 사용할 수 있는 도구나 수단으로 간주한다. 필요하다면 언제든지 개인의 자유를 가져갈 수 있다고 생각하면, 언제 어디서든 자유의 상실이 쉽게 일어날 수 있다. 여기서 주목해야 하는 것은 자유를 수단으로 삼을 때 항상 '더 나은 사회적 목적을 위하여'라는 명분을 붙인다는 사실이다. 이를 결정하는 사람은 정치인들이며, 이들에게 확신을 심어주는 사람들은 지식인들이다. 그들의 필요가 곧바로 자유의 수단화를 결정하는 근거가 된다. 자유의 상실이 무슨 대단한 사상이 아니라 권력을 쥔 정치인들의 생각에 따라 얼마든지 일어날 수 있다는 이야기다.

오늘날 국회에서 어떤 법안을 제정할 때 정치인들은 대부분 수

혜 계층만을 생각하거나 득표의 득실을 따질 뿐 그 법안으로 인해 자유를 상실하는 사람들을 염두에 두지 않는다. 도구나 수단에는 한계가 없으며, 필요하다면 얼마든지 자유는 유보의 대상이 될 수 있다. 이렇게 생각한다면, 거의 전 범위에서 자유를 유보의 대상으로 삼을 수 있다. 좁게는 경제 분야에서 이루어지는 정부 개입부터 넓게는 전체주의에 이르기까지 모든 출발점은 "자유는 수단이다"라는 사고방식이다.

자유민주주의나 자유시장경제의 기반은 우리가 생각하는 것보다 매우 허약하다. 우리가 '역사의 종언'을 진리로 받아들일 수 없는 이유다. 자유를 도구나 수단으로 간주할 수 있다는 신념은 상황 변화에 따라 언제든지 위력을 발휘할 수 있기 때문이다. 왜냐하면 본능은 자유를 도구화하는 일을 자연스러운 것으로 만들어내기 때문이다. 자유가 그 자체로 대단히 중요한 가치라는 사실을 믿고 자유를 수단으로 삼는 것은 위험하다는 것을 확신하는 구성원들이 다수를 차지할 때만이 자유민주주의와 자유시장경제는 계속해서 지탱될 수 있다. 본능의 든든한 후원을 받는 결과의 평등을 극복하고 자유가 가진 고귀한 가치를 공유하기 위한 노력을 지속적으로 기울이지 않는 사회는 언제든지 역사의 역행이 가능한 사회로 나아가게 된다. 역사는 종언을 고한 것이 결코 아니다. 언제든지 역주행은 가능하며, 전적으로 다수의 선택에 달려 있음을 잊지 말아야 한다.

따뜻함과 함께한다

"인간적인 느낌을 주기 때문에 부작용이 가려질 때가 잦다."

상부상조(相扶相助)는 소규모 사회의 뚜렷한 특징이다. 누군가 어려운 상황에 놓였을 때 그를 돕는 사람을 우리는 '따뜻한 사람' 혹은 '인간적인 사람'이라 부른다. 따뜻함과 인간적임은 본능의 든든한 후원을 받는다. 문제는 소규모 사회의 따뜻함과 대규모 익명 사회의 따뜻함이 일치하는지다. 마찬가지로 소규모 사회의 인간적임과 대규모 사회의 인간적임이 같은지도 따져봐야 한다.

소규모 사회에서 갑이 을을 돕는 행위는 두 눈으로 직접 확인할 수 있다. 갑이 제공한 도움이 을에게 어떤 도움이 되는지를 확인하는 일은 어렵지 않다. 어떤 종류의 속임수나 기만, 사기 등과 같은 기회주의적 행동이 소규모 사회에서 등장할 가능성은 현저히 낮다. 물론 소규모 사회에서 기회주의적인 행동이 전혀 일어나지 않는 것은 아니다. 인류학자들이 원시 부족을 대상으로 진행한 연구 결과에 따르면, 다양한 소규모 사회에서는 다른 구성원들을 속이고 자기 몫을 더 챙기는 구성원을 방지하기 위해 다양한 규칙을 두고 있다고 한다. 또한 꾀병을 부려서 공동 작업에서 빠지려는 구성원을 제재하려는 소규모 사회 나름의 규칙이나 관습이 있다는 연구 결과들이 있다.

인간은 태어날 때부터 자신의 이익을 더 챙기려는 성향을 갖고 있다. 인간성에 뿌리 깊이 자리 잡은 사익 추구의 성향을 확인하는 일은 어렵지 않다. 좌파적 사고를 가진 사람들은 인간 본성을 지나치게 미화하는 경향이 있지만, 인간의 실제 모습은 우리가 믿고 싶은 만큼 아름답거나 근사하지 않다. 강력한 이기심이 인간의 판단과 행동의 중요한 추진력으로 작용하고 있음은 틀림없는 사실이다. 그렇다고 해서 인간의 이기심이 어두운 효과만 낳는 것은 아니다. 이기심 덕분에 인간의 생존과 번영이 가능했다.

따뜻함과 인간다움은 무엇인가?

인간의 뿌리 깊은 이기심은 교육의 영향을 받기 이전의 아이들의 행동에서 손쉽게 관찰할 수 있다. 한번은 4~5세 정도의 아이가 집을 방문한 적이 있다. 자기 몫의 과자를 얼른 먹고 난 다음 상대방이 먹고 있는 몫까지 요구했다. 이 정도는 얼마든지 이해할 수 있다. 더 먹고 싶기 때문이다. 그러나 아이의 행동은 여기서 그치지 않았다. 상대방이 응하지 않자 얼른 상대방 손에 들어 있는 과자를 빼앗아서 자기 입으로 가져가버렸다. 인간의 본래 모습을 확인할 수 있는 쉬운 사례다. 소규모 사회에선 그나마 인간의 이기심을 제어하기가 쉽다. 두 눈으로 상대방의 행동을 어느 정도 관찰할 수 있기 때문이다. 하지만 오늘날처럼 대규모 익명 사회에서는 속이려 드는 사람을 방지하는 일이 여간 어렵지 않다. 설령 방지책이 있다 하더라도 이를 운용하는 데 많은 비용이 든다.

현대인들은 소규모 사회의 유산인 따뜻함과 인간적임에 높은 가치를 부여한다. 오늘날과 같은 익명 사회를 살아가는 시민들에게 따뜻함과 인간적임은 어떤 것을 의미하는 것일까? 소규모 사회와 대규모 사회에서 따뜻함은 같은 의미를 지니는 것일까? 오늘날과 같은 익명 사회에서 소규모 사회가 남긴 따뜻함과 같은 본능은 막강한 위력을 발휘한다. 정치인들이 어려움에 처했거나 처할 가능성이 있기 때문에 특정 그룹을 도와야 한다고 주장하기 시작하면, 이를 조목조목 따지면서 반대 의견을 말하기는 쉽지 않다. 설령 그런 정책들이 요구하게 될 사회적 비용이 크더라도 쫀쫀하게 비용과 편익을 따져봐야 한다고 주장하는 사람들은 자칫 차가운 사람 혹은 타인의 불행에 눈감는 비인간적인 사람으로 간주될 수 있다.

무상급식이 사회적 이슈가 되었을 때 "아이들한테 밥 한 끼 그냥 주는 일인데 무슨 말이 그렇게 많은가?"라고 주장하는 이들이 많았다. 이러한 주장에는 소규모 사회의 유산인 따뜻함이 고스란히 담겨 있다. 학생들에게 밥 한 끼를 무상으로 주는 것을 당연하게 여기는 사람들도 있지만 또 다른 사람들은 형편이 되는 부모들은 자식의 밥값을 지불하는 것이 이성적으로나 논리적으로 정당한 일이라고 생각한다. 모든 초등학생에게 점심값을 무상으로 지불하면, 중학생 그리고 고등학생에게도 밥값을 지불해야 한다. 여기에서 또 다른 정치인들은 이렇게 주장할 수도 있다. "학생들에게 밥을 무상으로 지불하는 일도 중요하지만 더 어려운 분들은 노인들이기 때문에 그들에게도 무상으로 점심을 주는 것이 좋다"고 말이다. 어떤 그룹을 돕는 일은 처음에는 미약하게 시작되지만 빠른 속도로 도와야 하는 대상이 대폭 확장되고 도움을 줘야 하는 액수도 늘어나게 된다.

여기서도 반대하는 사람들은 이렇게 따질 수 있다. "왜, 부모가 있고 부모가 지불할 여력이 있는데 납세자들의 돈을 갖고 점심값을 무상으로 지원해야 하는가?" 이들의 주장은 논리적이고 이성적이다. 왜냐하면 시장경제에서 구성원들이 지켜야 할 매우 중요한 행동 원칙이 수익자부담의 원칙이기 때문이다. 모든 교환 활동의 원칙은 편익을 누리는 사람이 비용을 지불해야 한다는 것이다.

시장경제에서 살아가는 사람들은 누구도 자신의 점심값을 나라가 대신해서 지불해달라고 요구하지 않는다. 또한 누구도 자신이 구입하는 상품에 대해 다른 납세자들이 대신해서 돈을 내달라고 요구하지 않는다. 수익자부담은 그 자체만으로도 정의로운 것이고 올바른 것이며, 익명 사회를 지탱하는 행동 원칙이다. 옳은 일은 그 자체만으로 가치가 있다. 정의라는 측면에서뿐만 아니라 사회적 비용이라는 측면에서도 자신이 사용하는 상품이나 서비스에 대해 스스로 가치를 지불하는 일은 사회적 비용을 줄이는 지름길에 해당한다.

이렇게 따지는 사람들을 두고 흔히 차가운 사람이나 비인간적인 사람이라고 비난할 수 있다. 왜냐하면 생물학적 유산으로 물려받은 유산인 따뜻함과 인간적임을 중시한다면 다른 구성원들을 도와주는 것이 옳기 때문이다. 여기서 우리가 주목해야 하는 것은 그것이 바로 소규모 집단 사회에서 만들어진 행동 원칙이라는 사실이다. 대규모 익명 사회에서는 소규모 집단 사회를 움직이던 행동 원칙이나 가치가 쓸모없거나 엄청난 사회적 비용을 유발한다. 따라서 대규모 익명 사회의 따뜻함과 인간적임은 소규모 사회의 그것과는 뚜렷이 구분해야 한다. 그러나 이를 정확하게 변별하는 일은 이성과 논리의 도움을 필요로 한다.

따뜻함과 인간다움의 차이

좌파적 사고는 본능에 뿌리를 두고 있다. 좌파적 사고를 가진 사람들은 소규모 사회를 지탱했던 행동 원칙이나 가치를 대규모 익명 사회에 그대로 적용하기를 간절히 원한다. 그래서 좌파적 사고는 계속해서 어떤 그룹을 이런 명분 저런 명분으로 돕는 정책을 만들어내는 데 익숙하다. 그들이 만들어내는 정책들은 대체로 사회 구성원들의 지지를 받는다. 왜냐하면 다수의 사회 구성원들 역시 본능에 호소하는 정책이 가슴에 더 와닿기 때문이다. 이처럼 좌파 성향의 정책에 지지를 아끼지 않는 사람들은 대부분 따뜻함과 인간적임과 같은 본능의 영향력하에 놓여 있다. 본능에 충실한 것이 마음이 편안하기도 하고 그렇게 하는 것이 올바르다고 생각하기 때문일 것이다.

복지 정책을 악용하는 사례들은 대규모 익명 사회에서 피할 수 없다. 대규모 익명 사회에서는 복지 제도를 악용하는 기회주의적 행동이 만연하는 현상을 피할 수 없다. 이들을 단속한다고 야단법석을 떨지만 무슨 수로 궁리를 써서 나랏돈은 빼 가는 사람들을 단속할 수 있겠는가? 엄청난 재원을 투입해서 단속 요원을 공무원으로 채용하더라도 원하는 결과를 얻기 힘들 것이다. 돕는 정책의 양산과 기회주의적 행동의 만연은 사회적 비용의 급증이라는 결과를 낳는다. 이런 비용은 차곡차곡 누적되어 국가 부채를 증가시키고, 이것이 이어지면서 결국 재정지출을 감당할 수 없는 상황에 도달하면 경제 위기로 귀결된다. 그리스, 스페인, 이탈리아 등 남부 유럽 국가들이 경험하고 있는 경제 위기는, 원시 본능에 기초한 따뜻함과 인간적임과 같은 소규모 사회의 덕목이 대규모 익명 사회에서 정책화되면서 맞는 어려움을 이야기해주고 있다. 훗날 그들의 경험이 우리의 경험이 될지 누가 알겠는가!

이 같은 사회적 비용 못지않게 또 하나 간과할 수 없는 것은 일단 도움을 받는 데 익숙해진 사람은 도움이 끊기는 상황이 발생하면 스스로 일어설 능력이나 의지를 상실해버린다는 사실이다. 스스로 삶을 꾸려가려는 자활 의지는 정부 지원에 의해 허물어져 내리게 마련이다. 그러나 좌파적 사고를 가진 사람들 가운데 이런 부작용에 눈길을 주는 사람은 드물다. 당장의 도움이 주는 달콤함에 눈이 가리기 때문이다. 대다수는 중장기적인 비용에 그다지 눈길을 주지 않는다. 달콤함은 본능적으로 느끼는 것이고, 중장기 비용은 이성적으로 사고해야 하는 것이기 때문이다.

시대와 환경과 지역에 따라서 좌파적 사고는 다양한 정책과 제도를 낳는다. 하지만 공통점이 있다. "이 그룹에 이런 도움을 주고 저 그룹에도 저런 도움을 주자!"는 식이다. 이런 주장이나 정책은 늘 정치적으로 유리한 위치에 선다. 본능의 든든한 지원을 받기 때문이다. 좌파적 사고의 후원을 받는 정책을 선호하고 지지하는 일에는 이성이나 논리를 동원할 필요가 없다. 그냥 그 자체만으로도 따뜻함이 함께하기 때문이다. 따지는 사람, 중장기에 걸친 비용을 기초로 설득하는 사람은 야멸찬 사람, 차가운 사람, 올바르지 않은 사람, 비인간적인 사람으로 주홍글씨가 새겨질 가능성이 높다. 어느 정치인이 이런 위험을 감수하면서 시민들을 설득하려 하겠는가!

논리적이고 합리적으로 사고하는 일은 두뇌에 상당한 수고를 요구한다. 실상 대규모 익명 사회에서 진정으로 따뜻한 사람이나 인간적인 사람은 중장기적인 효과를 충분히 따지는 사람이며 이를 기초로 정책을 만드는 사람이다. 이는 소규모 집단사회의 따뜻함과 대규모 익명 사회의 따뜻함이 다름을 말해준다. 현명한 개인이라면 오늘 잘 먹고 잘살겠다고 갖고 있는 돈을 오늘 다 써버리지 않는다. 개인 차원에서 보면 따뜻한 사람이나 인간적인 사람 역시 단기, 중기, 장기 효과를 모두 고려해서 소비와 투자를 결정한다. 그만큼 사람들은 자신의 이익이 관련되어 있을 때는 소규모 집단 사회의 행동 원칙을 곧바로 수정한다.

그러나 모든 개인이 사회적인 결정을 내릴 때 그렇게 현명하지는 않다. 한 사회가 만들어낸 귀한 자원을 더 효과적으로 사용하는 데 주력하기보다 본능의 목소리인 따뜻함의 인도를 받아서 큰 고민 없이 따라갈 가능성이 높다. 대표적인 예로, 극단적인 형태의 좌파적 사고가 반복된 나라인 베네수엘라를 들 수 있다. 우고 차베스(Hugo Chávez)가 주도한 좌파 정책이 어떤 파국을 낳았는지 생생하게 보여준다. 외신에 따르면 국고가 바닥이 난 베네수엘라에서 국민의 4분의 1이 하루 한 끼나 두 끼로 버티다가 2017년에 평균 체중이 11kg 줄었다고 한다. 그런 부작용이 위세를 떨칠 즈음에 차베스는 암으로 저세상으로 떠났고, 그런 정책에 열화 같은 갈채를 보냈던 정책 입안자들은 모두 물러났다. 비용은 고스란히 시민들의 몫이 되고 말았다.

본능은 언제 어디서나 단기 이익에 주목하는 경향이 강하다. 본능을 넘어서려면 생각해야 하고, 참아야 하고, 설득해야 한다. 이 모든 활동은 에너지를 필요로 하기에 대다수 사람은 본능의 요구에 쉽게 굴복하고 만다. 그래서 어떤 사회든 정신을 바짝 차리고 올바르게 사고하지 않는 한 좌파적 사고의 득세를 방지하기는 쉽지 않다.

선함에 대한 믿음이 강하다

"기회주의를 제거하는 것은 불가능하기 때문에 사고의 토대가 취약하다."

인간은 교육이나 훈육 혹은 제도 개혁을 통해서 물려받은 본성을 탈피하고 완전히 새로운 인간으로 거듭날 수 있을까? 계획을 통해 세상을 조직화하려는 열망이 강한 사람들이 권력을 쥐면 어김없이 등장하는 용어가 있다. 그것은 '새로운 세상'과 그런 세상을 움직이는 '새로운 인간'이다. 이때 즐겨 나오는 용어가 '연대'다. 좌파적 사고에 익숙한 사람들은 과거와의 완전한 결별을 뜻하는 용어를 즐겨 사용하고 자주 '새로운' 혹은 '新'이라는 용어를 사용한다. 그들은 반복적인 교육이나 제도 개혁을 통해서 인간을 바꿀 수 있다고 믿는다. 새로운 유형의 인간상으로 바꿀 수 있다고 믿으며, 이 과정에서 본능을 더 많이 극복한 상태의 인간이 될 수 있다고 믿는다.

물려받은 본성의 거센 유혹이나 명령에서 완전히 벗어날 수 있는 새로운 인간의 출현이 가능한 일인가? 인간에 대한 이 같은 인식과 과정의 차이점이 좌파적 사고와 우파적 사고를 가르는 요인이 된다.

인간은 선하게 태어났는가?

인간은 태어날 때부터 그렇게 선한 존재로 태어나는 것은 아니다. 되도록 자기 이익을 챙기고 상대방의 이익을 무시해버리거나 자주 상대방 것까지도 자기 것으로 만들려 한다. 원시 부족처럼 두 눈으로 상대방을 관찰할 수 있는 사회에서도 인간의 기회주의적 행동이 발생할 가능성은 언제든지 열려 있었다. 소규모 집단 사회를 구성하는 구성원들이 조금만 방심해도 꾀를 부리거나 상대가 보지 않는 사이에 상대의 것을 슬쩍 자신의 것으로 만들어버리는 일이 발생하곤 했다.

그래서 소규모 집단 사회의 유대와 결속 그리고 연대를 가능하게 만들기 위해 소규모 집단 사회는 이 같은 기회주의적 행동을 제어하는 나름의 규칙이나 벌칙을 두었다. 게으름을 피우거나 남의 것을 은근슬쩍 자신의 것으로 만드는 행위를 엄격히 처벌하고, 때로는 아예 그런 마음이 들지 않도록 개인이 도구나 물건을 소유하는 것 자체를 금지해버리기도 했다. 모두가 함께 도구를 사용하도록 만들어버리는 일은 원시 부족에서 종종 관찰되는 일이다. 기회주의적 행동을 억제하기 위한 나름의 방법일 것이다. 인간이 선한 존재라는 사실을 믿고 싶더라도 인간의 본래 모습은 그렇지 않다. 자기 것을 먼저 챙기고 남 것을 빼앗으려는 성향은 인간 본성의 깊숙한 곳에 자리하고 있다. 틈만 나면 기회주의적인 행동으로 자신의 이익을 챙기려는 본성은 뿌리가 아주 깊다.

이런 사례가 먼 옛날의 이야기처럼 들리면 3~4살 정도의 어린 아이를 유심히 관찰해보라. 정규 교육과정을 통해 도덕이나 윤리를 배우지 않은 아이들은 천진난만해 보인다. 그러나 실상은 그렇지 않다. 몇 명의 아이들이 함께 있을 때 맛있는 과자나 빵을 나누어 주면 인간 본성의 칙칙한 면을 쉽게 확인할 수 있다. 모든 아이가 그렇지는 않지만 몇몇 아이는 얼른 자기 몫을 입안에 넣는다. 그 다음에는 다른 아이의 과자나 빵을 빼앗기 위해 호시탐탐 기회를 노리다가 상대 아이가 방심하는 틈을 타서 기어코 자신의 욕구를 충족시킨다. 그러다 결국 빼앗긴 아이는 울부짖고, 빼앗은 아이는 시치미를 뚝 떼는 일이 자주 일어난다.

자기 몫을 아끼는 자기애는 타고나는 것이지만 상대방의 몫을 인정하고 배려하는 마음은 타고나는 것이 결코 아니다. 틈만 있으면 기회주의적인 행동을 여지없이 보이고 자기 잇속을 먼저 챙기는 것이 인간이라는 존재다. 물론 개중에 평균을 훌쩍 넘어서는 선의를 가진 사람들도 있지만 말이다. 따라서 인간의 선의에 바탕을 둔 정책이나 제도는 필연적으로 실패하게 된다. 기적이 일어나지 않는 한 실패를 피할 수 없다.

역사적인 경험도 인간 본성의 기회주의적 행동을 입증해준다. 먼 나라와 교역을 하는 활동이 등장한 이래로 상인들의 가장 중요한 관심거리는 주인을 대신해서 일을 봐주는 사람들의 기회주의적 행동을 어떻게 제어할 것인가라는 고민이었다. 경영학에서 중요한 연구 주제 가운데 하나인 '주인-대리인 문제'가 바로 그것이다. 주인의 이익을 위해 활동해야 할 종업원이 월급을 받으면서도 주인의 이익 대신에 자기 이익을 위해 행동하는 문제다. 그래도 국내에서 교역이 이루어지는 경우에는 이런 문제를 극복할 방법이 없지 않다. 가까운 거리에서는 대리인의 기회주의적 행동을 발각할 가능성이 높고 대처할 수 있는 방법을 사용해도 큰 비용이 들지 않는다. 그러나 대리인이 주인을 대신해서 먼 나라로 다니면서 교역을 해야 하는 경우에는 주인-대리인 문제는 보통 골칫거리가 아니었다. 가장 확실한 방법은 피붙이를 대리인으로 고용하는 것이고, 그것이 여의치 않으면 친척을 고용하는 것이고, 그것이 여의치 않으면 대리인에게 성과에 연동하는 보수를 지불하는 등의 여러 방법이 고안됐다. 주인-대리인 문제와 관련해 역사가 증명하는 것은 인간은 기회만 되면 자기 이익을 우선적으로 더 많이 챙기기 위해 기회주의적 행동을 억제하지 않는다는 사실이다. 이런 본능을 있는 그대로 인정하지 않는 정책이나 제도는 실패하게 된다.

대체로 좌파적 사고는 '인간이 선하다'는 까닭 없는 믿음에 바탕을 두고 있다. 사실 여부를 떠나서 "그냥 사람은 선하다" 혹은 "우리 민족은 선하다" 등과 같은 반복적인 주장은 좌파적 사고가 낳는 결과물 가운데 하나다. 흥미로운 것은 인간이란 일단 선하다고 믿기를 결심한 다음에는 선한지 아닌지를 보여주는 실상은 눈에 들어오지 않는다는 사실이다. 마치 사랑이란 콩깍지에 씌어버린 젊은이에게 상대방의 약점이 눈에 들어오지 않는 것과 같다.

우리는 교육과정을 통해서 윤리나 도덕을 명시적으로 혹은 암묵적으로 배운다. 자기 욕심이 앞서더라도 상대의 것을 드러내놓고 빼앗는 일은 웬만해선 하지 않는다. 타인의 것을 빼앗는 것은 나쁜 일이라는 교육의 결과로 해석할 수도 있지만, 그런 행위가 가져올 수 있는 처벌에 대한 두려움도 어느 정도 역할을 담당하고 있을 것이다. 그래도 소규모 집단 사회에서는 서로서로를 지켜볼 수 있기 때문에 인간이 선한 존재라는 믿음을 가질 수도 있다. 왜냐하면 기회주의적 행동이 일어날 가능성이 낮기 때문이다.

그러나 오늘날의 도시나 국가처럼 익명의 사람들이 어우러져 살아가는 사회라면 이야기가 완전히 달라진다. 자신을 모르는 사람들이 다수를 차지하면 인간은 어두운 본능을 여지없이 분출한다. 기회주의적인 행동을 통해서 자신의 이익을 극대화하는 행동을 보이는 것이다. 이때 남들의 이해가 침해받거나 남들이 극한 상황에 처하는 것조차도 신경 쓰지 않고 안하무인격으로 행동하는 사람들이 나타나는 것은 피할 수 없는 일이다. 사기나 무고와 같은 행위가 전형적이다. 남들이 죽든 말든 자신에게 이익이 되면 별로 개의치 않는 것이다.

현대 민주주의의 최대 병폐로 간주되는 것은 정부 예산으로 표를 사는 행위다. 계속해서 정치권력을 쥐고 싶은 집권 세력은 매표 행위를 서슴지 않는다. 돈으로 표를 사는 행위는 무엇을 말하는가? 이다음에 얼마나 큰 비용청구서가 날아오든지 간에 당장의 권력 획득을 위해 돈을 써버린다는 의미에서 전형적인 자기 이익의 극대화에 해당한다. 그래도 현세대에게 부담을 지우는 일은 올바른 일은 아니지만 이해할 수 있다. 태어나지 않은 세대에게 부담을 지우는 일을 아무런 고민이나 양심의 가책 없이 예사로이 저지르는 것이 현대 민주주의의 병폐인 민중주의(포퓰리즘)다.

선하게 태어난 것을 믿고 싶더라도

인간이 선하게 태어났다고 믿고 싶은 사람도 있을 것이다. 믿고 싶다고 해서 그것이 사실인 것은 아니다. 다른 한 가지 예를 들어보자. 북한은 1946년 정권이 세워진 이후에 한순간도 거르지 않고 대한민국을 전복시키기 위한 대남 전략을 실천에 옮겨왔다. 한국의 근현대사는 남한을 적화시키기 위한 북한의 대남 전략을 빼고는 이야기할 수 없을 정도로, 북한은 수많은 사건을 자행해왔다. 비행기 납치, 요인 암살, 청와대 공격, 봉기 획책 등 무려 70여 년 넘게 북한의 대남 적화 전략은 계속되어왔고, 지금 이 순간에도 계속되고 있다. 겉과 속이 워낙 다른 사람들이라서 입으로 하는 이야기 이면에 어떤 비수가 숨어 있는지 알 수가 없다. 우리 사회에서 일부 사람들은 '우리민족끼리'라는 구호를 좋아한다. 우리 민족끼리라는 구호의 밑바닥에는 북한 당국자들의 선의나 선함에 대한 가정이 놓여 있다. 우리가 이렇게 하면 그들 역시 일정 수준 우리가 만족하는 선에서 행동할 것이라는 가정이다. 그러나 이런 가정은 어떤 것도 증명되지 않았다. 단지 그렇게 믿고 싶어 하는 사람들이 있을 뿐이다.

한 가지 가정을 해볼 필요가 있다. 오랫동안 체제 경쟁을 해온 상대방이 수십 년 동안 대단한 물질적인 토대를 구축했다면, 그리고 그러한 토대를 이용해 그들이 우리를 일거에 지배할 수 있다면 어떻게 행동할 것으로 보는가? 이런 사례도 예외 없이 자기 이익의 극대화라는 행동 원칙에서 벗어나지 않는다. 아이들이 자기 몫을 얼른 챙겨 먹고 난 다음에 다른 아이의 것을 빼앗는 것과 마찬가지 일이 일어날 가능성이 얼마든지 있다. 북한 당국자들은 감언이설로 평화 공세를 퍼부은 다음에 무력을 통해 상대방의 물질을 빼앗을 수 있다면 얼마든지 그런 행동에 나설 가능성이 높다.

인간은 결코 선하게 태어나지 않았음을 잊지 말아야 한다. 인간은 자기 이익에 따라 충실하게 행동하도록 태어났을 뿐이다. 그것이 인간의 타고난 본능이다. 본능에 충실하게 믿고 행동하는 존재가 인간이다. 그런 본능을 변화시키는 일은 여간 힘들지 않다. 솔직한 표현을 사용하면 불가능에 가까운 일이라 할 수 있다. 신경회로망에 깊이 각인된 것을 무슨 수로 없앨 수 있겠는가!

그런데도 본능의 변화 가능성에 대해 좌파적 사고는 대단히 우호적이다. 선의를 갖고 상대방을 대하면 상대방도 변할 수 있다고 믿는 경향이 좌파적 사고의 한 부분이다. 그러나 인간 본성의 뿌리 깊은 특성은 변하기 어렵기 때문에 상대방의 선의를 믿지 않아야 한다고 생각하는 사람들도 있다. 이들은 우파적 사고를 가진 사람들일 가능성이 높다. 전 합참 작전본부장을 지낸 신원식 육군 중장은 "북의 선의만 믿고 국방 근간 허물어선 안 된다"《조선일보》, 2018. 6.

20)는 제목의 칼럼을 기고했다. 상대의 선의를 믿는지, 아니면 인간 본성의 견고함을 믿는지에 따라 칼럼에 대한 찬반이 나뉠 것이다.

"문제는 북한의 평화·선전 공세에 넘어가 한국군 화력 자산 등을 후방으로 철수할 경우, 후방이 대부분 인구 밀집 도시지역이기 때문에 옮길 데가 없어 그냥 해체될 수도 있다는 점이다. 과대평가된 장사정포 위협에 속아 우리로선 훨씬 치명적인 대가를 치르는 오판을 하게 되는 셈이다.

국방·안보의 기본은 상대방의 '의도'가 아닌 '능력'을 기초로 대비하고, 최선의 선의(善意)가 아니라 최악의 악의(惡意)를 전제로 임하는 것이다. 한반도에서 평화 분위기 고조에 따른 긴장 완화는 심리적 안도감에 불과하며, 진정한 평화는 실체적인 군사 위협이 감소할 때 가능하다. 우리는 휴전 이후 한 번도 약속을 지킨 적이 없는 북한이 이번에는 지킨다는 '확증 편향(자기가 보고 싶은 것만 보고 믿고 싶은 것만 믿는 현상)'에 젖어 모험을 하고 있다."

주목할 만한 점은 1953년 휴전 이후 북한 당국자들이 단 한 번도 약속을 지키지 않았음에도 여전히 그들의 입을 믿고 싶어 하는 사람들이 많다는 것이다. 좌파적 사고는 비가 오나 눈이 오나 인간의 선함을 굳건히 믿는다. 그런 믿음은 견고하기 이를 데 없어서 측정할 수 없을 만큼 어마어마한 비용청구서가 날아오는 상황에서도 자신의 믿음이 옳다고 우기는 사람들이 있다.

수많은 사람들로 구성된 현대사회에서 인간이 선하게 태어나지 않았다는 사실을 받아들이는 것이 왜 중요한가? 다시 말하면 좌파적 사고에 뿌리를 둔 정책들이 왜 위험한가? 그것은 수많은 사람들에게 본능을 한껏 발휘할 여지를 허용하기 때문이다. 좌파적 사고에 뿌리를 둔 정책이나 제도가 본능을 한껏 발휘하도록 조장하기 때문이다. 다시 말하면 멀쩡한 사람들조차 좌파적 사고에 뿌리를 둔 정책하에서 기회주의적 행동을 여과 없이 자행하게 만들기 때문이다.

이런 결과는 경제적 성과는 물론이고 국방이나 안보에도 치명적인 타격을 입힐 수 있다. 예를 들어, 오늘날 대개의 민주주의국가들은 특정 그룹에 속하는 사람들을 위해서 보조나 지원 정책을 계속해서 확장해왔다. 도움이나 보호가 필요한 사람들을 위한 정책을 넘어서 표를 구하기 위해 도움의 필요성을 인위적으로 만들어낸 정책이나 제도가 계속해서 확장되어왔다. 이런 정책들의 부작용은 충분히 예상할 수 있다. 도움이 절실히 필요하지 않은 사람들조차 그런 정책이 제공하는 도움을 얻기 위해 기회주의적 행동을 보이는 것이다. 우리 사회에서 보조금 정책을 악용하는 사례들이 신문 지상에 끊이질 않고 등장하는 이유다. 이런 악용 사례가 발생할 때마다 정부 당국자는 단속을 강화해서 뿌리 뽑겠다고 약속한다. 하지만 무슨 수로 열 도둑을 잡을 수 있겠는가? 불가능한 일이다.

그렇다고 해서 도움이 절실히 필요한 사람들을 돕는 일이 불필요하다는 이야기는 아니다. 누군가를 도와주는 정책은 그 대상을 제한하고 엄격하게 운용하지 않는 한 어마어마한 재원의 낭비가 불가피한 것은 이론적으로나 경험적으로 얼마든지 예측 가능한 일이다. 인간이 본래 기회주의적 행동에 익숙한 존재로 태어났다는 사실을 받아들인다면 비용을 줄일 수 있을 것이다. 인간의 선함에 기초한 좌파적 사고는 기회주의적 행동으로 인한 비용에 대해 깊은 고민이 없다. 설령 고민한다고 하더라도 인간 본능의 개조를 통해 기회주의적 행동을 뿌리 뽑지 못하는 한 사회적 비용 증가를 막을 길이 없다.

자신의 도덕적 우월성을 믿는다

"'나' 혹은 '우리'가 도덕적으로 우월하다는 확신이 강하다."

"인간은 제 잘난 맛에 산다." 이처럼 오랫동안 사람들의 입에 즐겨 오르내리는 이야기라면 귀담아듣거나 눈여겨볼 일이다. 속담에는 오랜 세월 동안의 경험이 축적되어 만들어진 지혜가 담겨 있기 때문이다. 이웃한 민족들과 비교해보면 한국인들은 대체로 자기 잘난 맛에 사는 경향이 강하다.

　가난하던 시절에는 어떠했는지 확실치 않지만 근래 우리 사회는 모두가 전문가이고 모두가 만물박사라는 생각이 들 정도로 소란스럽다. 사람은 건강한 자존감과 자신감을 갖고 살아갈 필요가 있기 때문에 그것 자체가 잘못됐다는 이야기는 아니다. 다만 한국인들은 평균적으로 자기 잘난 맛에 사는 경향이 유독 강하다는 점을 지적해둘 필요가 있다. 특히 이웃 일본인들과 비교하면 이런 특성은 유별나다.

집단 차원의 도덕적 우월성

이따금 특정 세대가 다른 세대에게 "당신들은 그때 뭘 했는가?"라고 물을 때가 있다. 예를 들어, 젊은 날 운동권으로 활동한 사람이 자신과 전혀 다른 길을 걸어온 사람에게 이렇게 묻는다. "우리가 고생하면서 감방을 오고 갈 때 당신들은 호의호식하지 않았습니까?" "그때 당신들은 나라를 위한 일을 하지 않고 도대체 뭘 하고 있었습니까?" 이 같은 이야기를 내놓고 하지는 않지만, 이렇게 묻고 싶은 사람들이 있을 것이다.

언젠가 텔레비전으로 생생하게 중계되는 장소에서 현직에서 괄목할 만한 자리에 앉아 있는 두 사람이 서로를 공격하는 말씨름을 지켜본 적이 있다. 그 모습을 보면서 '운동권 출신으로 요직에 오른 인사의 의식 저변에는 어김없이 도덕적 우월성이 자리 잡고 있구나!'라는 생각이 들었다.

사람들은 제각각의 길을 걸어간다. 어떤 사람은 학생운동에 우호적이지만 또 어떤 사람은 그렇지 않다. 자신의 취향이나 특성에 맞지 않거나 그런 일에 자신을 희생할 만한 값어치가 없다고 생각하기 때문에 그런 활동을 계속할 수 없다. 사업도 아무나 하는 일이 아닌 것처럼 학생운동도 아무나 할 수 있는 일이 아니다. 친일

문제에 대해 지나치게 엄격한 잣대를 들이대는 사람들을 볼 때면 이따금 '당시에 모두가 만주로 가서 독립운동을 해야 했다면 누가 아이들을 키우고, 어떻게 먹고사는 문제를 해결할 수 있었을까?' 이런 의문이 떠오르는 것을 막을 수 없다. '저분들은 모든 사람이 독립운동을 하는 성향을 타고나지 않았음을 아는 것일까?' 이런 의구심이 떠오르는 것도 사실이다.

일제강점기를 살았고 오늘날 친일을 했다고 비난받는 어느 분의 솔직 담백한 답변이 생각난다. "나는 가족들을 더 생각하기 때문에 강경한 독립운동에 개입할 수 없었고, 나 자신이 그렇게 용감한 사람이 아닙니다." 일제의 강압 체제를 체험하지 못한 후대 사람들 가운데 자기중심적인 시각을 가진 사람은 이렇게 물을 수 있다. "아니, 그게 무슨 말입니까? 당연히 민족과 조국을 위해 독립운동을 해야 하지 않습니까?" 유신치하에서 젊은 날을 보낸 필자와 같은 세대에게도 똑같은 질문을 던질 수 있다. "어떻게 도서관에서 고시 공부를 하고, 유학을 준비할 수 있습니까? 당연히 독재에 맞서 싸워야 하지 않습니까?" 이런 질문에 대해 다양한 답이 나올 것이다. 모두가 투사가 될 수 없고, 되어서도 안 된다. 독재에 맞선 사람도 있었지만 순응한 사람도 있었다. 어떤 상황에서 사람이 내리는 의사 결정에는 복잡 다양한 요인들이 개입될 수밖에 없고 도덕적으로나 윤리적으로 크게 비난받을 만한 일이 아니다. 또한 상대의 선택에 비해 자신의 선택에 대해 지나치게 우월적인 지위를 부여하지 않도록 주의해야 한다.

도덕적 우월성의 뿌리

왜 좌파적 사고에 치우친 사람들은 유별나게 도덕적 우월성을 갖는 것일까? 도덕적 우월성은 무리 지음에서 나온다. 인간은 본능적으로 '우리'와 '그들'을 구분하는 특성이 있다. 현대인조차 재산을 기준으로 우리와 그들을 분리한다. 학벌을 기준으로 우리와 그들을 분리하고, 출신 학교를 중심으로 우리와 그들을 분리하기도 한다. 때로는 출신 지역을 중심으로 우리와 그들을 분리하고, 사는 장소를 중심으로 우리와 그들을 구분하기도 한다. 이런 면에서도 한국인은 다소 유별난 성향을 보인다.

일단 우리와 그들을 분리하고 우리 이외의 사람들에게 배타성을 드러내는 것은 타고난 본능이다. 소규모 집단 사회의 특성 가운데 하나는, 그들로 구성되는 또 다른 소규모 집단에 맞서 우리에 속하는 소규모 집단의 생존을 도모한다는 것이다. 그렇다 보니 자연스럽게 배타성을 드러내지 않을 수 없다. 살아남아야 하기 때문이다. 특히 동물 사냥은 제로섬게임의 성격이 강하다. 우리가 가지면 상대방은 가질 수 없다. 상대가 이기면 우리가 진다. 사생결단하고 우리의 생존을 보존해야 할 절박감이 있다. 이런 경향이 알게 모르게 우리의 뼛속 깊이 배어 있다. 소규모 집단을 넘어서 익명으로 구성된 대규모 사회에서 살게 된 지금도 소규모 집단생활에서 생존과 번영을 보장해주었던 특성이 고스란히 현대인에게 전해져 내려오고 있다.

한국 역사에서 면면히 이어져 내려오는 당파성도 우리와 그들을 구분하는 원시 본능의 잔재로 이해할 수 있다. 좁은 땅에서 한정된 자원을 갖고 싸워야 하는 사람들은 언제 어디서나 우리와 그들을 나누고 상대방에게 맹폭격을 가한다. 대표적인 것이 조선조의 당파 싸움이지만, 그 시대의 일만은 아니지 않는가! 오늘날 정당 내에서 당권이나 후보 추천권을 둘러싸고 벌어지는 계파 간 싸움도 무리 지음이나 배타성의 현대판으로 해석할 수 있다.

우리라고 부를 수 있는 집단에 속한 사람들이 승리하기 위해서는 무엇인가 특별한 것이 필요하다. '우리가 그들에 비해 특별한 사람이다'라는 생각을 갖기 위해서는 어떤 것이 필요하다. 그것이 바로 도덕적, 윤리적 우월성이다. 이것은 돈으로 값을 매길 수 있는 것에 비해서 볼 수도 없고 만질 수도 없는 성스러운 것처럼 여겨질 수 있다. 한마디로 훌륭한 사람 혹은 훌륭한 인생을 만들어주는 토대가 도덕이나 윤리의 우월성이라 할 수 있다. 사람은 자신이 다른 사람들에 비해 뭔가 가치 있는 인생을 살아왔고 살고 있다는 확신을 주는 것들, 이를테면 가치, 상징, 표식, 믿음 등을 필요로 한다. 집단도 마찬가지다. 우리가 그들보다 도덕적으로 우월하다는 믿음처럼 유용하고 편리한 것도 드물 것이다. 일단 이런 믿음을 채택하고 나면 증명해야 할 필요가 있다.

좌파적 사고로 무장한 사람들의 눈에 상업이나 사업을 하는 사람들은 다소 저급한 사람들로 비칠 수도 있다. 그들이 하는 말을 들어보면 '상업가나 사업가는 이익만 추구하는 자들이다'라는 생각이 은연중에 드러난다. 상업이나 사업은 도덕이나 윤리와 같은 반열에 들 수 없는 것이라고 느껴질 수 있다. 따라서 좌파적 사고에 익숙한 사람들은 상업적 이익에 대해 경멸감을 드러내는 경우가 잦다. 정치권력이 교체될 때마다 사업가들을 불러다가 혼쭐을 내고 위세를 과시하는 행동은 모두 자신들이 도덕적 윤리적으로 우월하다는 생각에서 비롯된다고 해도 과언이 아니다. 상업적 이익에 대한 경멸감은 어느 민족의 역사에서나 보편적으로 관찰된다. 그러나 우리는 좀 심하다.

무리 지음과 배타성이라는 원시 본능

운동권 출신 인사들만 좌파적 사고를 갖고 있는 것은 아니다. 오늘날 40대나 50대, 좁게 보면 386세대 가운데 일부는 아버지 세대에게 "그때 당신들은 뭘 했습니까?"라고 묻곤 한다. 아버지 세대를 질타하는 목소리도 높다. '당신 세대가 이것도 잘못했고, 저것도 잘못했고'라는 인식이 있다. 그래서 그 연배의 자식을 둔 집안에서는 아버지와 자식들 사이에 대화가 단절된 경우가 많다. 주어진 환경에서 나름대로 열심히 살아왔다고 자부하는데 자식에게만은 인정을 받지 못해서 섭섭한 아버지들도 있다. 여기서도 좌파적 사고의 뿌리를 확인할 수 있다. 오늘날의 기준으로 그 시대를 재단하면 부족한 것이 한두 가지가 아니기 때문이다. 그 시대 상황과 그들의 입장을 이해하면 많은 부분이 해소될 수 있지만, 이런 노력을 기울이는 사람은 그다지 많지 않다. 따라서 우리는 옳고 당신들은 문제가 있다는 생각을 가진 사람이 의외로 많다.

현대와 같은 대규모 익명 사회가 요구하는 것은 무리 지음이나 배타성이 아니다. 오늘날의 사회가 요구하는 것은 수평적인 개인주의다. 서로가 가진 것을 교환하는 수평적인 관계를 요구한다. 이처럼 소규모 사회가 요구하는 덕목과 대규모 익명 사회가 요구하는 덕목은 뚜렷하게 차이를 보인다. 한쪽은 무리 지음에 바탕을 둔 배타성이고, 다른 한쪽은 교환에 바탕을 둔 개방성이다. 현대적 삶을 제대로 살아가려면 전자와 과감히 이별하고 후자의 것으로 철저하게 무장해야 하는데, 물려받은 생물학적 유산이 자꾸만 뒷다리를 잡는다. 이른바 원시 본능과 현대 문명의 갈등이 발생한다.

　그러면 과연 좌파적 사고에 익숙한 사람들이 여타 사람들에 비해 정말 도덕적으로 우월한 것일까? 사실 모든 인간은 오십 보 백 보라고 할 수 있을 정도로 비슷비슷하다. "나는 전혀 흠결이 없다"고 주장하는 사람도 안을 깊숙이 들여다보면 그의 말처럼 그렇게 도덕적으로 윤리적으로 깨끗하지 않다. 특별히 좌파적 사고를 가진 사람들이 그들의 주장처럼 도덕이나 윤리 면에서 우월하다고 볼 수 없다. 인간은 좌파건 우파건 그저 죄 많은 인간일 뿐이다. 밝은 면도 있지만 그것 못지않게 어두운 면이 많다는 이야기다.

　한국 사회를 강타한 미투 운동이 요원의 불꽃처럼 번져갈 때 일반인들을 당황스럽게 만든 것은 평소에 사회정의를 부르짖던 사람들 가운데 유독 성추행이나 성폭행에 연루된 남성이 많았던 점이다. 이는 무엇을 말하는 것일까? 어떤 사람이나 어떤 그룹이 특별하게 도덕적 우월성을 갖고 있다는 것은 아무런 근거가 없음을 말한다. 좌파적 사고를 가진 사람들이 내세우듯이 "나는 혹은 우리는 도덕적 우월성을 갖고 있다"는 것은 아무런 근거가 없다. 모든 인간이 죄인이듯 좌파든 우파든 간에 유혹에 취약하고 살아온 시간이 길수록 흠결이 늘어날 수밖에 없다. 다만 그것이 바깥으로 드러나지 않았을 뿐이다.

배타성과 개방성의 충돌

피해야 할 일은 자신 혹은 자기 집단의 이익을 위해 도덕적 우월성을 악용하는 일이다. 도덕적 우월성이라는 용어를 선점한 채 상대방을 비도덕적이고 비윤리적이라고 비난하는 것은 설득력이 떨어진다. 이런 주장이 틀렸다는 것은 역사적으로 얼마든지 증명할 수 있다.

극단적인 세력에 속한 크메르루주(Khmer Rouge)나 구소련 공산당을 예로 들어보자. 그들이 도덕적 우월성을 주장하면서 기존의 정치 세력과 기득권을 일소한다는 명목하에 권력을 쥔 다음에 어떤 일이 일어났는가? 그들은 도덕적으로 문제가 많다고 생각한 그룹들을 처단하는 결정을 내렸지만, 정작 그들 자신은 처단 대상이 된 사람들과 비교할 수 없을 정도로 타락했다.

중국의 시진핑 주석도 집권 기간 내내 대대적인 반부패 운동을 벌이면서 부패에 연루된 고위층 인사를 숙청하는 데 총력을 기울였다. 중국통이자 보스턴 대학 교수인 조지프 퓨스미스(Joseph Fewsmith)는 반부패 운동의 숨겨진 실제 의도에 대해 말한다. "애초에 반부패 운동은 시진핑의 정적을 제거하는 데 초점이 맞춰져 있었다. 하지만 이를 파벌 싸움 정도로만 봐서는 안 된다. 물론 그런 측면도 있으나, 그보다는 당 통치의 정당성을 약화시키던 사회적 변화의 물결을 가로막는 조치일 수도 있다. 역설적이게도 시진핑의 정책이 단기적인 측면에서 성공할수록 장기적인 정치 사회적 안정성은 위태로워질 수 있다." 도덕적인 면을 강조하지만 결국 자신과 당의 이익을 확보하기 위한 도구로서 반부패 운동을 활용한다는 주장이다.

인간은 본래 겉과 속이 다른 면이 있다는 사실을 부인하기 힘들다. 이런 점에서 정의나 평등을 목소리 높이 외치는 좌파적 사고를 가진 사람들이 일반인들보다 도덕적으로 우월하다는 주장은 진실과는 거리가 멀다. 주목할 만한 점은, 도덕적 우월성에 바탕을 두고 그렇지 않다고 가정한 그룹을 공격하는 일은 좌파적 사고를 가진 사람들이 즐겨 활용해온 수단이라는 것이다. 이런 공격으로 자신이 속한 집단에 속하는 구성원들의 결속을 강화하고 자존감을 높일 수 있다. 더욱이 이런 공격을 통해서 상대방 그룹을 궤멸할 수 있기 때문에 일석이조(一石二鳥)의 성과를 올릴 수 있다.

따라서 좌파적 사고로 무장한 사람들이 집권하면 새로운 사회를 건설하겠다며 그들이 구질서로 간주하는 집단이나 제도 그리고 체제 등을 공격하는 일이 흔히 일어난다. 그러나 시진핑의 반부패 운동에 대한 퓨스미스의 논평처럼 그 결과는 기대에 미치지 못하거나 오히려 악화시키는 결과를 낳게 된다. 역사적으로 개혁에 대한 열망을 품었던 사람들이 추진한 개혁 조치들은 반부패 운동과 거의 비슷한 궤적을 걷게 된다. 무리 지음에 바탕을 둔 배타성은 결코 대규모 익명 사회에서 효과를 거두기 힘들기 때문이다. 오히려 사익을 관철하는 수단이나 도구로 악용되어 큰 폐해를 낳게 된다.

태생적 차이를 중히 여기지 않는다

"극복할 수 없는 차이를 가진 채 태어난 것을 괘념치 않는다."

인간은 얼마나 다양하게 태어나는가? 생각하면 할수록, 경험하면 할수록, 불가사의하고 놀라운 일이다. 육 남매나 칠 남매처럼 많은 형제자매를 둔 사람들이라면 굳이 학자들의 연구 결과에 기초하지 않더라도 가족들의 인생행로를 생각해보는 것만으로도 인간이 타고나는 태생적 조건의 다양성을 확신할 것이다. 후천적인 선택에 따라 삶의 행로가 달라지기도 하지만 태어날 때부터 재능, 기질, 성격, 선호 등 인간의 모든 조건들에서 큰 차이를 보인다. 어떤 사람에게나 자서전 집필은 자신의 전부를 정리하는 작업이다. 그동안 읽은 여러 자서전 가운데 경영학의 대부로 불린 피터 드러커(Peter Drucker)의 자서전은 오랫동안 기억에 남아 있는 책들 가운데 하나다. 그는 『피터 드러커 자서전(*Adventures of A Bystander*)』 서문에서 인간의 다양성을 특별히 강조한다.

"나는 어린 시절부터 인간의 다양성에 매료됐다. 그리고 지금까지 나름대로 흥미로운 점을 갖고 있지 않은 사람은 단 한 번도 만난 적이 없다. 모든 사람은 결국 개별적인 존재다. …… 나는 인간이 다양성과 다원성을 가지며, 모든 인간은 나름대로 독창성을 갖고 있다고 믿는다. 이미 50여 년 전에 나온 첫 번째 작품에서부터 내 모든 책 속에 내재돼 있는 핵심은 바로 이런 신념이다."

후천적 노력이 중요하긴 하지만 인간의 태생적 조건의 차이는 인간을 바라보는 관점에서 대단히 중요한 불변의 진리다. 인간을 생물학적 구조물로 이해하면 구조물 자체의 크기 및 내부 구조가 완전히 다르다고 해도 과언이 아닐 것이다. 인간관에서 매우 중요한 부분을 차지하는 것이 인간의 태생적 조건을 어떻게 받아들이는가 하는 것이다. 바로 이 점에서 좌파적 사고의 중요한 특징이 등장한다.

태생적 차이

좌파적 사고에 익숙한 사람들이 보이는 전형적인 특징은 결과의 평등에 대한 지나친 신뢰와 집착이다. 그들은 결과가 엇비슷해야 한다고 믿는 경향이 강하다. 그래서 결과를 둘러싸고 일어나는 격차의 확대에 민감한 반응을 보인다. 그들이 내놓는 제안의 많은 부분은 결과를 인위적으로 비슷하게 만들기 위한 노력들로 구성된다. 불평등한 결과를 평등하게 만드는 주체는 정치권력이어야 한다고 주장한다. 그들은 정책이나 제도를 통해서 결과의 평등이 가능한 사회를 구현할 수 있다고 믿고 이를 현실에서 실천하기에 열심이다. 그래서 좌파적 사고에 익숙한 사람들이 정치권력을 장악하면 어김없이 결과의 평등이 가능한 사회를 만들 수 있을 법한 법과 제도가 속속 등장한다. "결과는 평등해야 한다"는 주장은 많은 지식인과 대중의 인기를 끈다.

왜, 결과가 평등해야 한다는 주장이 인기를 끄는 것일까? 여기서도 우리는 본능에 주목하지 않을 수 없다. 20~30명 소규모 집단 사회에서는 결과의 격차라는 것이 처음부터 존재하지 않았다. 구성원들이 모두 공동으로 생산하고 공동으로 분배받는 것이 일상적인 일로 자리 잡고 있었다. 추장과 같은 대인이 나누어 주는 평등한 분배에 만족하는 것은 소규모 집단 사회의 생존에도 도움이 되었다. 결국 결과의 평등을 부르짖는 좌파적 사고는 어느 사회에서든 평범한 사람은 물론이고 스스로 좌파에 속하는 인사로 자처하는 지식인들의 인기를 끌게 된다. 결과가 평등해야 한다는 생각은 본능에 바탕을 두고 있기 때문에 특별한 학습이 필요하지 않다. 인간은 태어날 때부터 평등을 부르짖는 사람들을 좋아하게 만들어져 있다.

평등과 관련해서 우리 자신을 이해할 수 있는 또 다른 한 가지 방법이 있다. 회사와 같은 조직에서 선후배들이 보수를 얼마나 받는지는 별로 중요하지 않다. 그러니까 다른 집단에 속한 사람이 얼마를 받는지는 그다지 중요하지 않다. 그렇지만 입사 동기들 사이에서는 그 격차가 문제가 된다. 약간의 차이라도 발생하면 그런 차이에 불편함을 느끼는 사람들이 나오게 마련이다. 사람들은 절대적인 액수보다는 상대적인 차이에 민감하게 반응한다. 때로는 이런 차이가 갈등이나 분노의 원인이 되는 경우도 많다. 사람은 태어날 때부터 결과의 평등에 무척 익숙한 존재이기 때문이다.

다름을 인식하는 방법의 차이

논리적으로 세상만사는 원인(투입)과 결과(산출)로 이해하는 것이 합리적이다. 태생적 차이가 원인이라면, 이로 인하여 만들어진 차이는 결과에 해당한다. 다름이 원인이라면 다름이 결과가 되는 것은 필연적이다. 그러나 좌파적 사고에 익숙한 사람들은 원인의 다름을 의도적으로 무시하려 든다. 사람은 자신이 바라보고 싶은 것, 즉 주목하고 싶은 것만 두 눈에 들어오게 된다. 그들이 집중하는 것은 원인의 다름이 아니라 오로지 결과의 다름이다. 여기서 분노와 증오심이 생겨난다. "왜, 이렇게 결과가 다른가? 이것을 우리가 획기적으로 바꾸어야 하지 않는가?"라는 주장이 자연스럽게 나오게 되고, 결과의 차이를 주목하면 할수록 이러한 믿음은 확신으로 굳어진다.

결과의 차이를 해결하기 위한 방법으로 흔히 등장하는 것이 모든 것을 평준화해버리는 것이다. 평준화 교육이 전형적인 사례다.

좌파적 사고에 익숙한 사람들이 권력을 쥐면 어김없이 교육의 평준화를 추구하는 정책들이 등장한다. 학생들 간의 학업 능력이나 성취도 차이를 인정하는 어떤 정책이나 제도도 폐지 대상이 된다. 예를 들어, 일반고에 앞서 우수한 학생들을 먼저 뽑아서 가르쳐온 모든 학교는 제도적으로 억제의 대상이 되거나 폐지의 대상이 된다. 오늘날 일반고의 학업 분위기를 아는 부모들은 낙담하지 않을 수 없는 일이지만, 좌파적 사고로 무장한 정책가들을 억제할 방법이 없다. 민주주의에서 정책을 계획하고 집행하는 권한은 선거를 통해서 다수결을 확보한 사람들에게 이전되기 때문이다.

2018년 치러진 교육감 선거에서는 전국 시도교육청 17군데 가운데 14곳에서 이른바 진보 교육감이 당선되었다. 이들은 하나같이 자사고와 외고 폐지 움직임을 본격화하기 시작한다. 서울시와 경기도 교육감 당선자는 한목소리로 "자사고와 외고 폐지는 양보할 수 없는 주제다"라고 말한다. 그동안 학부모 부담으로 운영되어온 자사고와 외고를 폐지하는 데는 5년간 8,490억 원의 정부 예산이 필요하다고 우려를 표하는 사람들도 있다. 필자가 관심을 갖는 것은 예산 때문이 아니다. 학업 성적이 뛰어난 사람도 있고 그렇지 않은 사람도 있는데 왜 모든 학생을 같은 학교와 같은 교실에 밀어넣는가라는 의문이 들기 때문이다. 학습 능력의 격차가 큰 학생들이 한 교실에서 수업을 받아야 한다면 태반의 학생들이 수업을 포기할 수밖에 없을 것이다. 이 땅에서 모든 학교를 평준화한다면 경제력이 뛰어난 부모들은 아이들을 다른 곳으로 보내려 할 것이다. 하지만 대다수 중산층은 획일화된 교육을 받아들이지 않을 수 없을 것이다. 결코 정의로운 정책이 아니지만, 좌파적 사고에 의하면 원인의 차이에 관계없이 결과의 차이를 없애는 것이 정의다.

평준화 교육은 다수 사람들에게 인기를 끌 수 있다. 내 자식이 좋은 학교에 들어갈 수 없다면 다른 자식들이 그런 기회를 갖는 것이 불편하게 여겨질 수 있기 때문이다. 그러나 평준화 교육의 빛과 그림자를 잘 아는 부모들은 일찍부터 아이들을 탈출시키게 된다. 더 나은 교육 기회를 제공하는 것은 부모의 간절한 바람 가운데 하나이기 때문이다. 재력이 많은 사람들은 큰 부담 없이 평준화 교육을 실시하지 않는 미국 등의 사립학교를 보내거나 국내에서도 수월성 교육을 제공하는 기관에 무리해서라도 보내는 선택을 하게 될 것이다. 결국 한국 땅에서 평준화 교육을 실시하더라도 지구촌 대부분은 차별화 교육을 실시하기 때문에 재력이 있는 사람들의 아이들은 이런 규제를 쉽게 피할 수 있다. 가장 큰 피해를 입는 사람은 저렴한 비용으로 국내에서 차별화 교육을 받을 수 있는 기회를 빼앗긴 대다수 중산층의 자녀들일 것이다.

결과의 평등은 인간의 여러 특성을 염두에 두면 불가능한 일이다. 비슷한 교육 기회가 주어지더라도 입신에 성공하는 사람이 있고 그러지 못하는 사람이 있다. 역경을 극복하는 능력이나 꾸준히 하는 능력 그리고 미래의 성과를 위해서 오늘을 희생하는 태도 등도 인간의 재능에 속한다. 우리는 어떤 사람의 IQ 같은 지적 능력만을 재능으로 간주하는 경향이 있지만 삶에 대한 진정성이나 인내심 등도 모두 재능으로 이해할 수 있다. 같은 부모 밑에서 태어나고 비슷한 교육 환경에서도 다른 인생 항로를 개척해 나가는 사람들을 볼 때면 인간이 지닌 특성이 얼마나 다양하고 복잡한지 놀라움을 금할 수 없다.

좌파적 사고에 익숙한 사람들이 추구하는 결과가 평등한 사회는 이상향으로서는 이해할 수 있다. 그러나 그런 사회를 구현하는 것은 현실적으로 불가능하다. 인간이 타고난 여러 조건들이 너무 다르기 때문이다. 원인의 차이로 말미암아 도저히 이루어질 수 없는 것을 이상으로 강제하기 위해서는 엄청난 비용을 치러야 하고 그 비용을 치르는 과정에서 수많은 사람의 삶이 고통과 고난으로 얼룩지게 된다.

대규모 사회와 결과의 평등

소규모 집단 사회를 벗어나는 순간부터 결과의 평등은 가능하지 않다. 우선은 시장경제에 참여하는 사람들이 저마다 다른 능력을 타고났기 때문이다. 참여자의 모든 능력을 평준화하거나 획일화할 수 없다면 결과의 평준화도 불가능하다.

시장경제에서 수많은 사람이 경제문제를 해결하는 방법은 가격 신호를 통해서다. 가격 기능을 통해서 교환이 이루어지고 자원의 배분이 이루어진다. 익명 사회에서 가격기구(수요와 공급의 기능에 따라 모든 재화와 용역의 가격이 결정되고 그 가격에 따라 사회 전체의 경제활동이 조정되는 일 또는 그런 구조)를 이용한 자원 배분은 결과의 격차를 낳을 수밖에 없다. 다시 말하면, 시장경제를 기초로 살아가는 한 결과의 차이는 피할 수 없는 일이다. 익명 사회에서 살아가는 사람들은 결과의 차이를 받아들일 수밖에 없는 것이다.

이를 받아들일 수 없다면 가격기구를 대신해 정책 당국자들이 깊숙이 개입하는 방법밖에 없다. 그러나 역사는 이 같은 개입이 실패할 수밖에 없음을 명백히 보여준다. 이런 방법은 분명 정의로운 방법이 아니다. 정책 당국자들의 목표나 선호에 따라 자원을 배분하는 일은 정의와는 거리가 멀다. 결과의 평등을 추구한 사회들이 얼마나 부패했는지 그리고 정당화될 수 없는 특권계급을 만들어냈는지는 20세기에 엄격한 계획경제를 실시한 나라들의 경험에서 배울 수 있다.

세상을 살면서 모든 일에는 빛과 그림자가 있음을 알게 된다. 가격기구를 통한 교환 체제가 미증유의 풍요라는 빛을 가져왔지만 동시에 이 체제는 결과의 불평등을 낳았다. 사람이란 존재는 현재 상태에서 끊임없이 무료함을 느끼는 존재다. 배가 부르고 물질적인 풍요로움이 가득 찬 사회가 되면 배고팠던 시절을 잃어버리는 경향이 강하다. 물질적인 풍요를 당연히 여기고 현재의 격차에 대해 끊임없이 불편함을 드러낸다. 이때 타고난 본능인 결과의 평등이라는 욕구가 꿈틀꿈틀한다.

이런 본능의 거센 위력 앞에서 역사적 경험이나 이성적인 설득도 무력해지는 일들이 자주 일어난다. 자본주의를 채택하고 있는 나라들이 결과의 평등을 지향하는 인간 욕구로부터 끊임없이 도전받을 수밖에 없는 이유다. 익명 사회를 지탱하는 체제는 안정된 것이 아니라 대단히 취약하고 부서지기 쉬운 체제다. 이런 불만을 상품화하는 데 익숙한 정치가들이 등장하게 된다. 이들은 대부분 결과의 평등의 불가피함과 이것이 현실에서 이루어지지 않는 것은 부도덕하다는 점을 집중적으로 부각한다. 이들은 대부분 좌파적 사고로 사상적 세례를 받은 사람들이다. 어떤 사회든 "결과가 이렇게 불평등해서 되겠는가?"라는 호소가 다수에게 먹혀들어가게 된다. 이들에게 정치권력을 부여하고 이들로 하여금 결과의 평등을 강제하는 정책을 마음껏 실천에 옮기도록 허용하는 사회가 등장하게 된다. 정치가 경제를 압도하는 사회, 정치 원리가 경제 원리를 압도하는 사회가 등장하는 것이다.

선진국을 방문할 때마다 노숙하는 사람에게서 느끼는 단상은 이렇다. '저 양반들은 자신들이 얼마나 복 받은 사회에서 태어난 사람인지 알고 있을까?' 노숙자들도 저마다 형편이나 사정이 있을 것이다. 일률적으로 나쁘다 좋다고 평가할 수는 없다. 결과의 평등을 위한 정책이나 제도들이 그들을 재기하도록 도울 수 있을까? 그들에게 구호나 구빈 차원의 정책을 지속하는 것은 그들이 최악의 상황에 빠져드는 것을 막기 위한 조치로서 사회가 당연히 해야 하는 일이다. 그러나 그들이 스스로 재기하려는 결심을 하고 삶의 의지나 노력이 수반되지 않는다면 결과의 평등을 제공하려는 그 어떤 정책이나 제도도 성과를 거둘 수 없다.

좌파적 사고의 맹점은 인간은 태어날 때부터 차이가 날 수밖에 없다는 불편한 진실을 받아들이려 하지 않는다는 데 있다. 외모, 재능, 태도, 역량, 특성, 취향 등 그 어느 것 하나 꼭 같은 인간을 발견하기 힘들다. 이는 인간이란 존재가 태어나는 순간부터 다양성

(diversity)에 기초하고 있음을 말해준다. 이를 물질과 같은 단순한 잣대를 기준으로 획일화하고 평준화하는 것이 올바른 일인지 의문스럽다. 인간이 처한 불행한 상황을 개선하기 위한 정책과 결과의 평등을 추구하는 정책은 뚜렷이 구분해야 한다. 앞의 것은 인간으로서 비참한 상황에 놓이지 않도록 돕는 것을 뜻한다. 반면에 뒤의 것은 바람직한 어떤 상태를 임의적으로 정하고 이를 가능하도록 만들기 위해 각종 시혜나 보조 정책을 사용하는 것이다. 앞의 것은 필요하지만 뒤의 것을 실천에 옮길 때는 더 신중해야 하고 더 깊은 고민과 토론을 거쳐야 한다.

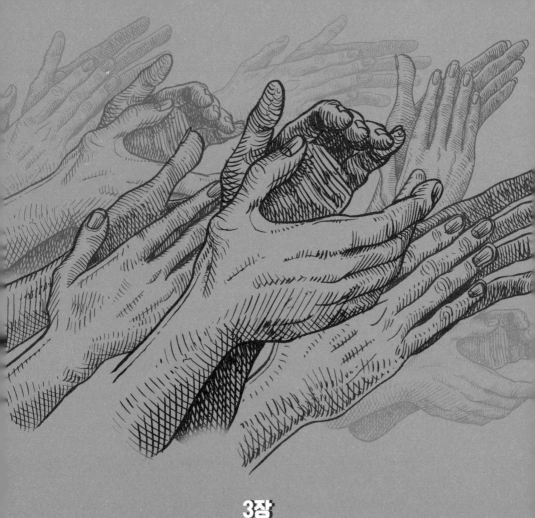

3장
—

세상과 좌파적 사고

"좌파적 사고는 과거의 성취나 삶을 인정하는 데 인색하다. 도약이 란 단어처럼 단시간 내에 이성에 바탕을 둔 새로운 질서의 형성이 가능하다고 믿는다. 그러나 역사는 근사한 명분을 내건 변혁에 가 까운 시도가 기대와 딴판의 결과를 낳았음을 자주 보여준다."

* *

'왜, 권력을 잡기만 하면 자기 마음 내키는 대로 하려고 할까?' 권력이 교 체되고 일정한 시간이 지나고 나면 항상 가슴 한편에 자리를 차지하는 의 문이다. 선출직으로 권력을 쥐면 봉사하는 사람이라고 스스로를 생각할 수 있지만, 다른 한편으로 세상을 지배와 피지배의 관점으로 바라볼 수도 있다. 마음대로 급격한 조치들을 취하는 것이 개인적인 취향이나 특성의 영향일 수도 있지만, 권력을 바라보는 시각도 그러한 조치를 취하는 데 중요한 역할을 담당하게 된다. 권력을 바라보는 시각은 넓게 보면 세상을 바라보는 관점 가운데 하나에 속한다.

좌파적 사고에 익숙한 사람들이 만들어내는 정책이나 제도를 이해하려면 그들이 세상을 어떤 관점으로 바라보는지 살펴볼 필요가 있다. 관점은 생각과 상호 연결되며, 특정 생각이 행동을 낳고, 그 행동이 제도와 정책을 낳기 때문이다. 좌파적 사고에 익숙한 사람들은 누군가 이제껏 해온 것들을 존중하거나 배려하려는 마음이 별로 없다. 자신들이 더 잘할 수 있고 잘하려면 처음부터 자신의 방식대로 다시 시작해야 한다는 믿음이 강하다. 시작도 그냥 시작이 아니고 전면적인 시작을 원한다. 마치 도화지에 새로 그림을 그리듯이 완전히 새로 시작할 수 있다고 믿는다. 여기서는 세상을 바라보는 좌파적 사고의 7가지 특성을 다룬다.

통제할 수 있다는 믿음이 강하다

"모든 것들을 통제할 수 있으며, 통제해야 한다고 믿는다."

사람은 통제할 수 없으면 불안해한다. 반대로 통제할 수 있으면 안정감을 느낀다. 인류 역사를 여러 가치 차원으로 이해할 수 있지만, 이 가운데 하나가 통제감을 확장해온 역사라고 해도 무리가 없다. 과거에는 통제할 수 없었던 것들을 하나하나 통제감의 영역으로 끌어당겨온 것이 역사의 발전 과정이고, 이런 과정에서 인간의 지력(知力)이나 과학, 학문이 크게 기여해온 것이 사실이다.

통제감은 인간의 본능과 깊이 연결되어 있다. 인간은 어떤 현상을 스스로 통제할 수 있다는 감각을 상실하면 무척 불안해한다. 이것은 엄밀한 과학적 증거를 들지 않더라도 삶의 경험에서 충분히 입증할 수 있다. 여러분은 어떤지 알 수 없지만, 필자는 한가한 시간을 맞아서 하는 일 없이 가만히 있을 때면 행복감보다 오히려 불안감을 느끼곤 한다. 그래서 은퇴를 선택하기보다는 할 수 있는 한 오랫동안 해오던 일을 해야겠다는 계획을 갖고 있다. 물론 해야 하는 일이 없는 상태에서 행복감을 느끼는 사람도 있을 것이다. 하지만 다수의 사람들은 무엇을 해야 하는지가 명확하지 않을 때 불안감을 느낀다. 이는 인간의 의식이 통제감을 상실할 때 불안감을 느끼는 일반적인 경향과 일치한다.

통제감의 상실과 불안감

직장을 떠나서 노년이 된 상태에서 행복감을 느끼는 사람도 있지만 무료함이나 무력감 때문에 어려움을 겪는 사람도 많다. 대체로 사람들은 자신이 해야 하는 일이 명료하게 정리되어 있지 않은 상태, 즉 삶에 질서가 주어지지 않은 상태에서 허무감이나 허탈감 혹은 불안감을 느끼는 일이 잦다.

오랫동안 자기경영에 대한 책을 집필하고 강의를 해온 필자가 사람들에게 자주 권하는 효과적인 자기경영법이 있다. 그것은 스스로 통제감을 확보하는 효과적인 방법을 매일매일 실천에 옮기는 것이다. 노트 위에 자신이 지금부터 언제까지 무엇을 해야 하는지를 또박또박 기록하는 것만으로도 안정감을 찾는 데 큰 도움을 받을 수 있다. 이는 큰 비용을 투입하지 않고도 모든 사람이 일상에서 통제감을 확보할 수 있는 강력한 방법이다. 이런 방법을 자주 권하는 이유는 또렷하다. 자연스러운 상태가 불안감과 직결된다는 사실을 알고 있기 때문이다. 또한 필자의 오랜 경험이 효과를 뒷받침해주기 때문이기도 하다.

아무런 조치를 취하지 않은 상태에서 인간의 의식은 불안한 상태에 놓이게 된다. 이것은 잘잘못을 따질 수 있는 것이 아니라 그냥 인간이 불안전한 존재로 태어났음을 뜻한다. 이런 일은 해외 출장에서도 자주 경험한다. 일정이 빡빡한 날들이 가고 스스로 온전히 선택할 수 있는 자유 시간이 주어지면 생각보다 평안한 느낌을 갖기가 쉽지 않다. 스스로 통제감을 확보할 수 있는 나름의 방법이나 습관을 갖고 있지 않다면 평안한 상태에 놓이기 힘들다. 그래서 필자는 해외 출장을 수행하는 동안에는 평소보다 해야 하는 일을 훨씬 더 명확하게 정리하고 스스로 통제감을 확보하기 위해 노력한다. 이렇게 하는 것이 행복으로 가는 지름길임을 알기 때문이다.

공간에 대한 통제감과 불안감

해외 출장에서 깨닫게 되는 흥미로운 사실이 하나 더 있다. 스타벅스와 같은 자유로운 공간에서 작업에 몰입할 때도 스스로 안정감을 느낄 수 있는 자리에 자리를 잡을 때 마음이 평안한 것은 물론이고 업무 효율을 더욱 높일 수 있다는 사실이다. 지나치게 개방된 장소에서는 자신도 모르는 사이에 불안해하는 자신을 관찰하게 된다. 여기서 추측할 수 있는 것은, 자신이 위치한 공간에 대한 통제감도 심리적 안정을 찾는 데 무척 중요한 몫을 담당한다는 사실이다.

공간에 대한 통제감이 심리적 안정에 기여한다는 사실을 확인할 수 있는 또 한 가지 사례가 있다. 필자가 허둥지둥 강연장에 도착해서 강연을 하는 일은 거의 없지만, 어쩌다 그런 경우에는 강연에서 100퍼센트 능력을 발휘하기 힘들다. 20~30여 분 전에 도착해서 강연장 상태를 확인하고 단상에도 서보면서 공간에 대한 통제감을 확보해야 수월하게 강연을 진행할 수 있다. 청중이 오기 전, 단 몇 분을 강연 준비에 투자하는 것만으로도 심리적 안정감과 자신감을 얻을 수 있는데, 그 밑바탕에는 공간에 대한 통제감이 놓여 있다.

여기서 우리가 끌어낼 수 있는 명확한 사실은 한 가지로 모아진다. 사람은 누구나 자신이 무엇을 해야 할지가 명료하게 정리되지 않은 상태에서는 안정감을 느끼기 쉽지 않은 존재라는 사실이다.

인간의 이런 본능은 소규모 부족사회에서도 얼마든지 관찰할 수 있다. 원시시대에 인간은 평온한 삶을 살 수 없었다. 우거진 숲 속에서 무엇이 튀어나올지 알 수 없었고, 가뭄과 홍수가 언제 자신을 덮칠지 알 수 없었다. 어두컴컴한 주변 환경에서 불쑥 튀어나온 맹수가 생명을 앗아 갈 수도 있고, 알 수 없는 질병 때문에 자신은 물론이고 자식의 목숨이 날아갈 수도 있었다.

원시시대로부터 한참 지난 19세기 무렵의 조선 시대만 하더라도 통제할 수 없는 거대한 영역 때문에 힘겨운 삶을 영위해야 했던 사람들의 모습을 발견하는 일은 조금도 어렵지 않다. 조선 백성들은 전염병 때문에 끊임없이 불안해했고, 전염병을 쫓고자 좁쌀이나 보리 등의 음식물을 길가에 흩어놓기도 했다. 전염병을 옮긴다고 생각한 귀신들이 그런 음식을 먹고 얼른 가버리기를 소망했기 때문이다. 그들 나름대로 통제감을 확보하는 방법은 나름대로 세운 가설에 따라 행동하는 것이었다. 귀신이 먹을 음식을 제공하면 사람의 생명을 앗아 가지 않을 것이라는 가설이었다. 기우제를 지내거나 속죄양처럼 가축을 신에게 바치는 일들은 모두 통제감을 확보하기 위한 노력들이었다.

과학의 발전을 이끈 것도 미지의 영역, 즉 통제할 수 없는 영역에 대해 통제감을 확보하기 위한 노력들이었다. 백신이 발견되고, 전기가 발명되고, 각종 운반기구가 만들어짐으로써 인류는 과거에는 도저히 상상할 수 없었던 영역에서 명료한 통제감을 확보하는 데 성공하게 된다. 암이나 치매 치료법을 발견하기 위해 엄청난 재원을 투입하는 것도 미지의 영역을 향한 도전이기도 하지만 궁극적으로 통제할 수 없었던 영역을 향한 인간의 도전이기도 하다. 어떤 작가는 인공지능과 같은 영역에서도 괄목할 만한 성과를 거두는 인류를 두고 '신의 영역에 도전하는 인간'이라는 표현을 사용한다. 불안감을 줄여나가려는 인간의 필사적인 노력은 과학의 발달을 가져왔고, 그런 발전의 밑바닥을 흐르는 일관된 힘은 통제할 수 있는 영역을 확장하기 위한 줄기찬 노력으로 이해할 수 있다.

필자의 유년 시절은 주변이 어둑어둑한 정경으로 기억 속에 남아 있다. 물질은 궁핍했으며 겨울날은 무척 추웠다. 어업으로 생계를 유지하던 부모님의 삶은 어황에 따라 롤러코스터를 타듯이 오르내렸다. 잡은 물고기를 말리던 어장막터 뒤의 영험한 바위에는 인간이 알 수 없는 미지의 무엇이 자리 잡고 있는 것처럼 보였으며, 바다의 시퍼런 물속에는 뭔가가 있는 것처럼 보였다. 아버지는 출어기가 되면 정성을 들여 풍어를 기원하는 고사를 지내기도 했다. 지금 어장을 하는 사람들 가운데 과거처럼 고사를 지내는 사람들이 얼마나 되는지 알 수 없지만, 이제 그런 관습은 많이 사라졌을 것이다. 어두컴컴하던 주변 환경이 과학과 기술 그리고 인지능력의 발달로 명명백백하게 밝혀졌기 때문에 더 이상 무당을 불러 고사를 지낼 필요가 없어졌다. 전염병을 예방하기 위해 백신을 맞으면 되지 고사를 지낼 필요는 없는 시대가 됐다. 과학과 기술의 발전은 현대인에게 통제 영역을 무제한에 가깝게 확장시켜주었고 인간은 무엇이든 통제할 수 있는 존재라는 확신을 심어주었다.

인류의 역사, 통제감을 향한 전진

인간은 자신들이 통제할 수 있는 영역을 확장해왔고 앞으로도 그런 진로는 변함이 없을 것이다. 자율주행자동차만 하더라도 통제감의 확보라는 관점에서 해석할 수 있다. 기계로 하여금 자동차의 운행을 제어할 수 있도록 만들었다는 점에서 인간의 통제 영역을 확장한 또 한 가지 사례에 속한다. 로봇청소기도 마찬가지다. 프로그램된 형식에 맞추어서 충실하게 청소를 대행하는 로봇청소기도 인간의 통제 영역의 확장으로 이해할 수 있다. 신의 영역에까지 도전하는 인간의 지력에 탄성이 나오는 것도 사실이다.

그렇지만 나이를 먹어갈수록 갖게 되는 믿음이 있다. 그것은 눈부신 과학기술의 발전에도 불구하고 인간의 삶에서 통제할 수 있는 영역은 무척 제한적이라는 사실이다. 인생을 바라보는 시각에 따라서 다양한 견해가 나올 수 있기 때문에 법칙이나 진리와 같은 표현을 사용하고 싶지는 않다. 다만 필자는 유력한 가설로서 "인생 그 자체만 놓고 보더라도 인간이 통제할 수 없는 것, 즉 어찌할 수 없는 것들이 너무 많다"는 것을 제안하고 싶다. 삶 그 자체가 확실하게 보이지만 겉으로 보이는 확실함 이면에는 예측할 수 없는 것, 통제할 수 없는 것, 관리할 수 없는 것들이 너무 많다. 일찍이 이런 사실을 깊이 인식한 유대인들은『탈무드』에 "내 관 위에 흙이 뿌려질 때까지 신의 가호가 함께하기를"이라는 명언을 남겼다. 통제할 수 없는 일이 많다는 사실, 자신이 어찌해볼 수 없는 것들이 많다는 사실, 삶이 쉽게 부러질 수 있다는 사실 등을 고스란히 담아낸『탈무드』의 문장이다.

세상을 바라보는 시각은 삶을 바라보는 시각과 크게 다를 바 없다. 누군가 나에게 "당신은 세상을 어떻게 바라보는가?"라는 질문을 던진다면 인생에 대한 생각과 별반 다르지 않은 답을 할 것이다. 통제감을 확보하기 위해 노력하더라도 세상살이에서는 통제할 수 없는 영역이 여전히 넓고 깊게 남아 있다고 생각하기 때문이다.

예상치 못한 사고나 사건은 언제든지 터질 수 있다. 아무리 조심하고 주의하고 노력하더라도 뜻하지 않은 일들이 일어날 수 있다. 특히 수많은 사람들의 상호작용으로 돌아가는 오늘날과 같은 세상에서는 상상하지도 못한 일이 일어날 수 있다. 어느 제정신이 아닌 사람 때문에 길을 가던 사람이 총상을 당할 수도 있고, 용서할 수 없는 사람들 때문에 멀쩡한 비행기가 미사일을 맞고 추락할 수도 있다. 인생에서든 세상에서든 아무리 과학기술이 발전하고 인간이 노력하더라도 어찌할 수 없는 영역이 여전히 큰 몫을 차지한다.

통제감의 뿌리를 찾아서

바로 여기에서 좌파적 사고는 뚜렷한 특징을 보인다. 좌파적 사고는 세상만사에 강한 자신감을 보인다. "우리는 무엇이든 통제할 수 있다"거나 "우리는 이것도 더 나은 상태로 만들 수 있고 저것도 더 나은 상태로 만들 수 있다"는 시각을 여지없이 드러낸다. 이는 우파적 사고방식과 근본적인 차이점 가운데 하나다. 통제에 대한 확신은 수많은 좌편향적인 정책이나 제도를 낳는데, 그 바탕에는 통제감과 관련된 좌파적 사고가 놓여 있다.

그렇다면 좌파적 사고가 뿌리내리고 있는 통제에 대한 열망은 어디에서 연유하는 것일까? 인류가 오랜 세월을 보낸 소규모 집단 사회는 통제가 상당 수준까지 가능한 사회였다. 구성원들은 서로서로 얼굴을 아는 사이였고, 이 계절에는 어디를 가면 어떤 먹거리가 있는지도 알 수 있었다. 채집에 비해 다소 불확실하기는 하지만 오랜 세월 경험을 쌓은 원로들은 사시사철 어디로 가야 사냥감을 만날 가능성이 높은지도 알았다. 소규모 집단 사회는 통제 가능성이 현대와 비교할 수 없을 정도로 아주 높은 사회였다. 왜냐하면 그 사회는 닫힌 사회였기 때문이다. 마땅히 통제해야 하고, 통제할 수 있다는 믿음이 소규모 집단 사회 구성원들의 뇌리에 깊이 박혀 있었을 것이다. 이것은 원시 본능의 하나로 현대인들에게 고스란히 전해졌다.

하지만 수천, 수억 명의 상호작용으로 굴러가는 대규모 익명 사회는 소규모 집단 사회와 전혀 다른 열린 세계다. 정치, 경제, 사회, 문화, 일상 등 모든 면에서 통제가 가능한 영역이 현저하게 줄어들게 된다. 전혀 예상치 못한 사건이 터질 수 있으며, 직업이든 기업이든 흥하고 망함을 피할 수 없다. 사실 사업가로서 살아가다 보면 다른 사업가들에게 애잔함을 갖게 된다. 아무리 노력하더라도 불운이나 트렌드의 변화로 인해 얼마든지 망할 수 있기 때문이다. 노력은 기본이지만 노력이 성공을 보장해줄 수 없음을 번번이 깨우치기 때문이다. 문명의 발전에 따라 대규모 익명 사회에서 살게 되었음에도 인간은 물려받은 통제에 대한 열정을 버릴 수는 없다. 그런 본능은 끊임없이 속삭인다. '당신이 노력하면 얼마든지 통제할 수 있어요!'

통제감은 급기야 사회를 제조직화하려는 아이디어로까지 발전하게 되는데, 이것이 바로 20세기에 우리가 목격한 계획경제라는 사회적 실험이다. 인간 이성이나 합리에 바탕을 둔 사회의 조직화라는 아이디어는 미약한 단계부터 강력한 단계까지 넓게 퍼져 있다. 좌파적 사고로 무장한 사람들이 권력을 쥐면 어김없이 크고 작은 사회 재조직화 구상들이 정책이나 제도로 옮겨진다.

20세기 중반 프랑스에서 좌파가 정권을 쥐었을 때 기간산업 국유화와 함께 '내셔널 챔피언' 제도가 전격 실시된다. 이 제도는 자동차, 철강, 조선 등 기간산업에서 국가를 대표하는 기업 하나를 크게 키워서 다른 나라 기업들과 경쟁하게 하려는 구상에 바탕한 것이었다. 완벽한 실패로 끝나고 말았지만, 이런 조치가 바로 사회 재조직화의 한 가지 사례에 속한다.

자신의 인생에 대해서조차 어찌해볼 수 없는 것들이 많은데 수많은 사람들의 인생이 횡으로 종으로 연결된 세상을 어찌 통제할 수 있겠는가? 좌파적 사고의 근저에는 통제에 대한 확신, 통제에 대한 열망, 통제에 대한 자신감이 강하게 뿌리를 내리고 있다. 이것이 옳고 그른지 알고 싶은 사람이라면 두 가지 질문을 자신에게 던져보면 된다. "당신이 원하는 대로 노력하는 대로 인생이 척척 진행되어왔는가?" 이 질문에 대한 답이 인생에 대한 통제가 얼마나 가능한지에 대해 솔직 담백한 답을 제공해줄 것이다. 개개인의 인생이 서로 어우러지는 것이 사회다. 자식을 키우면서 그리고 상사와 부하와 더불어 일하면서 타인들을 얼마나 통제할 수 있다고 생각하는가? 하물며 자신과 전혀 인연이 없는 사람들의 행위를 얼마나 관리할 수 있다고 생각하는가? 좌파적 사고가 세상에 대한 근거 없는 확신에서 비롯되었음을 아는 것만으로 우리는 어느 것이 올바른지, 그리고 어떻게 해야 하는지를 알 수 있다.

02

악을 제거하는 일에
만족하지 않는다

"악을 제거하는 일보다 이상향을 추구하는 데 열심이다."

삶은 고달프다. 해결해야 할 과제들이 해변가의 파도처럼 쉴 새 없이 밀려오는 것이 우리의 삶이다. 우리는 더 나은 날을 꿈꾸며 하루하루를 살아가지만 자주 삶은 우리를 배반한다. 노력하지만 기대하는 성과를 거둘 수 없고, 어처구니없는 일 때문에 비용을 치를 수 있다. 어린 시절 기대한 것처럼 삶은 말끔하지 않다. 우리가 학교에서 배운 것은 이상적인 것, 아름다운 것, 훌륭한 것, 깔끔한 것 등이었지만 세상은 그런 것들과 거리가 있다.

정직한 사람이 있는 반면에 세상에는 협잡꾼도 있다. 입으로 정의와 자유를 외치지만 뒤로는 자기 잇속을 차리는 데 열심인 사람도 있다. "인간이 어쩌면 저렇게 행동할 수 있을까?"라는 탄성과 안

타까움을 자아내는 사람을 만날 때도 있다. 세상의 실제 모습은 우리가 교과서에서 배운 것과는 많이 다르다. 교과서에서 만난 세상은 반듯하게 구획정리가 된 도시처럼 밝고 아름다운 곳처럼 보이지만 실제로 살아가는 현실 세상은 큰길, 작은 길 그리고 뒷골목이 이리저리 엉킨 미로처럼 보인다.

흐릿한 세상을 살아가는 일

현장에서 이익을 추구하는 보통 사람들은 세상을 무척 현실적이고 구체적으로 바라본다. 그들이 바라보는 세상은 흰색도 아니고 흑색도 아닌 회백색이 주를 이룬다. 반면에 상아탑에서 체류하면서 좌파적 사고와 이론을 주로 다루어온 사람들에게 세상은 흑과 백으로 뚜렷하게 나뉜다. 그들이 살아가는 세상은 검정색이고, 그들이 지향해야 하는 세상은 흰색이다. 미국만 하더라도 명문 대학교 학자들 가운데 진보적 성향, 즉 좌파적 사고와 주장에 기운 학자들이 큰 비중을 차지하고 있다. 다수의 정치인이나 관료도 마찬가지다. 그들 역시 옳은 것을 다룰 뿐 실제로 세상이 어떻게 돌아가는지를 직접 체험해볼 기회가 드물다. 실제로 세상이 어떻게 돌아가는지보다 마땅히 세상이 어떻게 돌아가야 하는지와 관련된 일을 하다 보면, 어떤 사람이라도 뚜렷한 특성을 갖게 된다. 실제로 세상이 어떻게 돌아가는지에 무관심해지거나 무지해질 가능성이 높다.

장사를 하거나 사업을 하는 사람들은 세상을 지극히 현실적이고 구체적으로 이해한다. 이익을 다투는 사람들에게 적과 아군은 없다. 모든 인간관계는 주고받는 관계이다. 좀 더 주고 덜 줄 수 있지만 나쁜 놈과 선한 놈만 있는 것이 아니다. 사업가적 삶을 사는 사람들에게 적은 얼마든지 협상의 대상이 될 수 있다. 또한 그들은 좀처럼 적을 만들지 않는다. 사람이 그렇고 그런 존재라는 것을 그들은 이미 알고 있기 때문이다.

좌파적 사고는 현실과 이상을 뚜렷이 구분하려는 경향이 강하다. 지금 살고 있는 현실의 세상과 그 현실을 넘어서 지향해야 하는 이상을 구분하는 데 익숙하다. 현실에서 눈에 거슬리는 일들을 제거나 척결의 대상으로 여기고 그런 것들을 말끔히 해결한 이상적인 사회에 대한 열망이 강하다. 그런 열망을 달성하는 데 다소 무리가 있더라도 별로 신경을 쓰지 않는다. 이상사회 건설이 그들의 의식 가운데 우선순위를 차지하고 있기 때문이다. 이상사회가 토지가 균등하게 분배되는 사회라고 생각하면 이를 위해서 개인의 사적 재산권을 빼앗는 일도 별반 개의치 않는다.

그들은 고결한 목표를 달성하기 위해 그런 정책의 부작용이나 정당성에 대해서는 깊은 고민을 하지 않는다. 급격한 최저임금 인상으로 현장이 말할 수 없을 정도로 어려운 상황에 빠지더라도 그들은 자신들이 선이라고 생각하는 소득 주도 성장이라는 목표를 달성하는 데 매진할 뿐 그 정도의 부작용에는 관심을 기울이지 않는다. 좌파적 사고를 가진 사람들 중에서는 고결한 목표를 달성하기 위해서는 어떤 도구나 수단도 정당화될 수 있다고 믿는 비중이 높다. 재산권 침해가 예사롭게 일어나는 사회가 치러야 할 직접 혹은 간접 비용도 별로 고려하지 않는다. 그들은 선명성의 기치를 높이 세우고 행동하는 것이 올바르다고 생각한다.

핵발전소 없는 세상도 마찬가지다. 한 나라가 제대로 된 수출산업을 만들어내는 것은 수십 년이 걸려도 될까 말까 한 일이다. 수십 년 동안 수많은 사람의 노고와 대단한 행운이 함께한 덕분에 오늘날처럼 해외시장에 당당히 수출할 수 있는 원자력산업을 갖출 수 있었다. 한국의 원자력산업은 원조 자금을 여기저기서 조금씩 모아서 국비 유학생을 파견하기 시작한 초대 대통령 시기부터 시작됐다. 어려운 형편에 힘겹게 세운 산업이다.

현재 한국의 주력 산업은 철강, 자동차, 기계, 반도체 등 모두 전기를 많이 요구하는 산업이다. 게다가 전기자동차나 4차 산업혁명과 같은 거대한 변화의 흐름은 모두 더 많은 전기를 필요로 한다. 핵발전소는 검증된 현존 기술로서 가장 저렴하게 전기를 생산할 수 있는 발전소다. 무엇이든 100퍼센트 완전한 것은 없음을 염두에 두면, 한국 원전의 안전성은 상당 수준이다. 많은 전문가들은 물론이고 건전한 상식을 가진 시민들은 '원전 없는 세상'과 같은 주장이 허황되고 비용이 너무 많이 드는 정책이라고 말한다. 그럼에도 좌파적 사고를 가진 사람을 지배하는 것은 '현실 대 이상'이다. 좌파적 사고는 이상을 향한 줄달음치기에 정당성을 부여한다. 그런 결정이 얼마나 막대한 비용을 두고두고 지불케 하는지는 별로 고려하지 않는 것이 좌파적 사고의 특성이다. 워낙 이상에 대한 열망이 강하기 때문이다.

좌파적 사고의 열망, 이상사회

좌파적 사고를 가진 사람들은 평등한 사회를 염원한다. 토지공개념이라는 이야기를 서슴지 않고 내놓는 정치인을 보면서 이런 생각이 들었다. '저 양반은 토지를 공유하기 위해 이미 토지를 소유하고 있는 사람에게 합당한 보상을 할 의도가 있는 것일까? 토지를 소유한 사람들이 자신의 노력으로 소유하게 된 공장이나 다른 재산들처럼 합당한 비용을 치른 다음에 토지를 갖게 됐다는 사실을 인정할까? 토지 공유가 낳게 될 공유의 비극 같은 문제를 고민한 적이 있을까?'

좌파적 사고의 중요한 기초는 이상사회에 대한 열망이다. 그런 열망이 상당한 부작용을 낳을지라도 별반 개의치 않고 이상사회에 대한 열망을 현실 세계에서 실현해야 한다고 굳게 믿는다. 만에 하나라도 누군가 토지를 빼앗을 수 있다면 다른 재산을 빼앗는 일은 어렵지 않다. 이렇게 자유사회를 지탱하는 중요한 기초가 허물어지면 연쇄적으로 하나하나 허물어지게 된다. 토지가 권력이 빼앗을 수 있는 대상이 된다면, 다수의 사람들은 다른 것에 대한 사적 재산권도 얼마든지 탈취의 대상이 될 수 있다고 생각하고 행동할 것이다.

1945년부터 시작된 미군정은 당시의 토지제도를 유지하면서 공산주의와의 전쟁에서 승리할 수 없다는 사실을 분명히 알고 있었다. 그러나 그들은 북한처럼 토지 소유자들의 토지를 임의로 빼앗는 일은 절대로 있어서는 안 된다는 사실을 분명히 알고 있었다. 그것은 자유사회의 기초를 훼손하는 중요한 조치라고 생각했기 때문이다. 한국전쟁으로 인한 인플레이션 때문에 토지 보상가가 형편없이 떨어져 지주들은 헐값에 토지를 매각해야 했지만, 미군정의 토지개혁의 기초는 철저한 사유재산제의 인정이었다. 시간이 걸리더라도 유상으로 토지를 인수하도록 대한민국 정부의 토지개혁을 도왔다. 이것이 공산주의를 채택한 북한과 자유민주주의를 채택한 대한민국의 차이였다. 그러나 지금도 "북한의 토지개혁이야말로 성공적인 개혁이다"라고 믿는 지식인들이 꽤 많다. 특히 역사를 다루는 사람들에게서 이런 믿음을 자주 발견할 수 있다.

왜 좌파적 사고를 가진 사람들은 이상향에 집착하는 것일까? 인간의 인지구조(주위 세계의 사물이나 현상을 인식하고 분류하는 방식)가 가진 고유한 특성을 이해하면 좌파적 사고의 기초를 이해하는 일은 어렵지 않다. 인간은 본래 흑백, 좌우, 선악처럼 이분법적 사고에 익숙하다. 모든 인간은 사물이나 현상을 두 가지로 나누고 이를 대비되는 관계 혹은 대조되는 관계로 재구성하는 데 익숙하다. 세상에 대해서도 마찬가지다. 현실과 이상처럼 이분법으로 나누는 일은 인간의 인지구조에는 자연스럽다.

또 다른 이유는 희망과 관련이 있다. 인간은 현재의 삶이 고달프더라도 미래에 대한 희망을 걸고 살아가는 존재다. 앞으로 더 나은 미래가 열릴 것이라는 희망이 있을 때 살아갈 수 있는 존재다. 따라서 인간은 희망이 주어지지 않으면 스스로 희망을 만들어낸다. 희망은 머릿속에 존재하는 추상적인 관념이라서 얼마든지 만들어낼 수 있다.

사람에게 희망을 만들어낼 수 있는 자격이나 권리가 주어진다면, 어떤 희망을 만들어낼까? 어중간한 것보다는 최상의 것을 만들어낼 것이다. 희망의 순도나 정도를 기준으로 최고의 것을 만들어내는 것은 본능에 가깝다. 적당한 수준에서 타협할 의향을 가진 사람은 없을 것이다. 빈부 격차가 없는 사회, 모든 재화나 서비스와 기회가 모두에게 완벽에 가까울 정도로 균등하게 배분된 사회 등은 이상사회의 전형적인 모습이다.

얼마 전 헌법 개정안이 초미의 관심거리로 등장했을 때 민정수석이 기자들 앞에서 경제민주화 조항을 설명한 바 있다. 한 언론인이 물었다. "그렇다면 평등권과 자유권이 충돌하는 문제를 어떻게 해결할 것인가?" 민정수석은 질문의 핵심을 피하면서 은근슬쩍 넘어가고 말았다. 내심 하고 싶은 이야기는 "평등권이 자유권보다 앞섭니다"라는 답변이었을 수도 있다. 그러나 그런 주장을 입 밖으로 내는 순간 상당한 저항에 마주칠 것이기 때문에 감히 발언하지 못했을 것이라는 추측을 해본다.

인간의 인지구조가 가진 특성을 미루어 보면, 좌파적 사고는 완벽하게 평등한 사회라는 이상사회를 구현해야 하고 그것을 구현하기 위해 필요한 조치를 취해야 한다는 생각에 바탕을 두고 있다. 이분법적 사고와 아름다움에 대한 추구 등과 같은 인간 본성을 충실하게 반영한 사고방식이다. 따라서 좌파적 사고에 익숙한 사람들이 정치권력을 쥐면 정책이나 제도를 어떻게 포장하든 간에 궁극적으로는 평등사회를 향한 전진이라는 큰 틀에서 벗어날 수 없다.

평등사회 건설이라는 이상이 어떤 궤적을 밟게 되는지는 20세기의 계획경제를 통해 충분히 경험했다. 그럼에도 좌파적 사고로 무장한 사람들은 "이젠 다르다"거나 "우린 다르다"고 이야기할 것이다. 그래서 이들을 두고 이상주의자라고 부른다. 사랑은 이상주의자나 낭만주의자로 해도 되지만, 삶은 이상주의자로 살면 자신은 물론이고 가족과 따르는 사람들을 어렵게 한다.

그러나 대다수 사람들도 어떤 현상을 이분법으로 나누는 데 익숙하다. 따라서 좌파적 사고는 다수의 지지를 받을 가능성이 높다. 많은 사람이 '이왕 하는 것이라면 최고로 하자'는 생각을 가질 수 있다. 이상적인 것을 만들어내는 과정에서 치러야 할 부작용을 꼼꼼하게 따져보는 사람이 얼마나 되겠는가? 극소수에 지나지 않을 것이다. 이런 면에서 보면 좌파적 사고는 본능이라는 든든한 후견인을 두고 있는 셈이다.

현실 세계를 있는 그대로 바라보기

관념의 세계를 떠나서 우리가 딛고 서 있는 현실 세계로 넘어오면, 실제로 우리가 살아가는 세상의 진면목을 확인할 수 있다. 있는 그대로의 세상은 흑과 백이나 빛과 어두움처럼 명백하게 나뉘지 않는다. 약간은 지저분하고, 어느 정도는 회색이고, 어느 선에서 타협해야 하고, 조금은 협상 결과에 따라서 달라질 수 있는 그런 세상이다. 따라서 우파적 사고에 익숙한 사람들은 깔끔한 세상에 대한 열망이나 이상사회에 대한 열망이 한층 옅다. 지금보다 더 나은 사회가 되어야 한다고는 생각하지만 그런 사회가 이상사회와는 거리가 멀다는 사실을 받아들인다. 그들은 삶이라는 것이 본래 불완전할 수밖에 없다는 사실을 기꺼이 인정하고 받아들인다.

그들은 이상사회라는 관념의 세계를 꿈꾸는 것은 자유지만 이를 현실 세계에서 달성하는 것은 불가능한 일이라고 생각한다. 이상사회를 꿈꾸는 단계를 벗어나 그것을 현실 세계에 구현하려는 순간부터 엄청난 사회적 비용을 치르게 된다는 점을 우파적 사고를 가진 사람들은 알고 있다. 그런 역사적 사실은 역사책 곳곳에서 확인할 수 있기 때문이다. 따라서 우파적 사고에 익숙한 사람들을 현실주의자라 부를 수 있다.

흥미로운 것은 많은 사람이 이상사회를 추구하는 좌파적 사고에 경도될 가능성이 매우 높다는 점이다. 왜냐하면 사람들이 살아가는 현실의 삶은 부자건 빈자건 간에 정도의 차이가 있을지라도 고달프기 때문이다. 이것은 사실이다. 우리가 아주 부러워하는 사람조차 막상 그의 속내를 들어보면 저마다 삶의 무게를 이고 지고 살아가고 있음을 알 수 있다. 그래서 사람들은 잠시 동안의 위안을 찾기 위해 커피와 같은 카페인 음료를 마시기도 하고 심한 경우 마약에 손을 대기도 한다.

좌파적 지식인들은 사람들이 겪는 일상의 고달픔이나 지루함에서 벗어날 출구를 제공하는 데 익숙하다. 고달픔의 출구에 해당하는 개념이나 용어 그리고 이론을 제공해서 인기를 유지하는 지식인들도 많다. 구소련의 공산주의의 폐해가 본격적으로 노출되던 시점에 프랑스에는 유독 좌파적 사고에 경도된 지식인들이 많았다. 프랑스의 장 폴 사르트르(Jean Paul Sartre)나 독일의 루이제 린저

(Luise Rinser) 같은 지식인들이 활동한 공간이 프랑스와 독일의 지식인 세계였다. 특히 1980년부터 열 차례나 북한의 초대를 받은 린저는 1981년에 발간된 『북한기행문』에서 북한이라는 전체주의 체제를 두고 "인간의 얼굴을 가진 사회주의", "위대한 지도자", "범죄 자체가 없고 가난이 존재하지 않는다"는 등의 표현으로 김일성을 숭배하는 데 열을 올리기도 했다. 독일에서 명성을 떨치던 친북 음악가나 프랑스에서 약간의 명성을 누리던 한국 출신의 한 화가도 적극적으로 북한 당국에 부역하지 않았던가! 린저는 절친한 관계였던 친북 음악가 윤이상을 위해 『상처 받은 용, 윤이상』이라는 책을 펴내기도 했다. 이런 부류의 지식인들을 두고 소련의 레닌은 "쓸모 있는 바보"라는 용어로 슬쩍 치켜세우기도 했다. 바보는 바보인데 그래도 아직 용도가 남아 있다는 냉소적인 표현이다.

우리 사회에서 유행하는 '강남 좌파'라는 용어도 비슷한 맥락에서 이해할 수 있다. 물려받은 재산으로 부유한 지역에서 상대적으로 안락한 삶을 살지만 그들 역시 삶의 고달픔에서 벗어날 출구가 필요하다. 본래 인간은 현실을 벗어날 출구를 찾는 데 열심인 존재다. 특히 그들이 찾은 생의 위안이나 동아줄은 이상사회에 대한 열망이고 그들이 공유한 생각은 좌파적 사고다. 그런 사고가 다수 대중의 지지를 받을 수 있기 때문에 좌파적 지식인들이 이를 거부할 아무런 이유가 없다.

집단 간의 갈등으로 바라본다

"역동적인 개인보다도 집단 중심으로 세상을 본다."

사람이 무리를 짓는 것은 자연스럽다. 인류는 혼자 힘만으로는 척박한 자연환경에서 살아남을 수 없는 존재였다. 소규모 집단 사회에서 무리를 지어 생활한 것은 자연스런 일이었다.

다른 영장류와 마찬가지로 인간 역시 무리 생활을 통해 생존을 확보했다. 오랜 무리 짓기의 역사는 인간의 유전자 깊숙이 무리 짓기나 편 가르기에 대한 본능을 심어주었다. 이러한 본능은 생존에 필수적인 덕목이었기에 오랜 세월을 거치면서도 살아남았고, 이것이 오늘날까지 인류의 유전자에 남아 있는 무리 짓기에 대한 선호와 '우리'와 '그들'을 분리하는 습성의 토대가 되었다.

'우리'에 대한 친화감과 '그들'에 대한 배타감 혹은 적대감은 서로 대조되는 사고방식이다. 인간 사고의 기본값은 무리 짓기를 선호하는 '부족적 사고'인데, 이것의 뿌리는 아주 깊다.

작가 데이비드 베레비(David Berreby)는 『우리와 그들, 무리 짓기에 대한 착각(Us and Them Understanding Your Tribal Mind)』에서 사람들이 스스로 특정 집단에 속하기를 선호하고 집단의 구성원들과 무리 지어 판단하기를 좋아하는 본능을 '부족적 감각(Tribal Mind)'이라고 부른다. 부족적 감각은 인간이 생존을 위해 적응해온 과정의 산물이다. 수백만 년 전부터 진화해온 '투쟁-도피 반응'과 떨어질려야 떨어질 수 없는 관계에 있다.

생존이 위협받는 상황이 발생할 때면 인간은 어김없이 맞서 싸우거나 도망가는 판단을 내리는데, 이때 두뇌의 깊숙한 부분에서 아드레날린과 스트레스성 호르몬인 코르티솔이 분비되면서 세포들은 긴급히 어떤 행동을 취하라는 경보 사인을 받게 된다. 그래서 누구든 아드레날린과 코르티솔이 분출되는 상황을 피하길 원하는데, 이런 대표적인 상황이 바로 무리에서 추방되는 일이다. 흥미롭게도 다른 동물과 달리 생각하는 능력이 있는 인간은 집단에서 자신이 추방당할 수 있다는 사실을 생각하는 것만으로도 심각한 스트레스 상황에 빠진다.

대다수 사람들은 어떤 상황에서든 부족적 사고에서 벗어나기 힘들다. 그런데 중요한 것은 '실제로 이 세상에 존재하는 인간 부류가 무엇인가'가 아니라 '자신의 마음속에 존재하는 인간 부류가 무엇인가' 하는 점이다.

부족적 사고와 좌파적 사고의 만남

다수의 사람들은 부족적 사고에 익숙하기 때문에 좌파적 사고와 만난다. 좌파적 사고는 본능에 충실한 사고이기 때문이다. 특별한 경우를 제외하면 부족적 사고는 좌파적 사고의 한 가지 특성이 된다.

예를 들어, 우리는 정치적 이해관계에 따라 민족주의를 활용하는 일을 흔히 관찰할 수 있다. 민족주의야말로 부족적 사고의 전형적인 사례에 속한다. 시민의식이 발달하지 않은 사회에서 민족주의가 더 큰 힘을 얻는다. 그것이 본능에 더욱 충실한 사고방식이기 때문이다. 별다른 후천적인 영향을 받지 않더라도 "우리가 남인가"라는 구호는 뛰어난 호소력을 발휘한다. 한국과 중국이 통상이나 정치 문제로 충돌을 빚을 때면 중국에서는 어김없이 강력한 민족주의적 성향의 목소리가 높아진다. 본능의 영향력과 시민의식의 높낮이 차원에서 이해할 수 있다. 한일 사이에 갈등이 생길 때도 무리 짓기는 어김없이 고개를 든다.

현대인들에게도 부족적 사고는 유용하다. 무리에 속해 있으면 서로서로 의존할 수 있기 때문에 안정감을 느낄 수 있다. 위로와 위안 그리고 안심과 같은 감정 상태는 개인 차원보다는 무리 속에서 느낄 때가 많다. 게다가 무리에 속함으로써 얻을 수 있는 이익도 만만치 않다. 무리의 구성원들을 상대로 돈을 벌 기회가 제공될 수 있기 때문에 관계를 유지하는 데 열심이고 어떤 무리에 속하는 데 열심이다.

현대사회에서 무리 짓기의 대표적인 사례가 정당일 것이다. 정당은 이념을 같이하는 사람들이 정치권력을 얻기 위해 만든 결사체로 정의된다. 현실 세계에서 정당은 이념과 이익이 혼재되는 경향이 강하다. 우리 사회에서는 이익에 더 큰 무게중심이 실릴 때도 많다. 어떻든 권력을 쥐면 구성원들에게 합당한 이익이 배분된다는 점에서 부족적 사고가 통용될 수 있는 사례다.

부족적 사고는 과거부터 현재에 이르기까지 개인 차원에서 나름의 유용성이 있지만 익명 사회에서는 여러 가지 심각한 문제를 낳는다. 왜냐하면 익명 사회의 기초는 개인이기 때문이다. 시장경제에서 살아가는 경제주체들은 저마다 자신의 선택과 독자적인 판단에 따라 의사결정을 내린다. 어떤 회사에서 일할 것인가, 누구를 만날 것인가, 어떤 상품을 살 것인가 등은 모두 개인 차원의 의사결정이다. 어떤 개인에게 어떤 상품을 강제로 구매하도록 만들 수 없고, 어떤 사람에게 어떤 회사에서 일하라고 강제할 수 없다. 직업 선택의 자유, 거주의 자유, 그리고 선택의 자유는 익명 사회의 대표 주자인 자유사회의 기초에 해당한다. 생활인으로서도 마찬가지다. 각자가 자신의 선택에 따라 자신의 길을 걸어갈 뿐 무리의 선택에 따라 무리와 함께 인생의 길을 가는 것은 아니다.

우리는 이미 자유사회에서 최고의 가치는 자유 그 자체라는 사실을 천명한 바 있다. 자유 이외에 다른 가치들은 모두 하위에 위치한 것들이다. 개인주의는 개인의 자유와 책임에 대한 믿음에 바탕을 두고 있다. 또한 개인주의는 개인의 도덕적이고 윤리적이고 창의적인 능력에 상당한 신뢰를 보낸다. 개인주의와 익명 사회는 서로 떨어질려야 떨어질 수 없다.

실상이 이러함에도 좌파적 사고를 가진 사람들은 익명 사회에서도 부족적 사고에 바탕을 둔 주장이나 정책을 만들어내는 데 여념이 없다. 예를 들어, 가진 자와 갖지 못한 자를 구분하고 갖지 못한 자들에게 분노하라고 외친다. 사실 가진 자는 수많은 개인들로 구성되고 갖지 못한 자들 역시 수많은 개인들로 구성된다. 그들을 묶어서 하나의 덩어리로 간주해서 어떤 정책이나 제도를 만들어낼 수 있을까? 득표에 도움이 되는 정책이나 제도를 갖지 못한 자를 위한다는 명목으로 입안하여 추진할 가능성이 매우 높다. 결국 사적인 이익을 추구하는 정치인들이 활용하기 좋은 구실이 부족적 사고다. 익명 사회에서 부족적 사고는 결국 특정 집단에게 더 많은 자원을 배분하는 정치 원리의 유행을 불러일으키게 된다. 보육비 지원, 학자금 지원, 청년 수당, 청년 급료 지원 등은 모두 특정 그룹에게 이익을 더 많이 배분하기 위한 입법들이다.

이익을 나눠 주기를 정당화하는 좌파적 사고

이익을 나누어 갖는 집단은 이러한 정책이나 제도를 반대할 아무런 이유가 없다. 일단 얼마간의 현금이 손에 떨어지기 때문이다. 자신이 응당 받아야 할 이익을 넘어선 초과 이익을 나눠 주는 정책이나 제도로 인해 자신뿐만 아니라 공동체 전체와 다음 세대가 두고두고 지불해야 하는 비용까지 염두에 두는 사람은 드물다. 이렇게 자원 낭비가 발생하면 결국 자신이 받은 약간의 이익과는 비교할 수 없을 정도로 막대한 비용청구서가 나중에 날아오게 된다. 사람은 현재를 기준으로 생각하는 경향이 있고 자신이 받는 소득을 기준으로 판단하고 의사를 결정하는 경향이 강하기 때문에 이를 막을 방법이 없다. 어느 사회에서건 좌파적 사고에 바탕을 둔 정책들이 인기를 끄는 이유가 바로 여기에 있다. 이익은 가깝고 눈에 보이고, 비용은 멀고 눈에 보이지 않기 때문이다.

부족적 사고가 강한 영향을 미치는 사회가 맞을 수 있는 또 하나의 피해는, 모든 것을 정치적으로 해결하려는 성향이 강한 사회로 변질되는 것이다. 한국 사회에서 경쟁력을 잃어가는 중후장대형 산업들에서 관찰되고 있고 앞으로 더욱 심해질 현상은 이렇다. 제법 많은 근로자를 고용하고 있는 특정 기업이 부실화되면 해당 기업의 노동조합은 정부에 이익 배분을 요구할 것이다. 상급 노동단체를 중심으로 "우리를 도와달라"고 요구하게 된다. 제법 많은 표가 있기 때문에 이를 거부할 수 있는 정당은 드물다. 이렇게 해서 몇 해 정도 수천억 원에서 수조 원의 세금이 투입되고 결국 그 회사는 망하거나 규모가 현저하게 쪼그라들고 말 것이다.

본래 경쟁력이 하향 추세에 접어든 산업이나 기업을 재정자금을 투입해서 살릴 가능성은 낮다. 그렇지만 논리나 이성이나 합리로는 집단 차원의 이익을 추구하는 사람들의 거센 요구를 막을 수 없다. 이익을 요구하는 사람들은 거세다. 그들은 오로지 이익만을 고려할 뿐이다. 일정 기간 돈을 받으면 그것으로 충분할 뿐이다. 공동체가 두고두고 막대한 비용을 치러야 한다는 것을 돈을 받는 사람들은 이해하려 하지 않는다. 처음에는 이런 일이 한두 기업에서 시작되겠지만 시간이 갈수록 무리하게 이익을 요구하는 노동조합이 늘어날 것이다. 선례가 있으니 정치하는 사람들이 이러한 요구를 거부하기는 쉽지 않다. 이렇게 공동체는 시간이 가면서 귀한 자원을 낭비하고 결국 위기 상황까지 내몰리고 만다. 이런 일은 결코 정의로운 일이 아니다.

수익자부담 원칙 허물기

익명 사회가 견지해야 할 원칙은 수익자부담의 원칙이다. 부족적 사고로 사회문제에 접근하면 수익자부담의 원칙은 크게 훼손되고 만다. 편익을 누리는 주체와 그것에 책임을 져야 하는 주체 사이의 간격이 확대된다. 익명 사회의 구성원들이 개인 차원에서 부족적 사고를 갖고 살아가는 것은 별다른 문제가 되지 않는다. 그러나 구성원들 개개인이 사회문제를 바라볼 때는 개인주의적 시각으로 접근해야 한다.

하지만 개인 차원의 문제에 대한 접근 방식과 집단 차원의 문제에 대한 접근 방식을 뚜렷하게 구분하기는 쉽지 않다. 다시 말하면, 문제의 성격에 맞춰서 시각을 달리하는 것은 쉽지 않다. 그래서 개인 차원에서 편안한 부족적 사고, 즉 좌파적 사고가 사회문제를 바라볼 때도 그대로 이어진다. 한국 사회에서 일어나는 수많은 사회문제는 결국 특정 집단에게 이익을 나누어 주라는 요구로 귀결되고 만다. 심지어는 불가항력에 속하는 사고를 당한 집단에 세금으로 엄청난 돈을 투입하는 일마저도 정당하다고 생각하는 사람들이 있다.

부족적 사고가 유행하는 사회가 치러야 할 또 하나의 비용으로 도덕의 퇴행을 들 수 있다. 개인이 선택하고 개인이 책임진다는 원칙이 심하게 훼손되면 개인의 창의성과 도전 의식에 기초한 사회의 바탕이 서서히 허물어지게 된다. 결국 무리를 지어서 경제적 이유로 합리화될 수 없는 지대(rent)를 경쟁적으로 추구하는 사람들로 가득 찬 사회가 펼쳐지고 만다. 무언가를 만들어내려 애쓰기보다는 만들어진 것을 나누어 가지려는 사람들이 현저하게 늘어나면 결국 정치 과잉의 시대가 오게 된다. 소규모 집단 사회와 대규모 익명 사회를 지탱하는 원리 원칙을 제대로 이해하지 못하면 인간은 본능적으로 소규모 집단 사회에 대한 애착과 선호를 갖기 쉽다.

사실 인류 역사에서 개인주의의 역사는 짧다. 르네상스기부터 개인주의의 역사가 본격적으로 시작되었기 때문에 문화적으로 자유주의 전통이 일천하고 정통으로 근대 시민사회를 경험하지 못한 사회는 개인주의의 토대가 부실하다. 개인주의의 토대가 부실한 사회에서 이를 대체하는 것이 본능에 바탕을 둔 부족적 사고다. "우리가 남이가"라는 구호가 항상 가슴을 훈훈하게 하는 이유다. 부족적 사고가 유행하는 사회에서 집단에 속하는 구성원들 사이에는 끈끈한 연대감과 유대감이 있지만 그 밖의 집단에 대해서는 배타심이나 공격성 그리고 적대감이 자연스럽게 표출된다. 근대 시민 사회를 제대로 경험하고 시민의식이 발달한 나라일수록 내집단과 외십단의 구분이 모호하고 인간 그 자체로서 존중하는 분위기가 형성되어 있다. 출신 성분이나 출신 지역이나 출신 학교로 우리와 그들을 분리하는 일은 드물다.

한 사회가 부족적 사고에서 상당 부분 벗어나는 데는 오랜 세월이 필요하다. 부족적 사고는 좌파적 사고의 중요한 구성 요소이며 이성보다는 본능에 훨씬 가까운 사고방식이다. 이성이나 합리로 자신의 사고방식을 엄밀하게 탐구하고 교정하려는 노력을 하지 않는 한 본능의 영향력에서 벗어날 가능성은 낮다. 본능의 목소리가 높은 사회가 생각보다 오랫동안 지속될 가능성이 높다. 본능의 지지를 받기 때문이다. 반지성이나 반합리의 지적 풍토가 강한 사회라면 부족적 사고와 좌파적 사고의 합동 작전이 오래오래 지속될 수밖에 없다.

급격한 단절이 가능하다고 본다

"과거를 깨끗하게 정리하고 새롭게 출발해야 한다고 본다."

어떤 언어를 주로 사용하는지를 보면 그 사람의 의식구조를 얼추 이해할 수 있다. 즐겨 사용하는 언어는 어떤 사람의 사고적 특성을 이해할 수 있는 단초를 제공한다. '청산(淸算)', '척결(剔抉)', '일소(一掃)', '변혁(變革)' '잔재(殘在)', '자주(自主)', '투쟁(鬪爭)' 등과 같은 단어 속에는 좌파적 사고의 특성이 고스란히 들어 있다. 쉽게 말하자면, 이 같은 용어는 사고(思考)공장에서 나온 제품 가운데 하나라고 할 수 있다.

좌파적 사고에는 과거의 축적이나 연장선 상에서 시작하는 것이 아니라 과거를 해체해버린 다음 완전히 새로운 출발이 가능하다는 믿음이 들어 있다. 여기서 '새로운 출발'이라는 개념은 축적이나 집적이나 퇴적처럼 과거의 여러 가지 것들이 하나씩 쌓여서 이제까지 오게 됐다는 생각과 배치된다. 자신이 혹은 우리가 가진 지식이나 판단이나 이성을 기준으로 완전히 새로운 것을 만들어낼 수 있다는 자신감이 배어 있다. 과거의 것을 뒤집어엎고 새로운 것을 만들어낼 수 있다는 믿음이 좌파적 사고를 떠받치는 주춧돌 가운데 하나다.

급격함과 화끈함의 위력

좌파적 사고에 익숙한 사람들은 평범한 사람들이 생각하기에는 지나치게 급격한 정책이나 제도를 곧잘 내놓는다. 그들은 자신들이 내놓은 정책에 놀라움을 표하는 보통 사람들의 반응을 이해하지 못할 때가 많다. 왜냐하면 자신들이 생각하기에는 너무나 당연한 일을 두고 일반 시민들이나 일부 지식인들이 설왕설래하는 것을 이해하기 힘들기 때문이다. 여기에는 개개인의 문제를 넘어서 세계관의 차이라는 문제가 놓여 있다. 좌파적 생각에는 지나친 자기 확신이 놓여 있다. '우리가 옳다'거나 '우리가 똑똑하다'는 믿음이 은연중에 있다.

예를 들어, 어느 시대든 그 시대를 살아가는 사람은 자신의 시대가 대단한 시대이며 자신들은 과거 세대보다 특별한 시대를 살고 있다고 생각하기 쉽다. 또한 자기들이야말로 과거의 그 어떤 세대보다도 지적으로 뛰어난 세대라고 믿는 경향이 있다. 물론 과거의 지식이나 경험이 축적되어서 현재가 있기 때문에 과거의 것들을 모두 가진 현세대가 더 나은 세대라는 판단을 내릴 수도 있다.

그러나 실상을 들여다보면 이런 주장이 옳은 것 같지는 않다. 역사에 관심이 깊은 필자는 과거의 사료들을 비교적 많이 접한다. 그때마다 느끼는 것은 기술 발전과 같은 현세대의 특징을 충분히 고려하더라도 어느 시대나 삶의 과제들은 만만치 않으며, 살아가는 지혜에 관한 한 현세대가 특별하고 우월적인 세대라고 결론지을 수 있는 아무런 근거가 없다는 것이다. 오히려 사유하는 능력과 지혜에 관한 한 과거 세대가 더 많은 시간을 근본적인 문제를 두고 고민할 수 있었기 때문에 지금 세대들보다 더 유리한 위치에 있었다고 말해도 과언은 아니다.

모든 세대는 그 세대에게 주어진 문제를 해결하기 위해 고심했으며, 그런 고심의 결과가 하나하나 쌓여 현재의 모습으로 나타나게 된다. 어떤 시대든 당대를 살아간 사람들은 시행착오를 경험할 수밖에 없었고, 의사 결정을 내리는 과정에서 최선을 다했지만 현재의 관점에서 보면 썩 나은 성과를 낳지 못했을 수도 있다. 모든 세대는 그 시점에서 순간순간 최선을 다했거나 차선을 선택했다고 보는 것이 올바른 판단이다. 축적이나 집적, 개선과 진화라는 단어의 가치를 높게 평가해야 한다.

물론 역사적으로 드문 시기가 있다. 중세 봉건시대에서 근대 시민사회로 이행하거나 노예제 철폐처럼 사회구조에 근본적인 변화를 꾀해야 하는 시대가 드물게 있었다. 그렇지만 자유시장경제와 자유민주주의를 기축으로 하는 익명 사회에서 '청산' '일소' 등과 같은 과격한 용어는 위험한 결과를 낳을 수 있다. 자신 혹은 자신이 속한 그룹이 공유하고 있는 믿음, 신념 그리고 지식에 의거해서 사회를 완전히 뜯어고치려는 것이 당연하다는 믿음이 좌파적 사고의 큰 특징이다. 당신이 가진 신념이 과거에서 현재에 이르기까지 힘들게 삶을 살아온 사람들의 모든 것을 부정할 정도로 올바르다고 생각하는가? 당신이 그렇게 똑똑하다고 생각하는가? 당신이 그렇게 유식하다고 생각하는가?

물론 개인의 삶에서 청산, 제거, 일소 등과 같은 용어를 사용하는 일은 문제가 없다. 사람들이 모인 회사나 단체에서도 청산이나 제거 등과 같은 용어를 사용할 수 있다. 기업이 사업을 재편하거나 구조조정과 같은 급격한 조치를 취하는 일은 얼마든지 가능하다. 일종의 닫힌 세계에서 행해지는 구조조정이기 때문이다. 그러나 수많은 사람들이 모여서 만들어내는 익명 사회를 대상으로 급격한 청산 작업을 벌이는 일이 과연 올바른지 생각해야 한다. 익명 사회는 너무 복잡하기 때문이다. 자신과 자신이 속한 그룹의 이성이나 지식을 활용해서 복잡하기 짝이 없는 사회를 원하는 방향으로 수술할 수 있다는 것은 이성을 지나치게 과신하는 것이다.

지적 자만의 위험함

좌파적 사고에서 나온 급격한 조치들은 자신이 갖고 있는 지식에 대한 확신에서 비롯된다. 그런 확신 때문에 20세기

100년 동안 사회를 대상으로 숱한 실험이 행해졌고, 그 결과는 여기서 논할 필요가 없을 정도로 명백하다. '지식의 문제(knowledge problem)'는 좌파적 사고의 많은 특성들과 더불어 언급해야 할 만큼 중요한 사안이다.

정권이 바뀌면 대학교수들이 정부 요직에 대거 참여한다. 대학교수와 같은 지식인들이 갖고 있는 지식은 이른바 과학적 지식(scientific knowledge)이다. 관료나 그 밖의 정치인들이 갖고 있는 지식도 태반이 과학적 지식이다. 과학적 지식은 말과 글로 전달될 수 있으며 책을 통해서 배울 수 있는 지식이다. 계량화가 가능하고, 일반화할 수 있으며, 논증이 가능하다.

그런데 실질적으로 세상의 부가가치를 만들어내는 지식은 과학적 지식과 성격이 판이한 지식으로, 이런 지식을 하나로 묶어서 암묵적 지식(tacit knowledge)이라 부른다. 암묵적 지식의 대표적인 사례가 사업가나 상인들이 갖고 있는 노하우다. 시장에서 기회를 포착하는 지식이나 시장을 전망하는 지식 그리고 고객을 설득하는 지식 등은 모두가 개인에게 특화된 지식으로, 타인에게 말과 글로 전수하기 힘든 지식이다. 생업의 현장에서 열심히 활동하는 사람들은 지식인처럼 세상을 근사하게 설명할 수 없을지라도 생업에 관한 한 저마다 암묵적 지식을 갖고 있다. 신문 지상을 떠들썩하게 장식하는 지식은 주로 과학적 지식이지만, 실제로 세상의 부가가치를 창출하는 지식은 암묵적 지식이다.

좌파적 사고의 문제점은 과학적 지식을 지나치게 과신한 나머지 개입하지 말아야 할 분야까지 무분별하게 개입하는 것이다. 과학적 지식을 가진 사람들은 정책이나 제도 변경을 통해서 시장이나 개인의 삶에 끊임없이 개입하고 싶어 한다. 정책이라는 이름으로 육성책을 만들기도 하고 보호책을 만들기도 하지만 이것들의 정책 효과는 극히 의심스럽다. 왜냐하면 세상을 실제로 움직이는 것은 암묵적 지식인데, 과학적으로 세상을 좌지우지하려 하기 때문이다.

그렇다고 해서 과학적 지식이 아무런 유용성도 없다는 이야기는 아니다. 되도록 경제주체들이 자신의 암묵적 지식을 마음껏 발휘할 수 있도록 자유롭게 해주는 방안을 찾는 데 과학적 지식을 사용하면 긍정적인 결과를 낳을 수 있다. 하지만 좌파적 사고는 암묵적 지식의 가치와 중요성을 인정하는 데 인색하다. 그래서 과학적 지식으로 세상을 움직이려 노력한다. 극단적인 계획경제는 암묵적 지식을 제거하고 경제를 과학적 지식만으로 운용한 사례이며, 결과는 대참패였다. 지식의 문제에 조금만 관심을 기울였더라도 충분히 예상할 수 있는 결과였다. 정부의 지나친 개입 또한 암묵적 지식을 가볍게 여기기 때문에 일어나는 일들이다.

그래서 정책을 담당하는 사람이나 지식인들의 지적 겸손이 매우 중요하다. 이것은 어떤 나라가 번영하기 위한 필수 조건에 해당한다. 과학적 지식이 득세하는 사회가 될수록 어김없이 그 사회는 침체 혹은 몰락을 면할 수 없다. 문제는 좌파적 사고는 과학적 지식을 상당히 신뢰한다는 점이다. '내가 잘 알고 있다'는 믿음 때문에 끊임없이 시장에 대한 개입을 단행한다. 수많은 사람들의 상호작용으로 돌아가는 세상은 과학적 지식만으로 알기에는 너무 복잡하고 어렵다. 일찍이 하이에크는 마지막 저작물인 『치명적 자만(*Fatal Conceit*)』

(1995)에서 세상 기준으로 유식한 사람들이 어떻게 과학적 지식을 숭배하는 사람으로 탈바꿈하는지를 예리하게 지적한 바 있다.

"일반적으로 교육을 받아 지적으로 변할수록 합리주의자가 되기 쉬울 뿐 아니라 사회주의적인 견해(좌파적 사고-편집자)를 갖기 쉽다. 합리주의자는 지적이고 지성적이기 쉽다. 그리고 지식인은 사회주의자가 되는 경향이 있다. 인류 역사를 통해서 '상인은 일반적으로 경멸과 도덕적 오명의 대상'이었다. 싸게 구입하여 비싸게 파는 사람은 근본적으로 정직하지 못하다. 상인의 행동은 원초적인 집단에서의 상호관계의 패턴을 위반하였다. 호퍼(Eric Hoffer)의 말을 다시 생각해보자. 특히 역사가의 상인에 대한 적대감은 기록된 역사만큼 오래되었다."

자기 지식 과신이 빚은 참담한 결과들

중국 역사에서 가장 참혹한 피해를 남긴 홍위병의 역사를 살펴보자. 정치적인 의도에 따라 움직이긴 했지만 젊은 학생들을 중심으로 하는 일군의 시위 군중이 전통이나 관례 등 모든 것을 파괴하고 자신의 눈에 조금이라도 거슬리는 지식인들을 죽이거나 모욕하거나 추방하는 폭력을 자행했다. 자신들의 지식과 생각에 반하는 것처럼 보이는 모든 것을 파괴하는 행위가 어떤 결과를 초래하는지 이 시대를 사는 사람들도 관심 있게 봐야 한다. 군중은 집단지성을 발휘하는 존재가 될 수 있지만 자신들의 생각을 지나치게 확신한 나머지 폭도로 바뀔 수도 있다. 지적인 자기 확신은 파괴적인 결과를 낳을 수 있다.

헌법만 해도 그렇다. 제헌국회가 고심 끝에 만들어낸 헌법을 수정하는 일은 대단히 신중해야 한다. 지배 세력이 원하는 방식대로 이것저것을 마구잡이로 섞어 넣는 행위는 자신들이 가진 지성에 대한 과도한 확신에서 비롯된 일이다. 미국도 수정헌법이 있다. 그러나 미국에서는 어떤 정치권력도 헌법에 함부로 손을 댈 생각을 하지 않는다. 지성에 대한 과도한 확신은 우리가 늘 경계해야 할 사항이다. 전통이나 관례나 진화를 무시하고 당대의 지배 세력의 확신에 따라 사회를 재조직한 끝에 수많은 사람을 노예로 내몬 일이 불과 몇십 년 전에 있었지 않는가!

권력을 가진 사람들일수록 내가 혹은 우리가 가진 신념이나 확신이나 지식을 지나치게 맹종하지 않고 지적 겸손을 유지해야 한다. 이는 한 사회의 번영을 위해 반드시 필요한 일이다. 피해를 줄이려면 자신의 확신이나 신념도 충분히 검증 가능한 비판의 대상으로 삼을 수 있는 용기와 지혜가 있어야 한다. 비판을 불편해하거나 가로막으면 한 사회가 전체주의적 사회로 탈바꿈할 수 있는 위험이 크게 증가한다.

자기 확신의 폐해를 줄이는 길

내가 확신하더라도 틀릴 수 있다는 가능성에 문을 열어

두면 어떤 일을 하든 충분한 시간을 두고 추진하게 된다. 또한 자신이 틀릴 수 있다고 생각하므로 반대편의 이야기를 충분히 듣게 된다. 사회를 지탱하는 중요한 제도나 정책을 변경하는 일이라면 더더욱 시간을 두고 여러 반대 의견을 들어봐야 한다. 그래야 지나친 자만이 부패로 가는 길을 방지할 수 있다.

복잡한 사회를 대상으로 하는 변화에 관한 한 '절제'라는 단어는 매우 중요한 역할을 수행한다. 100만큼의 변화가 필요하다면 좌파적 사고의 소유자들은 단번에 100만큼의 변화를 이루어야 한다고 생각하는 경향이 강하다. 이들은 시간을 두고 10만큼씩 변화를 진행해가자고 주장하는 사람들을 수구나 보수와 같은 단어로 공박하는 데 익숙하다. 만약 이들이 믿는 100만큼의 변화가 틀린 것이라면 사회적으로 얼마나 큰 피해가 발생하겠는가!

평생 학문의 길을 떠나지 않은 사람도 세월이 가면 이렇게 털어놓곤 한다. "나는 잘 모르겠습니다. 그럴 가능성이 있지만 나는 잘 모르겠습니다." 천천히 천천히, 조금씩 조금씩, 점진적으로 전진해나가듯이 변화를 도모하는 것이 현명한 선택이다. 좌파적 사고방식에 익숙한 사람들에게 이런 방식은 참을 수 없는 일일 수 있고, 수구 세력의 반발로 비칠 수 있다. 그러나 치명적인 자만을 억제할 수 있어야만 어떤 사회든 시행착오와 사회적 비용을 줄일 수 있다. 이런 점에서 좌파적 사고는 구조적인 위험과 약점을 안고 있는 것이 사실이다.

지배와 피지배로 본다

"지배하는 그룹과 지배당하는 그룹으로 세상을 본다."

모든 조직은 서열화된 구조를 갖고 있다. 어느 조직을 보더라도 상사가 있고 부하가 있다. 서열화된 사회의 전형은 인류가 오랜 세월을 보낸 소규모 사회였다. 그만큼 서열화는 인간의 본성에 깊이 아로새겨져 있다. 이런 본능을 벗어나는 일은 쉽지 않다. 인간의 유전자에 각인된 서열화의 본능은 지금도 여전히 영향력을 발휘하기 때문이다. 우리가 생활하는 학교나 직장도 대부분 서열화된 조직이다. 물려받은 본능에다 일상의 삶까지 서열화 구조는 우리로 하여금 서열화를 당연하게 받아들이게 만든다. 모두가 장교, 사장이고 사병과 평직원이 존재하지 않는다면 군대와 회사가 제대로 굴러갈 수 없듯이 조직의 서열화는 기능을 원활히 수행하는 데 필수적이다.

그런데 서열화 구조의 문제점 가운데 하나는, 사람이 타인들을 바라볼 때 기능을 중심으로 보지 않고 권력관계로 바라볼 수 있다는 점이다. 즉 역할이나 기능을 넘어서 지배와 피지배 관계로 타인을 바라볼 가능성을 크게 높인다. 왕정 시대를 살았던 사람들은 지배계급과 피지배계급을 자연스럽게 받아들였다. 그래서 조선조를 살았던 조상들의 문헌에서 지배계급의 수장인 왕에 대해 반론을 제기하는 글을 찾기는 아주 힘들다. 그것은 바로 반역을 뜻하는 것이었기 때문이다. 설령 반역이라는 무모한 행위를 제쳐두더라도 지배계급에 대한 공고한 믿음 때문에 지배계급을 넘어서는 생각을 할 수 없었을 것이다. 근대 시민사회를 확실히 경험한 유럽 사회나 미국 사회에서는 직장의 상사와 부하의 관계를 기능적으로 이해하는 것이 보편화되어 있다. 인간관계에서는 말할 필요도 없다. 서구 사회에 비해서 동양 사회는 연장자나 연소자의 관계나 상사와 부하의 관계를 기능적 관계로 보는 경향이 상대적으로 약하다.

지배와 피지배의 원형

좌파적 사고방식의 뚜렷한 특징 가운데 하나가 지배와 피지배 관계로 세상을 바라보는 시각이다. 이것은 소규모 집단 사회로부터 물려받은 원시 본능에 뿌리를 두고 있다. 소규모 집단 사회에서 자원 배분의 권한을 쥔 부족장은 지배계급의 수장에 해당하며, 연장자들이 지배계급에 속했을 것이다. 지배계급에 속한 자가 내린 명령이나 지시는 다른 구성원들이 받아들여야 한다.

서구인들은 어떤 도움에 힘입어 이런 본능을 극복할 수 있었을까? 근대 시민사회가 도움이 됐다. 중세 시대가 저물고 도시를 중심으로 익명 사회로 방향을 틀면서 개인 중심의 사회가 전면에 등장한 점이 주효했다. 개인주의의 발흥은 서구 시민사회의 뚜렷한 특징이다. 동양과 서양 모두 소규모 집단 사회에서 출발했지만 한쪽은 제대로 된 시민사회와 시민혁명을 거치면서 지배와 피지배로 세상을 바라보는 시각이 상당 부분 탈색되는 행운을 움켜쥐게 된다.

동양에는 시민사회를 제대로 경험해보지 못한 곳이 많다. 한국은 연장자 중심의 사회다. 오늘날 수직적 위계질서는 많이 탈피했지만 상사와 부하의 관계는 개인 중심 혹은 기능 중심이라는 측면에서 서구와 비교할 때 여전히 미약한 수준이다. 오늘날 우리 사회는 갑을 관계를 정상적인 계약관계가 아니라 주종 관계로 해석하는 사람들 때문에 종종 소란을 겪고 있다. 다수 사람들은 이러한 관계를 지배와 피지배 관계로 보는 것을 자연스러워 한다. 본능의 영향력하에 놓인 좌파적 사고를 가진 사람들도 지배와 피지배 관계로 보는 시각에서 벗어나기 힘들다. 소규모 집단 사회의 유산인 지배와 피지배 관계라는 좌파적 사고가 현대인에게도 깊숙이 배어 있는 것이다.

흥미로운 것은 미투 운동이 가을 녘의 들불처럼 번져가던 때 유독 좌파 진영의 대표적인 인사들이 성폭행과 성추행의 주역으로 언론에 등장했다는 사실이다. 물론 반대 진영의 인사들 가운데 그런 행위에 관여된 사람들이 없지는 않을 것이다. 하지만 우연의 일치라고 보기에는 너무 많은 좌파 진영의 명망가들이 거론된 것은 가설을 만들어내는 데 익숙한 사회과학자에게 흥미 있는 문제의식을 던져주었다. 왜 유독 좌파 진영의 대표 주자들 가운데 성범죄에 연루된 사람이 많은가? 조심스런 추론이 가능하다. 지배와 피지배 관계로 바라보는 그들의 사고방식이 그런 범죄행위를 낳았을 가능성이 높다.

야당의 대표 주자로 손꼽히던 한 인사에게는 다음과 같은 질문을 던지고 싶은 마음이 굴뚝같았다. "어떻게 함께 일하는 여직원을 상대로 그렇게 무모한 짓을 할 수 있었나?" 어쩌면 그는 자신의 행위에 대해 도덕적으로 무감각했을 수도 있다. 지배하는 자와 지배당하는 자라는 도식으로 보면 지배당하는 자를 유린하는 일은 정상적인 일로 간주할 수 있기 때문이다. 추측건대 그런 사고방식은 개인적인 특성일 수도 있지만 젊은 날 운동권에서 활동하던 시기에 씨앗이 뿌려졌을 가능성을 배제할 수 없다. 전도유망했던 그는 지배와 피지배 관계로 보는 시각 때문에 어렵게 쌓아올린 경력을 스스로 허물어버리고 말았다. 그만이 아니다. 한 시대의 대표적인 시인으로 스스로를 한껏 높였던 인사의 이해할 수 없는 기행(奇行)은 개인의 일탈 행동으로 보기에는 놀라울 뿐이었다. 그 또한 입으로는 아름다운 시구를 노래했지만, 의식구조에는 지배와 피지배 관계로 보는 사고가 굳건히 자리 잡고 있었을 것으로 보인다.

지배와 피지배의 도식으로 세상을 바라보는 시각은 권력투쟁에 도움이 된다. 좌파적 시각으로 무장한 사람들은 권력을 쟁취하려는 이유와 명분이 뭐라고 생각할까? 선출직 공직을 봉사직으로 생각할 수도 있다. 그렇지만 지배와 피지배 관계로 보는 시각으로 무장한 사람이라면 봉사직이라는 생각은 그저 시늉일 가능성이 높다. 그들에게 선출직은 지배계급에 올라가는 가장 확실한 방법일 것이다. 지배계급이 되는 것과 봉사하는 것 그리고 헌신하는 것은 함께하기 힘들다. 권력을 쟁취하는 데 서로 도움이 되었던 사람들은 지배계급으로서 누릴 이익을 공고히 하는 데 이바지하는 도구 정도로 생각할 수도 있다. 지배계급이 그리는 세상을 만들어내기 위해 일체의 이견을 허용하지 않을 수도 있다. 오로지 지배자가 내리는 결정을 수행하는 도구나 수단을 제공하는 존재들로 주변 사람들을 바라보았을 수도 있다.

지배계급에 오르는 일

지배와 피지배로 바라보는 좌파적 사고에서 벗어나기란 쉽지 않다. 원시 본능의 유산에다 젊은 날부터 지배와 피지배를 강조하는 각종 단체에서 오랫동안 활동해왔다면 이는 마치 각인처럼 한 사람의 뇌리에 자리 잡았을 것이다. 이러한 사람들이 선거를 통해 지배계급에 오르면 그들이 내놓는 정책 때문에 평범한 사람들이 끊임없이 상처를 입게 된다. 지배계급은 피지배계급의 동의를 받거나 그들의 처지를 고려할 필요가 별로 없기 때문이다. 선출직 공직자가 스스로를 봉사하는 공복이라고 생각하는 것과 내심 지배와 피지배 관점으로 세상을 바라보는 것 사이에는 엄청난 격차가 존재한다.

남북정상회담 준비위원회 2차 회의에 참석한 대통령의 발언이 화제가 된 적이 있다. "남북이 함께 살든 따로 살든 서로 간섭하지 않고 서로 피해 주지 않고 함께 번영하며 평화롭게 살 수 있게 만들어야 한다." 이 발언을 접했을 때 필자는 '그렇게 되면 얼마나 좋을까?'라는 생각과 함께 '어떻게 그것이 가능할 수 있을까?'라는 의문이 함께 떠올랐다. 북한 당국자들은 좌파적 사고의 극단에 위치한 사람들이다. 그들은 1946년 건국 이래로 단 하루도 대남 적화의 꿈을 접어본 적이 없다. 대통령이 무슨 생각을 하건 어떤 말을 하건 간에 북한 당국자들은 상상할 수 없을 정도로 견고한 '지배와 피지배' 사고에서 벗어날 수 없는 사람들이다. 이것은 옳고 그른 문제가 아니라 그냥 변경할 수 없는 사실일 뿐이다. 어찌해볼 수 없는 불변의 사실 말이다. 사실은 그냥 사실일 뿐이고, 사실에 대해 옳고 그름을 논할 수 없다.

'지배와 피지배' 관점을 가진 사람들은 무슨 이야기를 하든 어떤 행동으로 진정성을 보이든 관계없이 한 가지 관심밖에 없다. 그것은 피지배자들을 자신의 방식대로 요리하는 것이다. 감언이설로 속이든지 기만하든지 간에 지배와 피지배 관점으로 무장한 사람들이 자신의 숨은 계략을 성공시킨다면 어떤 일이 일어날까? 무력이나 위협으로 정복해서 남쪽이 만들어낸 수십 년간의 성과물을 자신의 것으로 만들어버릴 것이다. 그리고 피지배자들 가운데 상당수는 숙청하고 그 밖의 사람들은 노예로 삼을 것이다. 이것은 그

저 주장이 아니라 지배와 피지배의 관점으로 무장한 사람들이 자연스럽게 보이게 될 예상 가능한 미래다. "평화, 평화로다"라는 울림이 온 천지에 울려 퍼질 때도 필자는 '지배와 피지배의 관점으로 평생을 살아온 사람들이 그렇지 않은 사람들을 어떻게 이해할 수 있을까?'라는 의문이 머리를 떠나지 않았다. 여기에다 '지난 70여 년 동안 그들이 단 한 번이라도 약속을 지킨 적이 있었는가?'라는 의문이 머리를 맴돌았다.

익명 사회와 지배-피지배의 충돌

지배와 피지배 관점으로 세상을 바라보는 좌파적 사고는 이성적이지도 논리적이지도 않다. 익명 사회는 독립적인 수많은 개인들로 구성된다. 시민사회의 개인들은 기능적으로 분리된 주체들일 뿐이며 이들을 직위나 성별이나 나이 때문에 피지배자로 간주해야 할 아무런 이유가 없다. 익명 사회를 살아가는 사람들에게 올바름이란 서로를 수평적인 계약관계로 받아들이는 것이다. 지배와 피지배로 바라보는 것은 올바른 일이 아니다.

우리 사회에서 이따금 문제가 되는 갑질 관행도 결국 지배와 피지배 사고에서 연유하는 바가 크다. 사회생활을 하다 보면 세상에 드러날 정도로 갑질을 일삼는 것은 아닐지라도 권력이나 명성이나 부를 가진 사람들 가운데 안하무인격으로 행동하는 사람들을 더러 만난다. 그들은 하나같이 상대방은 안중에도 없이 자기 마음 내키는 대로 행동한다. 그럴 때면 필자는 '저분의 의식구조에는 지배-피지배 사고가 자리 잡고 있구나'라고 추측해보곤 한다. 공분을 사는 갑질 행위를 옳다고 생각하는 사람은 거의 없을 것이다. 그러나 그 이면에 자리 잡은 지배와 피지배 사고의 문제점에 주목하는 사람은 드물다. 좌파적 사고의 뚜렷한 구성 요소 가운데 하나가 지배와 피지배 사고임을 지적해두고 싶다.

얼마 전 미국의 휴스턴 조지부시공항에서 있었던 일이다. 옆자리에 한 소년이 하도 똘똘하게 생겨서 "너 정말 스마트하게 생겼다"라고 이야기하니까 그 소년은 "나는 그렇게 생각하지 않는다"고 답했다. 그래서 "몇 살이니?"라고 물었더니 "아홉 살"이라는 답이 돌아왔다. 그래서 내가 이런 이야기를 들려주었다. "너는 정말 좋겠다. 너와 나 사이에 무려 50여 년 가까운 차이가 있는데 네가 50년이나 더 되는 세월이라는 선물을 갖고 있다. 너는 네가 원하는 것을 이루기 위해 무엇이든 할 수 있는 시간을 갖고 있다." 그러자 돌아온 답은 이랬다. "나도 그렇게 생각한다. 고맙다." 그날의 대화에서 두 사람은 50여 년의 나이 차를 넘어서 아주 동등한 자격으로 서로 의견을 주고받았다. 필자는 이런 수평적인 사고와 수평적인 인간관계를 좋아한다. 그것이 선진화된 사회의 특성이며 익명 사회를 지탱하는 보편타당한 원칙이다.

세상이 마땅히
평등해야 한다고 믿는다

"최우선 가치는 평등이며, 그 밖의 가치들은 모두 하위개념이다."

사람마다 중요하게 여기는 가치가 있다. 자신의 생에서 중요하게 여기는 가치가 있고, 사회에 대해서도 중요하게 간주하는 가치가 있다. 굳이 가치라는 용어를 사용하지 않더라도 "살면서 당신이 중요하게 여기는 원칙은 무엇입니까?"라는 질문을 던지면 자연스럽게 "저에게는 무엇 무엇이 중요하다고 생각합니다"라는 답이 돌아온다. 사회에 대해서도 마찬가지다. 옳고 그름을 제쳐두더라도 사람마다 포기할 수 없는 가치라는 것이 분명히 있다. 좌파적 사고를 가진 사람들이 사회에 대해 갖는 최고의 가치는 평등일 것이다. 더 구체적으로 말하면 기회의 평등은 물론이고 결과의 평등이다. 특히 결과의 평등이 실현되어야 한다고 굳게 믿는다. 그들에게 평등은 다른 가치들을 희생해서라도 반드시 실현해야 하는 것이며, 자신들이 지지하는 정치 세력이 평등을 구현하기 위해 적극적인 행동을 해야 한다고 믿는다. 좌파적 사고는 평등권에 대해 무한한 믿음을 갖고 있다.

평등권과 자유권이 충돌할 때면

평등과 자유가 충돌할 때 좌파적 사고를 가진 사람들은 당연히 평등의 손을 들어준다. 평등을 위해 필요하다면 자유를 유보하는 것도 불가피하다고 믿는다. "자유면 어떻고 평등이면 어떤가?"라고 반문하고 싶은 독자들도 있을 것이다. 그러나 평등과 자유 중 어떤 가치를 우위에 두는지는 공동체의 삶에서 더할 나위 없이 중요한 갈림길이 된다.

만일 헌법에 "평등을 위해서 도움이 된다면 국가가 개입해야 한다"는 문구가 들어간다면 평등을 위해 국가는 거의 모든 영역에 개입할 수 있다. "평등을 위해서 도움이 된다면"이라는 문구를 두고 우파적 사고에 익숙한 사람들은 '기회의 평등'이라고 해석할 수 있을 것이다. 그러나 좌파적 사고에 익숙한 사람들은 당연히 '결과의 평등'으로 확대해석하는 것이 정의로운 일이라고 주장할 수 있다.

갑론을박을 벌이겠지만 사법부 인사들의 임명마저 정치권력의 영향력하에 있다면 얼마든지 "우리 헌법에서 평등은 결과의 평등으로 해석할 수 있습니다"라는 새로운 판례를 만들어낼 수 있다.

일단 그런 일이 이루어지면 정치적 목적에 따라 거의 모든 영역에서 평등을 위한 국가 개입이 정당화될 수 있다. 사회주의로 가는 길이나 공산주의로 가는 길이 그렇게 복잡하거나 어려운 것이 아니다. 헌법을 바꿀 수 있고, 사회 구성원들이 절대가치로서 자유의 소중함을 확신하지 못한다면, 언제든지 어떤 국가의 체제는 사회주의나 유사 사회주의의 길로 달려갈 수 있다.

여기서 우리가 간과할 수 없는 것은 '평등'이라는 용어 자체가 가진 강력한 호소력이다. 인류가 오랜 세월 동안 익숙했던 소규모 집단 사회는 철저하게 평등한 사회였다. 특히 결과의 평등이 구현된 사회였다. 앞에서도 언급했듯이, 인류 역사를 24시간으로 환산하면 23시간 57분 동안 인류는 그런 사회에서 살아왔다. 강력한 호소력을 지니는 원시 본능의 힘을 염두에 두면, 대다수 사람은 평등에 대해 우호적인 시각을 가질 가능성이 높다. 강제하는 평등이 가져올 수 있는 그림자를 주목하는 사람들도 있지만, 이들은 소수에 지나지 않을 것이다. 더욱이 격차에 분노하는 사람들이 한 사회의 다수를 차지하면 결과의 평등을 강제하는 사회가 이른 시간 안에 등장할 수 있다. 그런 강제가 얼마나 참혹한 상황을 만들어낼 것인지를 예상하는 사람들도 있겠지만, 당장 눈으로 확인할 수 있는 격차 없는 사회가 대다수 사람의 마음을 파고들 가능성이 높다.

사실 오늘날과 같은 익명 사회에서 평등을 강제하는 사회로 정치 경제 체제가 변질되지 않은 것이 놀라운 일이다. 더욱이 민주주의라는 정치체제는 다수가 원한다면 헌법이든 법률이든 정책이든 무엇이든 선한 것으로 둔갑시킬 수 있기 때문이다. 포퓰리스트 성격이 강한 정치 지도자라면 자유의 기초나 전통이 박약한 사회에서 얼마든지 대중을 선동할 수 있다. "저 사람들이 왜 저렇게 많이 가져야 합니까?" "여러분 저 사람들이 갖고 있는 것을 우리가 나눠 가져야 하지 않겠습니까?"라는 구호는 얼마든지 사람들의 심성을 파고들 수 있다. 공동소유에 대해 대다수 사람은 우호적이며 거부감이 적다. 본능이 이를 정당화해주기 때문이다. 일단 결과의 평등에 대한 염원이 사회 일부에서 불거지기 시작하면 그다음에는 다른 곳이 쉽사리 무너질 수 있다. 홍수가 나면 사방의 둑이 무너져 내리는 것처럼 말이다.

땅에 대한 사적 소유를 금지하고 공동소유로 돌릴 수 있다면 환호하는 사람들이 있을 것이다. 땅이 공동소유가 되는 것을 목격한 사람들은 주택, 공장, 직장 등 거의 모든 재산을 공동소유하는 것을 당연하게 여기게 될 것이다. 사회주의로 가는 길은 어려운 길이 아니다. 아무리 번영의 길로 달려온 사회라고 하더라도 어느 순간 평등에 대한 열정이 다수의 눈을 가리고 선전과 선동에 능한 책략가들이 권력을 쥐면 자유사회는 언제든지 아련한 기억 속의 과거가 될 수 있다.

자유의 가치에 대한 공감대

공동체 차원에서 자유의 가치를 공유하려는 노력을 지속적으로 기울이지 않으면 평등이 우월적인 위치를 차지할 수 있다. 왜냐하면 평등은 타고난 것이고 자유는 후천적으로 교육을 통해서 배워야 하는 것이기 때문이다. 자유의 소중함은 타고나는 것이 아니다. 반면에 평등에 대한 강한 열망, 특히 결과의 평등에 대한 열망은 타고난다. 차별이나 차이에 대해 인간이 무척 민감한 것은 평등에 대한 열망이 본능의 한 부분이기 때문이다. 배워서 익히는 일은 언제나 고되다. 본능이 명령하는 대로 따르는 것은 편안하지만 새로 무엇인가를 배우는 것은 어렵고 힘들다. 학습은 항상 시간과 비용과 에너지를 필요로 한다.

특히 자유사회를 지속해 나가려는 의향을 가진 사회라면 공동체 차원의 노력을 정규 교육과정에서 지속적이고 반복적이고 창의적으로 추진해야 한다. 그래야 그나마 자유사회를 유지할 가능성이 높다. 반대로 평등이 당연한 일이고 평등사회가 되어야 한다는 교육이 정규 교육과정에서 꾸준하게 이루어진다면 그렇게 교육받은 세대가 사회에 배출될 때가 되면 자유사회의 기반은 심하게 훼손될 수밖에 없다. 자유를 소중하게 여기는 지적 전통과 역사적 경험을 물려받은 사회라면 그나마 낫겠지만, 그런 전통과 역사적 경험이 없는 사회는 특별한 노력을 기울이지 않으면 자유사회가 언제든지 전복될 수 있다.

자유의 적은 지뢰밭처럼 깔려 있다. '왜 내가 저 사람들과의 격차를 받아들여야 하는가?' '앞으로 계층 이동이 쉽지 않을 텐데 다른 조치가 필요하지 않은가?' '왜 저 사람은 물려받은 재산으로 호의호식하고 살아야 하는가?' 같은 생각들이 자유를 위협한다. 보통 사람들은 격차 확대의 원인을 꼼꼼히 따져보려 하지 않는다. 당장 눈에 보이는 것은 격차 확대라는 불편함이고 이를 기초로 선동적인 정치가의 호소에 따라 결과의 평등으로 가는 길에 들어설 수 있다. 그런 선택이 자신과 자식들에게 감당할 수 없는 비용을 지우는 결과를 낳을 수 있다는 경고가 있더라도 그것은 나중 일일 뿐이다. 재산을 물려받은 사람의 선대가 힘들게 노력했거나 기회를 잡은 덕분에 재산을 축적할 수 있었다는 설명도 별반 호소력이 없다. 그냥 두 눈으로 확인할 수 있는 격차에 대한 불편함이 행동을 추동할 뿐이다.

평등을 판매하는 사람들

좌파적 사고로 무장한 사람들은 평등을 최고의 가치로 여기기 때문에 평등을 판매하는 데 발군의 실력을 발휘한다. 그들이 파는 평등이라는 가치는 마케팅 면에서 유리한 위치에 있다. 본능에 대한 호소력이 뛰어난 가치이기 때문이다. 결과의 평등에 대한 호소와 약속은 언제든지 사람들의 가슴을 훈훈하게 만드는 마력이 있다. 이렇게 강력한 유혹을 어느 누가 거부할 수 있겠는가?

반면에 자유라는 가치의 소중함과 유용성을 판매하려면 이성적으로 논리적으로 접근해야 한다. 그러니만큼 두세 배 이상의 노력을 들이더라도 사람들의 호감을 얻기가 쉽지 않다. 따라서 어떤 사회든 자유의 가치를 공유하기 위해서는 상당한 재원을 오랫동안 투자해야 한다. 그러나 당장 생색이 나지 않는 일에 누가 투자할 수 있겠는가? 오늘날 한국 사회가 경험하고 있는 자유의 위기는 바로 이 같은 과거의 선택들이 축적되어 나타나는 현상이다.

자유는 공기와 같아서 평소에 소중함과 고마움을 느끼기 힘들다. 자유의 소중함은 자유를 상실했을 때 비로소 체험할 수 있는 것이다. 평소에는 당연한 것이지만 잃어버리기 시작하면 그때서야 비로소 '자유라는 것이 이런 것이었구나!'라는 깨달음을 얻게 된다.

평등과 자유는 자주 충돌한다. 특히 결과의 평등과 자유는 절대로 함께할 수 없다. 평등을 위한 정책들을 '평등을 위한 계획'이라고 명명할 수 있다. 일단 어떤 사회에서 평등을 위한 정부의 개입, 즉 평등을 위한 계획이 광범위하게 확장되기 시작하면 이는 자유의 상실로 이어진다. 평등을 구현하려면 누군가 혹은 어떤 그룹의 자유를 빼앗아야 하기 때문이다.

평등을 위한 계획이 실행되고 있다는 것은 한 사회의 대다수 구성원이 노예로 가는 길에 들어서 있음을 뜻한다. 사람들은 평등을 약속하는 정치가들에게 환호하고 그들이 나누어 주는 얼마간의 경제적 이득에 갈채를 보낸다. 그런 선택으로 인해 자신과 다음 세대가 벗어날 수 없는 노예의 길로 들어서고 있음을 알아차리는 사람들은 소수에 불과하다. 1946년 북한에서 무상몰수 무상분배를 기치로 내건 토지개혁을 전격적으로 실시하여 지주들을 몰아낼 때 대다수는 갈채를 보냈고 이것에 감동한 사람들은 공산당에 가입하기도 했다. 당시에 그런 방식의 토지개혁이 현대판 노예제도의 서막임을 예리하게 알아차린 언론과 지식인은 그다지 많지 않았다.

평등을 위한 계획이 무슨 거창한 것이 아니다. 그것은 마치 가랑

비에 땅이 젖듯이 서서히 모든 분야에서 정부 개입이 증가하고 정부가 누군가를 돕기 위해 다른 사람들의 자유를 침해하는 일이 진행되는 것이다. 이익을 받는 사람들은 작은 이익에 달콤해할 뿐 자유 상실이 가져올 피해에 주목하는 사람은 드물다. 모든 영역에서 창발적인 활동을 활성화하는 자유라는 기초가 상실된 사회의 문제점에 주목하는 사람은 드문 것이다. 정부의 과도한 개입으로 획일적인 공급에 만족하고 마는 정체된 사회로 가는 길에 들어서고 있음을 누가 알겠는가! 자유 상실의 피해를 본격적으로 체험하기 전까지는 자신들이 노예의 길로 들어섰다는 것을 인식하거나 자유 상실의 의미를 깨우치는 사람이 소수에 불과하다. 모든 정책과 제도는 '자유를 위한 계획'이어야 한다는 신념을 가진 사람들이 다수를 차지하지 않는 한 자유사회의 기반은 지극히 취약할 뿐이다.

평등, 특히 결과의 평등에 대한 호소는 본능에 대한 울림이 아주 크다. 따라서 좌파적 사고가 월등히 유리한 지위에 있다. 자유사회에서 살아가는 사람들은 자신이 누리고 있는 자유와 이를 가능하게 하는 정치체제를 당연하게 여긴다. 하지만 인간의 원시 본능을 들여다보면 현대의 자유사회가 이처럼 유지되는 것은 거의 기적에 가까운 일이다. 사람의 본능을 탐구하면 할수록 더더욱 그런 생각을 하지 않을 수 없다.

모든 것을 만들어낼 수
있다고 믿는다

"상호작용의 결과를 단시간 내에 만들 수 있다고 생각한다."

뉴욕의 맨해튼을 방문할 때면, '이 거대한 도시가 어쩌면 이렇게 자기 방식대로 분주하게 돌아갈 수 있을까'라는 생각이 든다. 맨해튼은 놀라움, 신기함, 경쾌함, 역동성 등이 묘하게 어우러진 그런 느낌을 선물한다. 각양각색의 사람들이 저마다의 계획과 의도에 따라 움직인다. 분주한 일상의 날들이 저물면 밤사이에 낮 시간 동안 이루어지지 못한 청소와 물품 공급이 이루어진다. 누군가의 지시나 명령이 없더라도 정교한 질서가 형성되어 있음을 체험하게 된다. 이른바 자생적 질서(spontaneous order)의 생생한 사례를 목격할 수 있다. 누군가 일일이 이것을 하라 혹은 저것을 하라는 지시를 하지 않더라도 사람들은 저마다의 이익을 좇아서 행동하고, 그런 결과들은 근사한 질서로 세상에 그 모습을 드러낸다.

사람이 만든 질서에 대한 선호

좌파적 사고는 질서정연하게 보이는 질서, 즉 사람이 만든 질서(man-made order)를 신뢰한다. 계획과 명령 그리고 지시에 바탕을 둔 이런 질서는 세상 곳곳에서 확인할 수 있다. 사회철학자 하이에크의 분류에 따르면 '사람이 만든 질서'는 헌법, 법률, 규칙, 조례 등과 같은 공식적인 제도를 말한다. 반면에 '자생적 질서'는 시장질서와 같은 자연발생적 질서를 말한다. 그는 어떤 사회라도 두 가지 질서를 현명하게 구분하지 못한 채 혼용하면 위험에 빠질 수 있다는 것을 일찍부터 경고한 바 있다. 조직의 질서에 근거한 직접적인 지시와 명령은 자연발생적인 질서를 교란하여 자연발생적 질서 속에 형성된 조화를 파괴하기 때문이다.

좌파적 사고를 가진 사람들은 원하는 결과를 단시간 내에 만들어낼 수 있다는 신념이 강하다. 마치 건축물을 세우는 것처럼 기대하는 건축물의 특징을 가정하고 이를 가능하게 하는 원재료를 투입해서 만들어내는 사고방식을 선호한다. 여기서 중요한 것은 건축물은 교량이나 그 밖의 인조 구조물처럼 닫힌 세계에 속한다는 것이다. 인풋이 있으면 이에 맞는 아웃풋이 만들어진다. 즉 좌파적 사고는 투입-산출로 기대하는 목표를 달성할 수 있다는 사고방식이다.

그러나 정책이 다루는 대상은 닫힌 세계가 아니라 열린 세계다.

수많은 사람들의 상호작용으로 구성된 세계가 바로 정책의 대상이다. 익명 사회는 열린 사회라서 닫힌 세계과는 근본적으로 다르다. 따라서 건축물에 적용되는 방식이 시장경제에서 효과를 거두기는 힘들다. 그럼에도 좌파적 사고는 닫힌 세계에 적용되는 방법을 그대로 익명 사회에 적용하는 것이 옳다고 믿는다. 익명 사회를 대상으로 인풋과 아웃풋의 관계처럼 바람직한 결과물을 얻을 수 있다고 믿는다. 좌파적 사고는 기대하는 결과를 정책 목표로 정한 다음에 이를 계획과 개입이라는 투입 요소를 통해 만들어낼 수 있다고 믿는 점에서 사회공학적 사고와 유사하다.

사회공학적 사고의 폐해

익명 사회에서 정책 당담자나 정치가들은 대부분 사회공학을 신뢰한다. 그들이 성장해오면서 배운 교과서 속의 세계는 모두 사회공학이 작동하는 닫힌 세계였다. 수학의 세계, 물리의 세계, 화학의 세계 등은 모두 사회공학적 사고에 바탕을 두고 있다. 원하는 결과를 만들어내기 위해 공학적 사고에 바탕을 둔 정책을 실시하는 데 익숙하다.

예를 들어, 출산율이 하락하면 출산율을 몇 퍼센트까지 끌어올리기 위해 각종 수혜 계층을 선택한 다음에 이들에게 보조금을 지원하는 정책을 사용한다. 결과물 대 투입 요소가 이따금 맞아떨어지는 경우도 있지만 대부분은 결과물을 거두지 못하거나 거두더라도 상당한 자원을 낭비하는 결과를 낳게 된다. 출산율에는 사람들의 사고방식, 기대 편익과 기대 비용의 변화 등 복잡한 변수들이 개입하게 된다. 우리 사회만 하더라도 돈을 더 투입해서 출산율을 올리는 일은 불가능하다. 그럼에도 정책 담당자들은 얼마를 투입하면 출산율이 얼마나 반등할 것이라는 믿음을 지금도 버리지 않고 있다. 젊은이들은 더 이상 장기적인 관계를 요구하는 결혼과 출산에 미련을 두지 않는다. 젊은이들은 더 이상 희생이나 헌신과 같은 덕목에 가치를 두지 않는다. 이들 외에 주거비 부담, 교육비 부담, 취업난 등 복잡한 요소들을 사회공학에 익숙한 사람들은 고려하지 않는다.

주류 경제학에서 즐겨 인용하는 케인스 식 정책 운용은 대부분 공학적 방식에 기초하고 있다. 이른바 투자승수 효과에 기초한 정책들이 어느 국가에서나 광범위하게 실시되고 있는 상황이다. 금리를 낮추면 투자를 활성화할 수 있다면, 기대하는 정책 효과를 거두기 위해 얼마 정도 금리를 낮출 것인가라는 점이 초미의 관심거리가 되곤 한다. 거시 경제를 운용하는 정부가 완전히 수수방관하고 있을 수는 없다. 금리를 떨어뜨리면 경제주체들이 싼값에 투자 자금을 얻을 수 있으므로 투자를 활성화하고 경기를 부양하는 효과를 낳을 가능성이 있기 때문이다.

그러나 이처럼 어느 정도 성과를 거둘 수 있는 경우도 있지만 아주 구체적으로 특정 산업을 일으키기 위해 정부 개입을 일상화하는 일도 드물지 않게 일어난다. 유독 우리나라가 그런 경향이 강하다. 단임제하에서 새로운 정부가 등장하면 섹시한 슬로건을 내걸고 짧은 시간 안에 정책 효과를 기대하는 전시성 프로젝트를 거국적으로 실시한다. '창조경제'를 예로 들어보자, 본래 창조라는 것은 국가 개입으로 만들어내는 대상이 될 수 없다. 정부 개입이 창조하는 환경을 조성하는 일에 초점을 맞춘다면 이는 환영할 만하다. 그러나 돈을 뿌려서 창조를 만들어낸다는 발상은 이해하기 힘들다. '임금 주도 성장'이나 '소득 주도 성장'은 경제학을 공부한 사람으로서 참으로 이해하기 힘든 이론이자 정책이다. 임금이나 소득이란 생산성 향상의 결과물이 아닌가! 실시되기 이전부터 부작용이 예상되었고, 실행 이후에 부작용이 측정할 수 없을 만큼 퍼져나가도 "문제가 없습니다"라는 발언만 계속될 뿐이다.

정치가가 재임 기간에 기대하는 정책 효과를 이끌어내려는 욕심을 내는 것을 나무랄 수는 없다. 그러나 그런 정책이 유발할 수 있는 자원 낭비와 시행착오를 줄이기 위해서는 이론의 도움을 받아야 한다. 이론은 어떤 정책을 직접 실행해보기 전에 미리 그 효과를 전망하는 데 도움을 준다. 한국에서 새 정부가 들어설 때마다 어김없이 등장하는 프로젝트는 이론을 통해 검증받은 현실적인 정책이라기보다는 정치적 구호와 슬로건을 달고 누군가에게 돈을 나누어 주는 경기 부양책 성격이 강하다. 우리가 뭔가를 하고 있다는 사실을 사람들에게 보여주는 전시 효과가 유일한 목표처럼 보인다.

수많은 사람의 상호작용으로 이루어지는 익명 사회에서는 공학의 세계처럼 무엇을 투입하면 기대하는 결과물이 그대로 나오지 않는다. 왜냐하면 상호작용이 이루어지는 세상은 열린 세계이기 때문이다. 열린 사회를 대상으로 사회적 실험을 해서는 안 된다. 부작용과 사회적 비용이 너무 크기 때문이다. 그렇다고 정부가 손을 놓으라는 이야기는 아니다. 열린 사회에서 최상의 정책은 경제주체들이 자유롭게 활동할 수 있도록 관료나 정치가가 행사할 수 있는 권한을 되도록 줄여나가는 것이다. 규제 완화나 규제 철폐는 곧 관료나 정치인의 권한 축소를 뜻한다. 거대정부로 가는 것은 곧바로 규제를 늘려가는 것과 같으며, 그것은 곧 공무원 숫자를 늘리는 것과도 일치한다.

좌파적 사고와 정책 그리고 계획

익명 사회에서 통제에 대한 열망에 바탕을 둔 계획 일변도의 좌파적 정책은 시작부터 실패할 수밖에 없는 운명에 처하게 된다. 선택의 문제가 아니라 옳고 그름의 문제라 할 수 있다. 그러나 한국 사회에서 경제에 관한 한 좌파건 우파건 간에 좌파적 사고의 덫에서 벗어날 수 있는 가능성은 그다지 높아 보이지 않는다. 복잡하기 짝이 없는 시장경제를 통제하려는 열망을 버려야 한다. 그리고 짧은 시간 안에 기대하는 정책 효과를 거두려는 열망을 버릴 때 기대하는 성과에 다가설 가능성이 높다.

일자리라는 것이 전광판을 설치한다고 해서 만들어낼 수 있는 것이 아니다. 세금으로 만들어내는 일자리는 만들 수 있을지 모르지만 민간이 주체가 되는 진짜 일자리, 즉 제대로 된 일자리는 전광판을 세우고 관계 장관을 독려한다고 해서 만들어지기 쉽지 않다. 익명 사회의 복잡함과 시장에 대한 이성의 한계를 깊이 인지하는 사람이라면 되도록 내려놓는 쪽으로 정책 방향을 선택할 것이다. 역설적으로 권한을 내려놓고 경제주체들을 자유롭게 활동하도록 내버려둘수록 의도하지 않았지만 오히려 정책 효과를 거둘 수 있다.

돈을 투입해서 일자리를 만들어내고 돈을 투입해서 기대하는 성과를 만들어내는 것의 빛과 그림자를 정확하게 이해해야 한다. 시장에 개입하거나 영향력을 발휘할 수 있는 사람들이 일자리와 기대하는 성과를 만들어낼 수 있다는 확신을 가질수록 가짜 숫자는 얻을 수 있을지 모르지만 진짜 숫자를 얻기는 힘들다. 가짜 숫자를 얻기 위해 투입하는 자원은 또 얼마나 막대한가! 뭔가를 해야 한다는 의무감에다 익명 사회를 대상으로 뭔가를 단시간 내에 만들어낼 수 있다는 좌파적 사고의 뿌리는 깊기만 하다. 단임제와 맞물려 한국 사회는 앞으로도 자원을 잡아먹는 새로운 프로젝트들을 계속해서 만들어낼 것으로 보인다. 그런 프로젝트들은 차곡차곡 자원 낭비로 귀결되고 그 결과 한국 사회를 위기로 몰아넣을 것이다. "우리가 통제할 수 있는 영역을 과감하게 축소하고 말겠다"는 정치 세력은 우리 사회에서 영원히 등장하기 힘든 것일까? 소규모 집단 사회의 닫힌 세계에서나 가능했던 통제와 관리가 가능하다는 믿음에서 벗어나지 못한다면 영원히 좌파적 사고의 덫에서 벗어나기 힘들 것이다.

4장

시장과 좌파적 사고

"좌파적 사고는 경쟁에 우호적이지 않다. 격차의 확대와 부침을 낳는 시장경제의 드라마틱한 경쟁 과정에 그다지 우호적이지 않다. 되도록 통제 가능한 정부의 영역 내에 많은 부분이 들어오도록 만드는 데 관심을 갖는다."

* *

대규모 익명 사회는 시장경제를 통하지 않고는 다양한 경제문제를 해결할 수 없다. 인류는 그런 진리를 20세기 동안 엄청난 사회적 비용을 치르고 난 다음에야 비로소 깨우쳤다. 20세기 100년은 시장을 대체하는 계획을 향한 열망이 용솟음친 시대였다. 어느 시대나 유행하는 사상이나 이념이 있게 마련인데, 특히 계획을 통한 자원 배분이 인기를 끈 때는 2차 세계대전을 전후한 시기였다. 신생 독립국들은 물론이고 영국처럼 자유주의 종주국의 지도자들과 시민들조차 그러한 계획이 제시하는 환상에 눈이 가렸다.

사람들이 태생적으로 시장경제에 우호적이기는 쉽지 않다. 특히 좌파적 사고는 계획이나 정부 개입에 우호적이며 시장경제가 빚어내는 다양한 부작용에 과한 비판을 가하는 경향이 있다. 시장경제에 대한 믿음은 특별한 사람에게 주어지는 특별한 선물과 같은 것이다. 시장경제는 훈련이나 교육을 통해서 이해할 수 있거나 아니면 직접 본인이 기업가적 삶을 체험하면서 이해할 수 있다.

일찍이 하이에크는 대기업에 근무하는 사람들조차 반자본주의 심리에 젖어들 가능성이 높다는 점을 지적한 적이 있다. 직접 고객과 접촉하는 지점에 있지 않은 사람들, 특히 조직 질서에서 오랫동안 생활할 수밖에 없는 사람들이 시장질서와 같은 자생적 질서에 우호적인 시각을 갖는 것은 쉬운 일이 아니다. 한국 사회에서 빈번히 자본주의에 대한 비난이 고조되는 이유나 자본주의의 새로운 대안을 찾으려는 관심이 반복적으로 제기되는 이유도 이런 차원에서 이해할 수 있다. 여기서는 시장 관점에서 좌파적 사고의 10가지 특징을 정리한다.

경쟁에 우호적이지 않다

"경쟁 자체를 보호하기보다는 경쟁자들을 보호하는 데 초점을 맞춘다."

"아이들이 시험 준비하느라고 힘들기 때문에 아예 시험 자체를 없애는 것이 좋겠습니다." 이처럼 이해하기 힘든 정책을 실제로 초등학교와 중학교 교육과정에 적용하는 교육 담당자들을 보면서 느끼는 감정은 놀라움 그 자체다. 여기서 일부 사람이 갖고 있는 경쟁에 대한 관점, 즉 경쟁관(競爭觀)을 확인할 수 있기 때문이다. 그들의 경쟁관에는 경쟁은 힘든 것, 경쟁은 피곤한 것, 경쟁은 피해야 할 것, 경쟁은 바람직하지 않은 것 등과 같은 설명을 덧붙일 수 있다.

왜, 경쟁은 불가피한 것일까? 경제문제에 접근할 때 우리가 기꺼이 받아들여야 할 중요한 원칙은 자원은 늘 한정되고 부족할 수밖에 없다는 불변의 사실이다. 모든 사람이 상품이나 서비스를 넉넉하게 나누어 가질 수 있다면 처음부터 경제문제 자체가 존재하지 않을 것이다. 경제문제는 희소성에서 비롯된다. 물자든 돈이든 시간이든 모든 자원은 희소하다. 희소하기에 더 생산적인 용도에 배분해야 한다. 더 생산적인 용도에 배분하려면 경쟁이 불가피하다. 마치 우리가 시간이나 돈을 개인적으로 사용할 때도 희소하기 때문에 사용 용도를 둘러싸고 경쟁이 벌어지는 것과 마찬가지다. 우선순위가 높은 것을 선택하면 다른 것을 포기하게 된다. 누구든 모든 것을 동시에 다 가질 수 없는 일이다. 그것이 세상을 움직이는 이치다.

경쟁을 향한 계획

자원이 희소하기에 경쟁이 불가피하다는 것은 현대 자본주의 체제에서 살아가는 사람들에게 불변의 진실에 해당한다. 이처럼 경쟁을 삶의 한 부분으로 그리고 자연스런 과정으로 받아들이는 사람이라면, 경쟁이 가져올 수밖에 없는 피로감 등을 이유로 경쟁을 제도적으로 방지하는 잘못을 범하지 않을 것이다.

지나친 경쟁을 이유로 시험을 없애려는 발상을 하는 담당자라면 좌파적 사고에 익숙한 사람일 가능성이 높다. 그리고 아마도 그는 자신이 시험을 준비하던 젊은 날의 경험에서 귀한 지혜를 배우지 못한 사람일 것이다. 아무리 오랜 기간 공부했더라도 배운 내용을 자기 지식으로 체계화하는 과정은 시험을 준비하는 짧은 기간에 이루어진다. 상당한 압박감이 주어진 상황에서 그동안 배운 것이 체계화되고 조직화되고 자기 지식으로 정리 정돈된다. 두뇌 속 이곳저곳에 어지럽게 흩어져 있던 지식의 조각들이 시험 준비 과정을 통해서 통합되고 조직화되고 체계화된다. 아무런 긴장감이 없는 상태에서 제법 긴 시간 동안 수업을 듣는다고 하더라도 기대한 지식을 축적할 수 있을지에 대해서는 회의적이다. 시험 준비처럼 집중적으로 정리하는 과정이 없다면 두뇌 곳곳에 조각 지식들이 흩어져 있을 것이기 때문이다. 따라서 시험이나 시험과 비슷한 유형의 정리 과정 없이 행하는 학습은 효율성이 현저하게 떨어질 수밖에 없다.

치열한 경쟁 압력이 없는 시장은 시장으로서 기능을 제대로 수행할 수 없다. 경제주체들은 치열한 경쟁 과정을 거치며 비로소 혁신과 개선 그리고 창조를 통해 더 나은 상품이나 서비스를 만들어 낸다. 경쟁자보다 고객에게 더 나은 봉사를 할 수 있을 때 고객의 선택을 받을 수 있다. 이처럼 시장은 대단히 민주적이다. 과거가 어떠했든지 간에 시장은 순간순간 고객을 선택하는 과정으로 이루어진다. 시장만큼 솔직하고 민주적인 과정이 없다. 시장은 민주화의 전형이다. 그가 어디 출신이든, 그가 어떤 사람이든, 그가 어떤 학벌을 가졌든 선택을 내리는 고객에게는 별반 중요한 고려 사항이 아니다. 고객이 원하는 가격과 품질, 그 밖의 기능 등에서 경쟁사를 압도하고도 남는 상품과 서비스를 제공하는 경제주체만이 고객의 선택을 받을 수 있다.

따라서 정부가 세상을 이롭게 하기 위해 궁리하는 모든 정책은 '자유를 향한 계획(Planning for Freedom)', '경쟁을 향한 계획

(Planning for Competition)'이어야 한다. '친경쟁적인가, 아니면 반경쟁적인가?'라는 것이 좋은 정책이나 제도를 판단하는 결정적인 잣대다. 그러나 경쟁은 공동생산과 공동분배를 축으로 하는 소규모 집단 사회에서는 존재하지 않았다. 경쟁을 이해하거나 바람직한 것으로 받아들이는 것은 본능으로 타고나는 것은 아니다. 경쟁이 본격적으로 출현하기 시작한 것은 인류 역사를 24시간으로 환산하면 불과 3분에 지나지 않는다. 따라서 경쟁은 후천적인 교육이나 체험을 통해서 배워야 하고 깨달아야 하는 것이다. 배워야 하는 모든 것이 그렇듯이 배움을 통해 경쟁에 우호적인 시각을 가지려면 이성이나 논리 그리고 노력의 도움을 받아야 한다.

경쟁에 익숙하지 않은 사람들

좌파적 사고는 본능으로서 물려받지 못한 경쟁에 그다지 우호적이지 않다. 물려받지 않았기 때문에 또는 비우호적인 생각을 갖고 있기 때문에 다수의 사람들은 경쟁의 부정적인 측면에 지나치게 집중하는 경향이 있다. 고객을 향한 경쟁은 그 자체만으로 고단하다. 더 많은 시간을 투입해야 하고, 더 많이 집중해야 하고, 휴식이나 여가의 일부 혹은 상당 부분을 포기해야 하고, 자신의 에너지를 본업에 쏟아부어야 한다. 학창 시절 시험을 잘 보기 위해 밤을 새워가며 공부한 것처럼 경쟁에서 승리하려면 치열하게 노력해야 한다. 세상의 모든 귀한 것이 그렇듯이 거저 얻을 수 있는 것은 없다. 경쟁은 헌신과 희생을 요구한다.

경쟁의 피곤함과 고단함에 주목하는 사람들은 경쟁의 부정적인 측면을 강조하는 경향이 있다. 앞에서 학생들에게 시험을 치는 과정을 없애버리자고 주장하는 일부 교육 담당자들은 시험이라는 경쟁이 유발하는 피곤함을 제거하는 것이 올바르다고 생각할 것이다. 그러나 피곤함은 고객들에게 유익함과 기쁨의 원천이 된다.

좌파적 사고에 익숙한 사람들이 주목하는 경쟁의 또 한 면은 부침과 관련되어 있다. 경쟁은 인정사정 봐주는 것이 없다. 누구를 잘 알기 때문에 봐주고 말고 하는 것이 경쟁이 아니다. 경쟁은 그가 어떤 사람이든지 간에 오로지 가격, 품질, 성능, 그 밖에 고객이 원하는 것을 기준으로 판단한다. 인격적인 판단이 아니라 비인격적인 판단을 내린다. 잘 아는 사람이라면 "이것 좀 봐주세요"라고 부탁할 수도 있다. 그러나 경쟁에는 그런 것이 아예 허용되지 않는다. 어떤 면에서는 무자비하다는 표현을 사용할 수 있을 정도다.

경쟁은 필연적으로 승리하는 자와 패배하는 자를 낳게 된다. 패배하는 자는 무대에서 내려와야 하고 다른 길을 찾아야 한다. 시장경제 사회에서 패배한다는 것은 당사자에게는 직업을 잃는 것을 의미한다. 사람들이 주목하는 것은 눈에 보이는 패자의 슬픈 모습이다. 패자뿐만 아니라 패자와 관련된 가족들의 생계 수단이 날아가버리는 것에 주목한다. 무엇인가를 잃어버리는 것은 슬픔이고 고통이다. 그러나 비생산적이고 비효율적인 기업이 망함으로써 자원이 더 생산적인 용도로 재배치되어 사회적으로 더 나은 결과를 얻을 수 있다는 것도 옳은 이야기다. 당사자나 당사자를 바라보는 사람에게는 바다 건너 이야기처럼 가슴에 와닿지 않는 이야기겠지만 말이다.

경쟁의 보호 대 경쟁자의 보호

좌파적 사고에 익숙한 사람들은 알게 모르게 경쟁 그 자체를 보호하기보다는 경쟁자를 보호하는 성향이 강하다. 패배자를 구하는 것이 더욱 인간적이라는 생각은 좌파적 사고에 익숙한 사람들에게서 흔하게 관찰할 수 있는 믿음이다. 특히 패배하는 자가 고용을 많이 하고 있거나 특정 지역에 타격을 줄 가능성이 높거나 장치산업의 성격이 강한 경우에는 어김없이 경쟁자를 보호하는 성향을 보인다. 특히 어떤 기업이 경쟁에서 밀려 갑자기 일자리를 잃어버리는 사람들이 많을 것으로 우려될 때는 정치가 개입한다. 정치인들은 경쟁자를 보호하려는 노력을 적극적으로 기울인다. 이따금 막대한 보조금을 쏟아부어 기업을 회생시키는 경우가 있는데, 대체로 보조금은 경쟁에 패배한 기업을 살리는 일에 투입된다. 좌파적 사고를 가진 사람들이 관심을 갖는 것은 경쟁의 보호가 아니라 경쟁자의 보호이며, 이때 보호의 대상은 정치적 편익에 따라 결정된다.

얼마 전 미국을 여행하던 길에 잘 만들어진 젓가락 세트를 구입할 기회가 있었다. 젓가락 세트가 2달러도 안 되는 가격에 팔리고 있었다. 그걸 보면서 '이런 가격으로 이런 제품을 만들어낼 수 있다면 한국산이 설 자리가 어디에 있을까?' 하는 걱정이 들었다. 물론 한국 기업이 그런 단순한 상품의 생산을 포기한 지 제법 됐지만 질 좋은 젓가락을 눈앞에 둔 고객 입장에서는 경쟁의 실체를 확인할 수 있는 기회였다.

좌파적 사고는 경쟁에 그다지 호의적일 수 없다. 또한 좌파적 사고에 익숙한 사람들은 경쟁에서 도태되는 사람들에게 주목하는 경향이 강하며, 이런 경향 때문에 경쟁자를 보호하는 정책이나 제도를 도입하는 데 적극적이다. 경쟁이 자원을 최적으로 배분하는 데 반드시 필요한 과정이라는 것을 설령 머리로는 이해할지라도 경쟁을 가슴으로 받아들이기 힘들어한다. 특히 경쟁을 직접 체험해보지 못한 지식인들 가운데 이런 경향을 보이는 사람을 만나는 일은 어렵지 않다.

시장과 관련되어 경쟁을 바라보는 시각은 좌파적 사고를 가진 사람인지 아닌지를 가늠해볼 수 있는 중요한 잣대다. 그만큼 경쟁을 바라보는 시각은 좌파적 사고와 우파적 사고를 가르는 중요한 분기점이다. 경쟁의 순기능을 논리와 이성과 합리 그리고 노력을 통해 배우지 않으면, 좌파적 사고나 좌파적 사고의 경쟁관을 벗어날 수 없다. 어떤 사회든지 다수가 좌파적 사고를 선택하면 경쟁보다는 경쟁자를 보호하는 정책이나 제도가 '사회정의 실현', '평준화 달성', '서열화 반대' 혹은 '격차 축소' 등과 같은 근사한 명분을 걸고 쏟아져 나오게 된다.

부침과 도태가 필수적임을
받아들이지 않는다

"변화로 인한 승자와 패자를 기꺼이 받아들이지 않는다."

시간은 흐르고 모든 것은 변한다. 과거에는 최상으로 적응한 자가 현재는 어떤지를 누구도 확신할 수 없다. 시장 참여자들에게 보장되는 것은 어떤 것도 없다. 계속해서 줄이고, 조이고, 혁신하고, 변신하지 않으면 어느 순간에 도태되는 딱한 상황에 놓일 수 있다.

본능으로 미루어 보면 변화와 변신은 인간에게 익숙한 것은 아니다. 인류가 소규모 집단생활을 할 때 그 사회의 구성원들은 정적인 환경에서 살았다. 수렵 채집 장소는 정해져 있었을 것이다. 계절의 흐름에 따라 수렵 채집하는 장소나 방법은 현대와 비교할 수 없을 정도로 느릿느릿 변하거나 어쩌면 거의 멈춰 선 사회였을 것이다. 사냥터도 익숙한 장소였다. 동물이 이동하는 경로는 비슷했을 것이고 부족 연장자들의 경험이 가르쳐주는 지혜에 맞추어서 일사불란하게 움직이면 사냥에 성공할 가능성을 높일 수 있었을 것이다. 경제사학자들이 작성한 그래프를 보면 24시간에 비유한 인류 역사의 23시간 57분 동안 인류의 삶은 거의 정체되어 있는 것에 가까웠다. 성장률이 이후 3분에 비해서 현저히 낮았다.

거의 멈추어 있었던 긴 시간들

시간이 느릿느릿 흐르는 시대였고 변화도 조금씩 이루어지는 시대였다. 거의 멈추어 서 있는 듯한 시대와 환경에서 변화라는 것은 상상할 수 없는 대단히 새로운 현상일 것이다. 기술 변화의 속도를 종축에 그리고 시간의 흐름을 횡축에 배치한 그래프는 인류가 걸어온 아주 오랜 세월 동안 기술 변화가 거의 정체되어 있었음을 보여준다. 그만큼 변화가 없었던 시기였다는 것을 말해준다. 따라서 인류가 변화에 대해 어떤 특별한 시각을 갖는 것은 익숙지 않은 일이었다. 쉽게 말하면 인간은 태생적으로 변화를 수용하고 그에 적응하는 특별한 능력을 전수받았을 가능성이 낮다.

그러다가 마침내 요동치는 듯한 세상의 변화에 사람들이 노출되기 시작한 시점이 다가왔다. 생산성이 증가하면서 인구가 증가하고 교역이 활성화되고 도시가 팽창하기 시작했다. 과학 및 기술과 관련해서 대규모 변화가 몰려오기 시작한 것은 산업혁명을 전후한 시기였다. 변화에 친숙하지 못했던 사람들은 본능적으로 반응했다.

변화에 대한 저항이 극적으로 표현된 사건이 산업혁명을 전후해서 벌어진 러다이트운동이다. 근로자들은 변화를 가져오는 원흉이 기계라고 판단했고, 기계를 파괴하는 움직임에 동참한다. 근로자들의 절박함은 변화에 대한 보통 사람들의 반감과 두려움을 대표한다.

본능으로 물려받은 것이 아니기에 변화는 이해하기 힘들 뿐만 아니라 변화에 적응하는 것은 더더욱 힘든 일이다. 변화를 받아들이고 적응하기 위해서는 이성적인 노력을 통해서 변화를 이해하려고 노력해야 한다. 그리고 제대로 된 변화관, 즉 변화를 바라보는 관점을 정립할 수 있어야 한다. 변화관은 변화를 체험하면서 스스로 정립하게 되는데, 이는 물려받은 것이 아니라 후천적으로 취득한 관점에 해당한다. 특별한 노력이 더해지지 않으면 보통 사람들은 변화를 적대적이거나 비우호적인 시각으로 바라보기 쉽다.

예를 들어, 큰 사업이든 작은 사업이든 자기 사업을 하는 사람들을 생각해보자. 이들은 변화에 관한 한 좌파적 시각을 가진 사람들과 다른 시각을 보인다. 그들은 직접 상품이나 서비스를 생산하고 교환하면서 살아가는 사람들이다. 그들은 고객들의 선호가 계속해서 변화해가는 것을 자연스럽게 받아들일 수밖에 없다. 그들은 세상의 변화를 온몸으로 체험하는 사람들이다. 그들은 기술발전이 야기하는 변화를 빠르게 채택할 수 없다면 도태될 수밖에 없다는 사실을 머리만이 아니라 가슴으로 받아들인다. 이들은 변화는 불가피한 일이며 승리하는 자가 되기 위해서는 계속해서 변화해야 한다는 사실을 당연하게 받아들일 것이다.

이들과 반대편에 서 있는 사람들을 상상해보자. 자신의 노력에 따라 성과가 연동되지 않는 분야에서 정해진 날짜가 되면 꼬박꼬박 봉급을 받는 이들이 적합한 사례가 될 것이다. 그들 가운데 다수는 변화를 몸소 체험할 기회가 상대적으로 적다. 그들이 접하는 변화는 신문 지상에 등장하는 이야기거나 이웃들이 망하는 이야기 정도일 것이다. 경제가 어렵다는 이야기를 듣더라도 별로 가슴에 와닿지 않는다. 경제 상황이 좋든 나쁘든 말일이 되면 봉급이 계좌로 들어오기 때문이다. 스스로 수입을 만들어내야 하는 사람과 정해진 날짜에 수입이 들어오는 사람 사이에 변화를 바라보는 시각의 차이가 존재할 가능성은 제법 높다.

우리나라는 유독 자영업자의 비중이 높은 편이지만 그럼에도 정액 봉급으로 살아가는 사람이 여전히 다수를 차지한다. 이들은 후천적인 교육이나 개인적인 성찰과 경험을 통해서 변화관을 채택하지 않는다면 타고난 본능이 우월적인 지위를 차지할 가능성이 높다. 보통 사람들이 변화에 비우호적인 시각을 가질 가능성이 높다는 점은 중요하다. 이는 좌파적 사고가 사람들에게 인기를 끌 가능성이 높음을 말해주기 때문이다.

좌파적 사고는 닫힌 세계에 뿌리를 두고 있다. 좌파적 사고는 역동적인 변화가 휘몰아치는 환경과 함께하지 않는다. 좌파적 사고의 뿌리에 해당하는 소규모 집단 사회는 모든 것을 예상할 수 있고, 변화다운 변화가 드문 환경에 처해 있었다. 역동적인 세상을 직접 체험해볼 기회를 갖지 못한 대다수 사람들의 변화관은 좌파적 사고와 친숙하다. 좌파적 사고가 갖고 있는 변화관의 정반대 쪽에 우뚝 서 있는 우파적 사고의 변화관은 '변화는 삶과 사업의 한 부분'

이라는 것이다.

가슴에 와닿지 않는 세상 변화

좌파적 사고는 학습보다 본능의 손을 들어준다. 좌파적 사고에 익숙한 사람들은 살아간다는 것 자체가 변화와 직간접으로 연결되어 있다는 사실을 머리로는 이해할 수 있을지 모르지만 가슴으로 받아들이기는 쉽지 않다. 그들은 삶이 지닐 수밖에 없는 불가피한 변화를 있는 그대로 받아들이기가 쉽지 않다. 특히 변화가 야기하는 부침 현상에 가슴 아파하는 경향이 있다. 원하지 않더라도 변화는 계속해서 떠오르는 자와 내려앉는 자를 만들어낸다. 그것이 삶의 피할 수 없는 불편한 진실이며 이를 기꺼이 받아들일 수 있을 때만이 건설적인 출구를 찾아낼 수 있다.

그러나 좌파적 사고는 구조적으로 정태적 세계에 익숙하기 때문에 동태적 세계가 빚어내는 각종 변화를 냉철하게 받아들이기 쉽지 않다. 그래서 변화를 팩트로 받아들이지 않고 감정으로 받아들이는 일이 자주 일어난다. 예를 들어, 불행한 사건이나 사고에 대해서도 마찬가지다. 그런 사건이나 사고도 예상치 못한 변화의 하나다. 그런 일이 일어나는 것 자체가 가슴 아픈 일이긴 하지만 삶에서 불행한 사건이나 사고를 완전히 피할 수는 없다. 좌파적 사고는 이를 받아들이기가 쉽지 않다. 그래서 좌파적 사고에 익숙한 사람들은 어찌할 수 없는 사건에 대해서조차 "절대로 일어나지 않아야 하는 사건이었다"는 말을 계속해서 반복하는 경향을 보인다. '절대로 일어나지 않아야 할 사건'도 세상에서는 일어날 수밖에 없다는 사실을 받아들이지 못하는 것이다.

변화를 있는 그대로 받아들이기 위해서는 이성의 활동이 특별히 필요하다. 변화가 삶과 세상의 불가피한 현상이라는 점을 이해할 수 있어야 한다. 변화하지 않으면 치러야 할 비용이 얼마인지를 스스로 가늠해볼 수 있어야 한다. 누가 변화에 대한 책임을 져야 하는지에 대해서 솔직히 답할 수 있어야 한다. 변화로 인한 비용 가운데 자신이 기꺼이 지불해야 할 몫이 얼마인지를 스스로 인정할 수 있어야 한다.

좌파적 사고를 가진 사람들은 변화를 쉽게 받아들이지 못하기 때문에 구조조정에 대해서도 우호적이지 않다. 그들은 눈으로 목격할 수 있는 일터를 잃는 사람들의 고통에 주목한다. 더욱이 많은 표가 연결되어 있는 경우에는 어김없이 그들이 속한 기업은 물론이고 지역을 보호하는 보조금 지원 정책을 신속히 만들어낸다. 그들 자신도 그런 조치들이 일으키는 폐해를 충분히 알고 있지만 득표 때문에 그런 막대한 비용을 부담하는 보조금 지원 정책을 실시하는지, 아니면 보조금 지원 정책 자체가 올바르다고 생각하기 때문에 이를 고집하는지는 확실히 알 수 없다. 일부는 전자 때문에 그런 조치를 취할 것이고, 일부는 후자 때문에 그런 조치를 취할 것이다.

이제까지 조선회사 가운데 A사와 B사에 각각 수조 원의 돈이 투입되었지만 A사는 결국 청산 절차를 밟게 됐다. 반면에 B사는 회생의 기회를 갖게 됐다. 정부가 A사에 보조금을 지원할 것인지 아닌지를 결정하는 단계에서 엄격한 평가가 내려졌을까? 이런 질문을 던져보면 수조 원이 투입되기 이전에 엄격한 평가 작업이 이루어졌을 가능성은 낮다. 결국 윗선에서 살려야 한다는 판단을 내리고 나면 이를 전문가들이 뒷받침하는 형식을 취했을 것이다.

　A사에 투입된 수조 원의 돈은 버린 돈이 되어버렸다. 결국 납세자가 지불한 지원금이 버려진 돈으로 결론 나고 만 것이다. 유독 우리나라에서는 구조조정과 관련해서 정부가 직간접으로 개입하는 일들이 비일비재하게 일어나는데, 한 가지 원인은 여전히 금융이 정부의 영향력하에 놓여 있기 때문일 것이다. 상당한 규모의 대출금이 물린 금융권의 피해를 줄여보기 위해 구조조정에 소극적인 것도 한 가지 이유가 될 것이다. 경제개발 시기에는 차관 도입으로 지은 공장이 부실화되면 대외 신용도에 영향을 줄 수 있기 때문에 정부가 깊숙이 간여할 수밖에 없었다. 지금은 상황이 많이 달라졌지만 여전히 구조조정 과정에서 정부 개입이 빈번히 이루어지고 이들은 대부분 쓸모없는 일을 만드는 것으로 귀결되고 만다.

　좌파적 사고는 기본적으로 '온정적'이다. 흔히 '인간적'이라는 표현을 사용하는데, 실상을 보면 이런 표현이 적절한 것 같지는 않다. 익명 사회에서 도산 처리해야 할 회사의 수명을 연장시키면 결국 납세자들이 막대한 비용을 지불해야 한다. 납세자들이 이런 비용 지불을 납득할 수 있을까? 과연 이런 조치를 두고 '인간적'이라는 표현을 사용할 수 있을까? 오히려 구조조정을 지연하는 조치는 '비인간적'이라고 표현해야 더 적합할 것이다. 왜냐하면 대부분은 귀한 자원을 낭비하기 때문이다. 경쟁력을 잃고 문을 닫는 기업에 속한 근로자들이 당하는 고통은 대다수 사람들의 두 눈에 쏙 들어온다. 하지만 두고두고 치러야 할 막대한 비용은 쉽게 보이지 않기 때문에 무시하고 넘어가는 사람들이 많다. 좌파적 사고가 늘 지지를 받을 수밖에 없는 중요한 이유다.

경제주체들의 문제 해결 능력을 과소평가한다

"누군가 나서서 문제 해결을 돕는 빅 브라더(Big Brother)를 은연중에 인정한다."

어떤 사건이 터졌을 때 그 책임의 상당 부분이 나랏일을 맡은 사람들에게 향한다. 그런 사람들 가운데서도 최고위층이 집중적으로 공격을 받는 일들이 일어나는 것을 자주 목격하게 된다. 이런 일은 왜 생겨나는 것일까? 과학은 사람들에게 자연재해의 원인과 그 결과에 대해 상세한 설명을 해준다. 가뭄, 폭우, 지진, 쓰나미, 허리케인 등과 같은 자연재해가 어떤 요인들 때문에 발생했는지에 대한 과학의 설명은 그런 사건들에 대한 인간의 이해 능력을 크게 높였다. 더 이상 지진을 두고, 쓰나미를 두고 공동체의 수장이 책임을 져야 한다고 주장하는 사람은 없다.

지도자에 대한 환상

　　자연재해는 그렇다고 치더라도 인간의 힘으로서는 피하기 쉽지 않은 사고 및 사건에 대한 책임 지우기는 여전하다. 지금도 대형 사건이 터질 때면 어김없이 공동체를 이끄는 사람들에 대한 공격이나 책임 돌리기가 계속되고 있다. 그 원인은 무엇일까? 인간이 걸어온 오랜 세월의 경험을 탐구하면 자연스럽게 그 원인을 알 수 있다. 소규모 집단 사회에서 기근이나 흉년 등이 덮치면 사람들은 집단의 수장에게 문제가 있다는 식으로 이해했다. 삼라만상을 다스리는 신과 직접 통할 수 있는 공동체의 수장이 제 역할을 다하지 못해서 재해가 발생했다고 생각하는 경향이 강했다. 그래서 먼 옛날의 소규모 집단 사회에서 공동체의 수장은 막강한 힘을 갖고 있었지만 그에 걸맞은 책임을 져야 했다.

　　이런 관습이나 믿음은 소규모 집단 사회에 국한된 현상은 아니었다. 절대 권력을 쥔 왕정이 지배하던 시절에도 가뭄이나 흉작과 같은 상황이 발생하면 공동체의 수장은 신에게 딱한 상황을 해결해달라고 간절히 제사를 지내야 했다. 자신과 다른 누군가가 절대적인 힘을 갖고 있다고 믿고 이들에게 의지하려는 인간의 심성은 오늘날에도 별반 달라지지 않았다. 현대인들 가운데 천재지변이 대통령에게 책임이 있다고 주장하는 사람은 없을 것이다. 그렇지만 인간이 막을 수도 있었을 법한 사건이라면 대통령에게 책임이 있다고 목소리를 높이는 일은 선진사회가 아니라면 어디서든 일어날 수 있다.

허리케인이 미국을 강타했을 때 조지 W. 부시 대통령이나 트럼프 대통령의 초기 대응이 미숙했던 탓에 언론으로부터 비판을 받은 적이 있다. 잠시 비난의 목소리가 일었지만 보통 사람들이 이를 지속적으로 그리고 반복적으로 비난의 소재로 삼지는 않았다. 어찌할 수 없는 사건과 대통령의 책임을 뚜렷하게 구분하는 사람들이 다수였기 때문일 것이다. 그러나 같은 사건이 다른 나라에서 일어났다면 대중의 반응이 어떠했을지는 알 수 없다.

사람들은 자신들보다 월등한 권력과 지위를 가진 사람들이 자신보다 모든 면에서 월등한 능력을 갖고 있다고 믿는 경향이 있다. 걸출한 능력으로 이런저런 문제들을 척척 해결할 수 있는 지도자에 대한 환상이 있다. 사실 누군가를 믿고 따르는 것은 불확실하기 짝이 없는 세상을 살아가는 사람들에게 안정감을 주는 순기능이 있다. 아무튼 인간의 본능에는 오랜 세월 동안 이어진 소규모 집단 생활이 남긴 흔적 가운데 하나인 자신과 다른 지도자에 대한 의존 심리가 뚜렷이 남아 있다.

선진사회와 거리가 있을수록 공동체를 이끄는 수장을 특별한 존재로 생각하는 경향이 강하고, 그와 함께 나랏일을 맡은 사람들이 자신을 위해 이것도 해주어야 하고 저것도 해주어야 한다고 믿는 사람들이 많다. 나랏일을 맡은 사람들이 자신보다 더 잘할 수 있다고 믿는 경향도 강하다. 따라서 국가의 권한은 점점 비대해질 수밖에 없다. 사람들이 이 일도 국가가 해주어야 하고 저 일도 국가가 해주어야 한다고 요구하기 때문이다. 공동체 구성원들이 삼권분립이라는 원칙에 따라 헌법질서와 통치구조를 만들어놓았다 하더라도 시간이 갈수록 사람들의 바람이나 선호를 반영하는 모습으로 헌법질서와 통치구조가 변질되어간다. 주로 행정부의 권한이 비대해지는 방향으로 나아가게 된다. 개인이 해결해야 하는 과제들 가운데 점점 더 많은 일들을 나랏일을 담당하는 사람들이 처리해야 하는 것으로 전환하게 된다.

이처럼 대통령의 제왕적 권력이나 거대정부는 두 가지의 조합으로 힘을 받는다. 하나는 소규모 집단 사회의 유산을 고스란히 물려받은 사람들의 본능이고, 다른 하나는 자신보다 월등한 능력을 가진 존재에 대한 믿음이다. 전자는 닫힌 세계에서 집단을 이끄는 지도자가 이것저것에 다 간여해서 해결해준 것에서 비롯된다. 후자는 리더나 지도자는 자신보다 더 유능하게 사회문제를 해결할 수 있으리라는 막연한 환상이나 믿음에서 비롯된다.

이는 현대사회에서 정부 권한의 확대나 축소에 시사하는 바가 크다. 작은 정부가 필요하다는 주장이 설득력을 얻을 때도 있고 제왕적 대통령의 권한을 줄여야 한다는 목소리에 동조하는 사람들도 있다. 하지만 대다수 사람들이 갖고 있는 본능과 탁월한 문제 해결 능력을 가진 자에 대한 믿음과 기대감은 작은 정부를 지속적으로 옹호하기 어렵게 만든다. 작은 정부를 통해 정치권력의 영향력을 줄이기 힘든 것은 이처럼 이데올로기의 문제 때문만은 아니다. 인간 본능과 깊이 연결되어 있는 탓에 작은 정부가 지속될 가능성이 높지 않다. 한마디로 인간의 본성과 심성을 미루어 보면 거대정부를 향한 욕구의 뿌리가 매우 깊다는 말이다.

어찌할 수 없는 것들

익명 사회에서는 소규모 집단 사회와는 비교할 수 없을 정도로 수많은 종류의 사건들이 생긴다. 해난 사고가 발생할 수 있고, 화재사건이 발생할 수 있고, 빈부 격차가 발생할 수 있고, 난치병으로 어려움에 처한 사람들이 발생할 수 있다. 이런 사건들이 터질 때면 언론은 물론이고 일반 대중 사이에 "국가가 이를 해결해주어야 한다"는 목소리가 높아지곤 한다. 비등하는 여론과 비난을 잠재우기가 쉽지 않다.

정치권력은 최우선적으로 사람들의 시급한 요구를 충족해줌으로써 자신들이 통제할 수 있다는 믿음을 제공해야 한다. "그것은 당신들이 알아서 해야 할 일이요!"라고 말했다가는 빗발치는 비난을 피할 수 없다. 사람들은 자신보다 더 큰 힘을 가진 사람들이 이러한 일들을 통제할 수 있고 관리할 수 있다는 확신을 심어주기를 바라기 때문이다. 정치권력을 가진 사람들은 다수의 대중에게 "우리가 문제를 해결할 수 있다"는 믿음과 "우리가 문제를 해결할 충분한 능력이 있다"는 확신을 함께 심어주어야 한다. "그것은 여러분이 알아서 할 일입니다"라는 이야기를 했다가는 무능한 정부 혹은 무능한 정치인이라는 비난을 뒤집어써야 할 판이다.

이런 상황에서 어떤 일이 벌어질 것으로 보는가? 가장 이른 시간 안에 문제를 해결할 수 있는 것처럼 보이는 방안이 고안되고 이를 위해 예산을 확보하고 문제 해결과 관련된 사람들을 뽑는 일이 성급하게 추진된다. 예를 들어, 청년들의 실업 문제가 사회 현안이 되면 나랏일을 맡은 사람들은 신속하게 움직여야 한다. 공무원을 더 뽑든지, 공공기관의 비정규직을 정규직으로 만들든지, 아니면 보조금을 지원해서 잠시 동안이라도 "일자리를 몇 개 만들었습니다"라고 내세울 수 있는 정책을 신속히 만들어서 실행에 옮겨야 한다. 그래야 대다수 사람들이 갖고 있는 불안감을 해결하고 기대감을 충족해줄 수 있다.

마치 무당이 굿을 하는 것과 별반 다르지 않다. 무당의 굿은 실제로 문제를 해결하는 효과는 없지만 굿을 하는 것만으로도 사람들의 심리를 안정시키는 효력이 있다. 수많은 사람의 관심을 끄는 문제에 대한 정부의 해결책을 무당의 굿과 비교하는 것은 다소 불경할 수 있지만, 비유로서는 설득력이 있다. 짧은 기간에 눈에 보이는 효과를 보여주는 정책은 무당의 푸닥거리와 별반 다르지 않다.

급조된 일자리 만들기 정책은 대부분 돈을 투입해서 일자리가 만들어진 것처럼 보이는 효과를 기대한다. 세금을 투입해서 만들어지는 일자리는 대부분 투입되던 세금이 끊기면 마치 아무 일도 없었던 것처럼 사라지고 만다. 무당의 굿이 심리적 안정감을 제공하는 대신에 굿 비용을 치르게 하는 것처럼 일자리 만들기 대책도 투입된 재원을 해당 관계자들이 낭비해버리는 결과를 낳는다. 이런 재원을 확보하기 위해 세금을 거두거나 국채를 발행해야 한다면 이는 더 생산적인 용도에 투입되어 국민총생산을 높일 수 있는 활동을 날려버리는 효과를 낳게 된다.

부글부글 끓는 것 같은 사람들의 불만과 분노를 해소하기 위한 정책들은 대부분 단기 효과와 거대한 자원 낭비로 귀결된다고 보면 틀림없다. 현대사회에서 이런 식의 정책을 집행하는 것은 기우제를 지내거나 무당처럼 굿을 하는 것과 별반 다를 바 없는 일이다.

여기서 우리는 더 근원적인 원인을 들여다볼 필요가 있다. 일반 대중이 문제 해결을 의뢰하는 국가는 어떤 존재인가? 개인을 대신해서 자원 배분을 책임지는 국가라는 기구의 실체는 국가라는 이름의 이면에 있는 관련 부처의 공직자나 관련 정치인일 것이다. 그들이 보통 사람들보다 더 똑똑하고 특정 문제를 해결하는 데 더 유능하다고 보는가? 물론 특정 문제와 관련해 더 똑똑할 수도 있고 유능할 가능성이 없는 것은 아니다. 그러나 그들의 자원 배분은 대부분 정치 원리에 따라 결정될 가능성이 높다. 표에 도움이 되거나 정치적 영향력이 큰 집단에게 이익을 더 많이 보장해주는 쪽으로 자원 배분이 이루어질 가능성이 높다는 뜻이다.

관료나 정치인의 입장에서 보면 대중의 요구가 싫지만은 않다. 이걸 해달라 저걸 해달라는 요구가 늘어나는 것은 곧 자신들이 처분해야 할 자원이나 권한, 영향력이 증가하는 것을 뜻하기 때문이다. 좌파적 사고를 가진 사람들은 사회 구성원들 개개인이 알아서 문제를 해결할 수 있고 해결해야 한다는 믿음이 약하다. 그래서 어떤 문제가 생겨도 "당신들이 알아서 하세요"라는 주장을 좀처럼 하지 못한다. 좌파적 사고의 소유자들은 국가가 빅 브라더의 역할을 맡아서 잘 해나갈 수 있다고 믿는다. 어떤 과제든 국가가 해결해주어야 하고 국가가 더 잘 해결할 수 있다는 확고한 신념을 갖고 있는 것이다.

이러한 좌파적 사고의 특징은 대중의 본능에 기인하는 바가 크다. "우리 대신에 그 문제를 해결해주셔야 합니다"라는 주장을 펼치는 순간부터 권한의 이동이 시작된다. 개인의 손을 떠나서 관료의 손으로, 정치인의 손으로 이동한다. 이는 곧바로 개인의 자유가 관료의 재량권으로, 정치인의 재량권으로 옮겨 가는 것을 뜻한다. 정치나 경제체제가 어떤 모양을 갖든지, 어떤 이름으로 불리든지에 관계없이 좌파적 사고가 득세하면 거대정부로 가는 길을 피할 수 없다.

경제정책의 보이지 않는 효과에 무심하다

"보이는 효과에 집중하며 그 효과를 부풀리는 경향이 강하다."

마음의 눈으로 봐야 볼 수 있는 것이 있다. 육체의 눈에 보이는 것이 전부가 아니다. 인간의 심성에 깊은 흔적을 남긴 소규모 집단 사회에서는 눈에 보이지 않는 것들이 현저히 적었다. 특히 먹고사는 문제와 관련해서 보이지 않는 것들이 현대와 비교할 수 없을 정도로 드물었다. 함께 생산해서 함께 나누는 소규모 사회에서는 의식주와 관련한 것들이 대부분 뻔히 눈에 보이는 것이었다. 창의나 혁신, 교환과 교역은 아주 드물었다. 함께 채집하고 함께 사냥한 물질은 구성원들이 두 눈으로 확실하게 확인할 수 있는 것들이었다. 원시 집단 사회에서 투입 요소는 대부분 노동력이었다.

　먹고사는 문제와 관련한 것들을 모두 눈으로 볼 수 있고 손으로 만질 수 있다는 믿음은 인간이 타고난 본능에서 기인한다. 따라서 마르크스의 노동가치설은 그 어떤 이론보다도 사람들의 심성에 호소력이 컸다. 오늘날 '동일 노동에 동일 임금'과 같은 주장 역시 투입한 물리적 시간이 같으면 보상도 같아야 한다는 것으로, 눈에 보이는 측면을 강조한 주장 가운데 하나다.

눈에 보이는 것에 집중하는 것

원시 본능의 강력한 영향하에 있는 좌파적 사고는 눈에 보이는 것에 주목하는 경향이 강하다. 반면에 눈에 보이지 않는 것의 가치나 중요성은 등한시한다. 이처럼 소홀히 하는 이유는 눈에 보이지 않는 것의 가치를 그다지 높게 평가하지 않기 때문일 수도 있고, 그 중요성을 제대로 모르기 때문일 수도 있다. 원인이 어떠하든 좌파적 사고는 보이는 것들에 필요 이상으로 치우친 사고인 것은 분명하다. 이 같은 사고는 인류가 대규모 익명 사회로 진입하면서 심각한 갈등의 원인을 제공하고 있다. 익명 사회는 보이지 않는 것을 강조하기 때문에 보이는 것에만 집중하는 좌파적 사고와의 갈등과 충돌은 불가피하다.

그러나 자본주의로 운용되는 현대의 익명 사회에는 소규모 집단 사회와 비교할 수 없을 정도로 눈에 보이지 않는 것들이 많다. 특히 경제문제와 관련해서는 눈에 보이지 않는 것들이 압도적인 비중을 차지한다. 새로운 상품과 사업 모델을 개발하는 것과 관련된 혁신과 창조의 실체는 눈에 보이지 않는다. 혁신 과정과 창조 과정이 마무리된 다음에 눈에 보이는 혁신과 창조의 결과물로 드러날 뿐이다. 새로운 기회를 포착하고 고객의 기대에 잘 맞는 상품이나 서비스를 제공하고 리스크를 감당하려고 노력하는 기업가 정신도 눈에 보이지 않는 것이다.

사람이란 익숙한 것과 스스로 중요하고 가치가 있다고 생각하는 것에 관심을 기울이고 그들을 위하는 정책이나 제도를 수립하고 싶어 한다. 마찬가지로 좌파적 사고는 눈에 보이는 것을 보호하고 위하는 정책들에 초점을 맞춘다. 좌파적 사고는 낮은 임금에 시달리는 사람이나 그 밖에 소외된 사람들을 보호하는 것처럼 보이는 정책에 관심을 기울인다. 그리고 누군가를 돕기 위해서 예산을 배분하는 일에 관심을 기울이는데, 이 또한 보이는 정책에 쏟는 관심의 일환으로 이해할 수 있다.

최저임금이 낮은 사람들을 보호하기 위해 최저임금을 급격히 인상하려는 것도 좌파적 사고를 가진 이들의 전형적인 특징을 말해준다. 눈에 보이는 최저임금의 급격한 인상으로 당장 혜택을 받는 사람들이 얼마나 증가할지, 그리고 그들이 최저임금 인상 정책으로 말미암아 어느 정도의 혜택을 받을지는 쉽게 예상 가능하다. 그러나 그들은 이 같은 임금 인상으로 말미암아 사업가로서 새롭게 시장에 진입할 가능성이 있는 사람들이 인건비 인상을 고려해서 시장 진입을 포기하거나 아니면 고용하려는 사람의 수를 줄이는 것은 간과한다. 한 해에 두 자릿수에 해당하는 최저임금 인상이 자영업자의 의욕처럼 눈에 보이지 않는 것을 꺾어버리는 것은 좌파적 사고를 가진 사람들의 눈에 들어오지 않는다. 그들의 눈에는 그냥 돈을 더 받는 사람들만 들어올 뿐이다.

청년 수당도 같은 차원에서 해석할 수 있다. 고단한 청년들을 돕기 위해 몇십만 원에서 몇백만 원에 해당하는 보조금을 지불하는 것이야말로 눈에 보이는 정책의 전형이다. 당장 몇백 명이나 몇천 명의 청년들이 수당으로 도움을 받게 될지는 정책 실시 이전에 쉽게 계산할 수 있다. 그들이 총액 기준으로 얼마만큼의 추가 수입을 일하지 않고 얻게 될지도 쉽게 계산할 수 있다. 그러나 젊은 날부터 대가를 치르지 않고 공돈을 받는 일이 그들의 삶에 어떤 영향을 미칠지에 대해서는 누구도 관심을 기울이지 않는다. 근로 윤리의 퇴색과 같은 것들은 신경 쓸 필요가 없다고 생각하는 사람들도 있지만, 공짜는 항상 부작용을 낳게 마련이다. 사람은 누구든지 간에 보조금으로 인해 의존적인 삶의 양태가 만들어지고 나면 그것이 뚜렷한 습성처럼 굳어지게 된다. 이후부터는 자신의 힘으로 일어설 힘을 잃어버리게 되는데, 이것이 보편적 복지의 어두운 측면이다.

자본주의의 핵심은 눈에 보이지 않는 것

우리 세대만 하더라도 나라가 아이를 키우는 데 직접적인 도움을 주어야 한다고 생각하지 않았다. 지금은 나라가 아이를 키우는 데 상당한 역할을 수행해야 한다고 믿는 사람들이 많다. 나라가 보육, 교육, 주거 등에 들어가는 비용을 절감하기 위해 시스템을 개선하는 일은 필요하다. 그러나 특정 그룹에 직접 일정한 보조금을 지불하는 정책은 일단 시작되고 나면 그 액수에 만족할 사람은 없을 것이다. 받는 사람과 주는 사람들 사이에 끊임없이 갈등이 생길 수밖에 없다. 국가에서 주는 보조금이 충분치 않아서 아이들을 낳아서 키울 수 없다는 주장도 점점 나오게 된다. 이처럼 사람들의 생각이 바뀌는 것은 정책이나 제도가 빚어내는 예상치 못한 일들 가운데 하나다.

"나라가 도와주는 것이 무엇이 문제인가?"라고 반문하는 독자도 있을 것이다. 그러나 국가의 지원이라는 것도 영원할 수는 없다. 국가가 계속해서 물질적 생산을 충분히 만들어낼 수 있다면 괜찮겠지만 늙어가는 사회는 필연적으로 재정적인 위기에 봉착할 수밖에 없다. 근로자를 과보호하는 제도도 마찬가지다. 과보호를 받는 그룹이 얻는 혜택은 당장 눈에 띄는 것들이다. 그러나 그런 과보호로 인해 스스로를 계발하는 일에 익숙하지 않고 의존적인 사람들이 양산되는 것에도 관심을 가져야 한다. 상황이 바뀌어서 더 이상 그가 속한 회사가 그런 과보호를 제공할 수 있는 여력을 상실할 때 오랫동안 과보호에 안주해온 사람들이 지불할 수밖에 없는 비용은 엄청날 것이다. "뿌린 대로 거둔다"는 속담처럼 과보호가 빚어낼 수밖에 없는 안주와 안심으로 인해 기나긴 인생을 살아가며 치러야 할 비용은 우리가 생각하는 것보다 클 것이다.

익명 사회를 지탱하는 자본주의는 초기 단계를 거쳐 고도화되면서 점점 눈에 보이지 않는 것이 상대적으로 큰 비중을 차지한다.

물물교환기부터 시작해서 초기 단계의 교역이나 교환은 주로 보이는 것을 주고받는 것들로 이루어진다. 산업화의 초기 단계에서는 주로 제조업이 주역을 담당한다. 그러나 시간이 흐르고 자본주의가 고도화되기 시작하면 보이는 것의 비중은 줄어들고 보이지 않는 것의 비중이 점점 늘어난다. 고도화된 자본주의사회에서는 만드는 것의 비중이 대폭 줄어들고 생각하는 것의 비중이 현저하게 늘어나게 된다.

좌파적 사고는 경제 하려는 의지나 의욕 그리고 기업가 정신과 같은 것의 가치를 상대적으로 등한시한다. 그것은 눈에 보이는 것이 아니기 때문이다. 누군가를 돕기 이전에 그러한 도움이 그의 의지나 의욕에 어떤 영향을 미칠지를 주의 깊게 생각해봐야 한다. 의지나 의욕 그리고 자립 정신은 대체로 스스로 선택하고 스스로 책임을 져야 한다는 생각이 확연해질 때 생겨난다.

자유가 상실되는 상황이 오면 경제주체들은 새로운 것을 만들어내려는 의지나 의욕을 잃어버릴 수밖에 없다. 자유는 그 자체로 고결한 것이기도 하지만, 자유의 상실이 새로운 것을 만들어내는 것을 방지하기 때문에 자유 그 자체를 절대적으로 보호할 필요가 있다. 정부가 깊숙이 개입하여 획일화된 서비스를 공급하기로 결정하면 어김없이 무기력과 무책임함, 나태함이 생겨나게 된다. 자유는 그 자체가 불확실함과 불안정과 동전의 양면 관계로, 이처럼 불완전하기 짝이 없는 상태에서 눈에 보이지 않는 의욕이나 의지, 정신이나 마음이 활성화된다.

오늘날의 시장경제를 보더라도 새로운 것을 압도적으로 쏟아내는 나라는 미국이다. 사람에 따라 미국이라는 나라를 좋아하기도 싫어하기도 하지만 새로운 상품과 서비스 그리고 사업 모델을 주도적으로 만들어내는 나라라는 사실에는 모두가 동의한다. 한국, 일본 그리고 중국 등과 같은 제조 강국들은 미국이 만든 상품이나 서비스 그리고 사업 모델을 기초로 생산을 통해서 상당한 부를 축적해왔다. 부가가치 사슬 가운데 상부를 차지하는 미국의 힘은 어디서 나오는 것일까? 눈에 보이지 않는 것의 가치와 중요성을 높게 평가하는 관행, 관습 그리고 제도와 깊은 관련이 있을 것이다. 이는 자유를 보호함으로써 얻은 또 하나의 성과물이다.

정치권력을 가진 사람들이 '우리가 할 수 있다'고 생각하는 순간부터 국가의 역동성은 확 낮아진다. 대신에 '그들이 할 수 있다'고 믿고 이를 뒷받침하는 제도 개혁에 착수한다면 역동성을 회복할 수 있다. 생각하는 힘, 포착하는 힘, 일어서려는 각오, 위험을 감수하려는 용기, 더 나은 상태를 만들려는 의지 등은 모두 보이지 않는 것들로 좌파적 사고에 친숙한 것은 아니다. 눈으로 보이는 것은 본능으로 알 수 있지만, 눈에 보이지 않는 것의 가치는 학습과 사유와 각성을 통해 이성으로 배워야 하는 것들이다.

05

경제도 민주화의
대상이 되어야 한다고 믿는다

"경제민주화라는 기치를 내걸고 정부 개입을 늘리는 경향이 강하다."

어떤 용어는 강한 가치판단을 내포하고 있다. 그런 용어 가운데 하나가 '민주화'다. 군부독재에 맞서 민주주의를 쟁취하기 위한 한국인들의 노력은 '민주화 운동'이라는 표현으로 집약할 수 있다. 어느 누구도 민주화라는 용어가 가진 다소의 고결함에 의문을 제기할 수 없을 것이다. 하지만 성역화된 용어라 하더라도 이따금 그 용어가 분별없이 사용될 때 그림자는 없는지를 점검해볼 필요가 있다.

우리 사회에서 경제와 민주화의 합성어인 '경제민주화'라는 용어는 1987년에 등장했다. 헌법 개정 작업이 진행되던 1987년에 여러 논쟁이 있었음에도 당시 여당 국회의원이었던 김종인이 제기했다. 재벌에게 토지와 부가 집중되는 것에 대한 반감에 기초하여 '경

206

제'에다 '민주화'를 더한 합성어가 탄생하게 되고 헌법에 '경제민주화'(헌법 제119조 2항)가 포함된다. 당시에도 주류 경제학을 공부한 사람들을 중심으로 이 용어가 내포한 위험을 경고하는 목소리가 있었던 것이 사실이고, 일부 사람들은 이 조항이 앞으로 미칠 부작용을 경고하기도 했다. 하지만 법 조항이라는 것이 일단 한 번 포함되고 나면 이를 개정하는 것은 쉬운 일이 아니다. 이제 와서 헌법에서 경제민주화 조항을 빼자고 주장하는 사람은 비도덕적이고 비윤리적인 사람으로 간주될 수 있기 때문이다.

경제민주화, 평등을 위한 계획

민주화라는 용어도 사용하기에 따라 다양한 용어로 태어난다. 자유민주주의, 의회민주주의, 민중민주주의, 직접민주주의, 인민민주주의 등으로 사용하는 사람의 의도와 용처에 따라 다양하게 변형된다. 이렇게 민주주의라는 용어가 다양한 시각으로 재해석될 수 있기 때문에 우리는 민주주의 앞에 붙은 수식어를 제거한 채 민주주의의 본래 의미를 새겨볼 필요가 있다. 엄밀한 의미에서 민주주의는 다수결의 원칙에 따라 지도자를 뽑거나 정책이나 제도를 결정하는 제도를 말한다. 국민주권 혹은 주권재민이 민주주의의 본래 의미에 포함되어 있다. 독재자나 일군의 사람들이 모여서 지도자를 뽑거나 정책이나 제도를 결정하는 제도와는 완전히 반대되는 개념임을 이해할 수 있다. 민주주의의 핵심 중에 핵심은 '다수가 원하는 것에 따라서'이다. 그렇다면 민주화를 어떻게 이해할 수 있을까? 민주화는 독재와 달리 다수가 원하는 것에 따라서 지도자를 뽑는 제도가 가능하도록 만드는 활동이다. 여기서도 핵심은 다수결의 원칙이다.

좌파적 사고를 가진 사람들은 민주주의 혹은 민주화에 대해 굳건한 믿음을 갖고 있다. 그들은 경제도 민주화되어야 한다고 믿기 때문에 '경제민주화'라는 용어를 즐겨 사용한다. 경제조차도 민주화의 대상이 되어야 한다고 믿는 것은 곧 경제에도 다수결의 원칙을 적용해야 한다는 것을 의미한다. 좌파적 사고가 선호하는 경제민주화를 깊숙이 들여다보면 그것이 본능에서 비롯된 것임을 쉽게 알 수 있다. 대다수가 원하는 것은 평등이며, 좌파적 사고의 뿌리도 소규모 집단 사회가 추구하던 가치인 평등에서 연유한다. 경제를 민주화하자는 이야기는 곧 경제에도 다수결 원칙을 강제하자는 것을 의미하며, 이는 다수가 원하는 평등을 강제로 구현하는 것을 뜻한다. 좌파적 사고를 가진 이들이 말하는 경제민주화는 경제의 많은 영역에서 '평등을 위한 계획'을 강제하자는 것을 뜻한다.

경제민주화의 의미를 조금 더 심층적으로 이해하기 위해 시장에서의 거래가 어떤 의미를 가지는지 조금 더 상세히 살펴볼 필요가 있다. 보통 사람들이 시장경제에서 살아가는 것은 무엇을 뜻하는가? 소비자로서는 지극히 민주화된 상태에 있음을 확인할 수 있다. 상품이나 서비스를 구입하는 일에는 어떤 강제도 개입되지 않는다. 자신의 자유의사에 따라 가격을 지불하고 상품이나 서비스를 구입한다. 1원이든 10원이든 100원이든 지불한 화폐만큼 평등한 대접을 받는다. 부자의 1원이든 빈자의 1원이든 평등한 대우를 받는다. 대중 소비 시대의 도래는 대단히 민주화된 세상을 우리에게 제공해주고 있다.

생산자로서도 마찬가지다. 전업 및 전직의 자유가 보장된 시장경제 사회의 구성원들은 상대방이 제공하는 보수와 기회에 따라 자유의사를 갖고 선택한다. 고용하는 자와 고용당하는 자의 구분은 있지만 이들 사이의 거래도 대단히 수평적이다. 다시 말하면 고용 관계에서도 평등이 실현된다. 누구도 신분제도나 노예제도가 존재하던 과거처럼 특정 일자리에 묶여 있어야 한다고 주장하지 않는다. 자유의사에 따라 얼마든지 옮겨 다닐 수 있다. 고용에 관한 한 근로자는 더 이상 평등할 수 없는 세상에 살고 있음을 알 수 있다.

경제민주화가 말하는 평등

이렇게 평등해진 세상에서 경제민주화는 무엇을 뜻하는가? 경제민주화는 진정한 의미의 평등을 구현하는 것일까? 경제민주화가 말하는 평등은 무엇을 뜻하는 것일까? 경제를 민주화한다는 것은 경제에 다수결의 원리를 적용하는 것을 뜻한다. 이는 경제 문제에서 다수가 원하는 쪽으로 결정하는 것을 뜻한다. 토지제도를 예로 들어보자. 현재 한국의 토지제도는 경자유전(耕者有田)의 원칙을 기초로 하면서도 토지에 대한 사적 재산권을 인정한다. 개인이 토지를 소유하고 이용하고 처분할 수 있는 권리를 인정한다.

어떤 사람이 토지를 소유한다는 것은 그가 노동이나 유산 등으로 물려받은 자원을 투입해서 토지를 구매했거나 부모로부터 특정 토지를 물려받았다는 것을 뜻한다.

엄격한 의미에서 토지공개념을 헌법에 도입하자는 이야기는 구체적으로 무엇을 뜻하는가? 헌법의 경제민주화 조항을 엄격하게 해석하면, 국가 등과 같은 주체가 중심이 돼서 다수가 원하는 쪽으로 토지제도를 바꾸는 것을 말한다. 다수가 원하는 것을 추측하는 일은 어렵지 않다. 다수는 모두가 토지를 균등하게 소유하는 것, 즉 결과의 평등을 원할 것이다. 경제에 다수결 원리를 적용하는 것은 옳고 그름을 떠나서 다수가 원하는 쪽으로 제도를 바꾸는 것을 말한다.

헌법에서 엄격한 경제민주화 실현을 정부 책임으로 규정하면 자연히 사적인 소유권은 폐지되고 다수가 원하는 쪽으로 정부가 모든 토지를 소유하는 주체가 될 것이다. 경제민주화가 선한 의도에서 나온 용어임에도 자칫 대단히 위험한 용어로 변질될 수 있는 것은, 경제에 다수결 원리를 무분별하게 적용할 수 있는 쪽으로 얼마든지 확장될 수 있기 때문이다.

여기서 사람들은 또 하나의 궁금증을 털어놓을 것이다. 힘들여 벌어들인 돈으로 서울 시내에 작은 토지를 구입해 갖고 있는 사람은 걱정스럽게 이런 질문을 던질 수 있다. "토지공개념이라는 것을 제가 이해하기 힘듭니다. 제가 갖고 있는 토지를 국가가 갖는다면, 저에게 토지 가격을 지불하는 겁니까? 아니면 그냥 공공의 이름으로 국가가 재산을 갖고 가는 겁니까?" 헌법상의 경제민주화를 엄격하게 해석해보자. 다수가 원한다면 유상몰수를 선택할 수도 있고, 다수가 원한다면 무상몰수를 선택할 수 있다. 한마디로 다수가 마음먹기에 달려 있다는 말이다.

결과의 평등을 강하게 염원하는 일반 사람들의 심성을 미루어 보면, 다수는 무상몰수를 원할 것이다. 결국 경제민주화는 다수가 원한다면 국가가 개인이 가진 것을 무엇이든 자기 것으로 만들 수 있는 체제를 뜻한다. 지금까지 이야기한 것이 우리 사회에 그대로 적용될 가능성은 아직 낮다고 보지만, 어떤 세상이 펼쳐질지 누가 확신할 수 있을까? "그렇게 하라고 헌법에 규정되어 있잖아요!"라고 주장하는 사람들이 대다수를 차지하면 이를 강행할 수 있는 것이 무제한적인 민주주의가 낳을 수 있는 폐해다.

어떤 사회든 지금을 기준으로 도저히 상상할 수 없는 정책이라도 정치인들의 입을 통해서 한 번 두 번 반복적으로 나오기 시작하면 분위기가 달라진다. 반복해서 노출되는 그런 주장에 익숙해지면 "그런 제도도 가능하지 않을까?"라고 되물을 수 있다. 2011년 무상급식 문제가 사회적인 이슈가 되었을 때 "점심값을 각자가 내고 어려운 일부 사람들의 점심값만 사회가 지불해야 한다"는 견해를 찬성하는 사람들이 많았지만, 이제는 모두가 점심을 공짜로 먹이는 것이 조금도 이상하지 않다고 생각하기에 이르렀다. 익숙해진다는 것은 완전히 새로운 상황을 낳을 수 있다. 설마설마하겠지만 일단 토지에 대한 공유가 실시되면 그다음에는 다른 자원들로 공유제가 옮겨 가는 일은 어렵지 않을 것이다. 광산이든, 공장이든 그것이 무엇이든 이런 질문을 던지는 사람들이 대거 나올 수 있다.

"그것도 나라가 소유하는 것이 좋지 않을까요? 저것도 나라가 소유하는 것이 타당하지 않을까요? 국유화하는 것이 필요합니다."

타인의 재산을 무상으로 혹은 턱없이 낮은 돈을 치르고 국유화하는 것은 처음에는 일부 사람들의 찬성을 받을 수 있다. 내 재산이 아니라 남의 재산이 빼앗기는 일이기 때문에 '내 문제는 아니다'라고 내심 기뻐하는 사람들도 있을 것이다. 그러나 재산의 상실이나 자유의 상실은 이렇게 시작된다. 이웃들의 재산이 국유화의 대상이 되다가 마침내 내가 가진 것을 내놓으라는 쪽으로 변질되어 간다. 한 사회가 노예화의 길로 걸어가는 과정도 이와 유사하다.

토지 공급 부족 때문에 문제가 발생한다면 토지 규제를 과감하게 풀어서 문제 해결을 시도해야 한다. 토지 가격이 높으니 토지 소유자를 억압해야겠다고 생각하는 것은 지극히 위험한 발상이다. 일반적으로 토지 국유화는 공유의 비극 같은 큰 폐해를 얼마든지 낳을 수 있다. 함께 소유하는 것은 아무도 소유하지 않는 것을 뜻한다. 유독 토지만이 공유의 대상이 되어야 한다는 주장은 이론적으로나 개념적으로나 정의라는 관점으로 보나 문제가 많다. 하지만 생각이 행동을 낳기 때문에 토지공개념의 위험성을 대중이 알아차리지 못하면 이런 방향을 향해 사회가 나아갈 가능성도 없지 않다. 좌파적 사고의 위험성은 결과의 평등에 대한 믿음이 너무 강하다는 데 있다. 강한 신념이 눈을 가리면 무리한 선택이 모두 정당화되고 만다. 무리한 선택을 합리화할 수 있는 이론이나 지식인들은 항상 준비되어 있기 때문이다.

06

앞선 자에 대한 원념(怨念)에서
자유롭지 않다

"앞선 자들의 순기능을 긍정적으로 보는 데 인색하다."

질투심과 시기심은 인간이 타고난 강력한 본성이다. 사랑, 연민, 공감 등 인간다움을 드러내는 여러 가지 감정이 있지만 이 가운데서 질투심과 시기심은 유독 강력하다. 자본주의사회에서 살아가는 이들은 여러 비용을 치러야 한다. 그 가운데 하나가 심적 비용이다. 이 비용은 만만치 않은데, 자동적으로 자신과 타인을 비교해보는 비교 심리에서 오는 불편함이다. 이것은 이성이나 합리가 개입할 틈을 주지 않는다. 보는 즉시 '이렇게 하면 안 된다'거나 '이렇게 하는 것은 나쁘다'는 가치판단이 개입될 여지를 두지 않고 불쾌한 감정을 낳기도 하고 자신의 처지를 필요 이상으로 딱하게 여기도록 만든다.

비교가 일으킬 수밖에 없는 불편함

　　뉴욕 맨해튼의 타임워너빌딩같이 거대한 건물에서 밖을 바라다보면 뜻하지 않은 감정 상태에 사로잡힐 수도 있다. 길 건너 뉴욕의 상징과 같은 존재인 센트럴파크가 시작되는 곳을 바라볼 수 있는 2층과 3층에 서면 아래층의 부지런하게 오고 가는 사람들의 행렬에서 그리고 아름답게 지은 초현대식 건물을 보면서 어떤 사람이라도 다소 위축되는 감정 상태에 빠질 수 있다. 화려함은 비교하지 않을려야 않을 수 없는 감정 상태로 사람을 몰아넣는다. 어느 정도 나이를 먹은 사람이라면 바쁘게 오가는 행인들을 지켜보면서 '그동안 내가 뭘 했는가?'라는 생각이 문득 떠오를 수 있다. 아주 잘 살아왔고 세상 기준으로 상당한 성취를 이룬 사람들도 이처럼 비교하는 감정에서 자유롭지 않다.

　　자본주의사회에서 살아가는 사람들 가운데 아주 예외적인 소수를 제외하고 대다수 사람은 다소간의 심리적 상흔을 안고 살아간다. "나는 왜 이 정도밖에 안 되지?"라는 자기연민이다. 질투와 시기심은 너무나 인간적인 감정이면서 동시에 사람을 쉼 없이 괴롭히는 감정이기도 하다. 많이 배운 사람이라고 해서 이런 감정에서 완전히 벗어나기는 쉽지 않다. 특히 물질처럼 눈에 보이는 것을 자신의 기준만큼 갖지 못한 사람은 상당한 질투와 시기심을 느낀다.

　　일찍이 루트비히 폰 미제스(Ludwig von Mises)는 '지식인의 원념(怨念)'이라는 특별한 현상에 대해 언급한 적이 있다. 자본주의사회에서 지식인들은 상대적으로 대접을 받지 못한다. 물질이 힘을 얻는 사회가 바로 자본주의사회이기 때문이다. 모든 사람은 자신을 객관적인 기준보다 높게 평가하는 경향이 강하다. 지식인 역시 자신의 기량이나 역량 그리고 기술이나 지식을 높게 평가하곤 한다. 자신이 말하는 주장이나 자신이 쓰는 글을 무척 소중한 것으로 간주한다. 그런데 시장에서 자신에게 치르는 보상은 기대한 만큼 크지 않다.

시장의 보상 체계는 얼마나 많은 고객에게 만족을 주느냐에 달려 있다. 사업가는 큰 보상을 받는다. 고객들에게 웃음을 제공하는 사람도 많은 보상을 받는다. 사람들을 열광시키는 스포츠 스타도 마찬가지다. 그런데 오랫동안 공부하고 세상을 위해 심오한 지식을 전파하는 자신에게 주어지는 보상이 보잘것없다면 그런 부류에 속한 사람들이 느끼는 자괴감이나 분노는 제법 클 것이다. 미제스는 많은 지식인들이 반자본주의 심리를 가지는 이유로, 이 같은 물질적인 보상의 부족함과 상대적으로 자신이 낮게 평가하는 사람들이 받는 과도한 대우에서 오는 상대적 격차를 든다.

이러한 지식인들은 사적인 이익을 추구하는 사업가들은 물질적인 풍요로움을 누리지만 그들이 글이나 말을 통해서 타인들에게 영향력을 행사하거나 오랫동안 뇌리를 떠나지 않는 흔적은 남길 수 없다는 점에는 주목하지 않는다. 오로지 물질적인 풍요로움을 기준으로 자신이 기대하는 것만큼 갖지 못한 점에 기분 나빠하는 것이다. 원인이야 어떠하든지 간에 지식인들은 불쾌한 감정을 갖게 되고 시장경제에 대해서 결코 우호적인 시각을 갖기 힘들다.

비단 지식인들만 그런 것은 아니다. 중산층을 포함해서 대다수 사람이 앞선 자들에 대해 느끼는 감정도 지식인들과 비슷할 것이다. 결국 자본주의 속에서 살아가는 사람들은 극소수를 제외하면 대다수는 상대적인 격차와 비교에서 오는 불편한 감정에 시달리고 있다 할 수 있다. 심리적인 면에서 보면 행복해하는 극소수와 불편해하는 대다수가 있는 셈이다.

한편 자본주의의 주인공이 누구인가에 대해서는 다양한 주장을 펼칠 수 있다. 자본주의를 구성하는 여러 경제주체들이 있지만 굳이 중심적인 인물, 즉 주인공이 누구인가라고 묻는다면 자본가를 들 수 있다. 좁게 이야기하면 기업가다. 기업가가 주인공인 체제가 자본주의이며, 그 밖의 경제주체들은 각자의 역할을 맡은 사람들이다. 어떤 공동체가 직면한 다양한 해결 과제들은 모두 경제문제로 귀결되며, 그 경제문제를 해결하려면 반드시 자원을 확보해야 한다. 자원을 확보하는 주인공은 기업가이며 나머지는 주인공을 중심으로 계약에 따라서 자원을 배분하는 주체들이다. 좌파적 사고를 가진 이들은 주인공이 누구인가에 대해 명확한 견해를 내놓기를 주저한다. 그들은 기업가를 우호적인 시각으로 바라보지 않는다. 오히려 그 반대편에 있는 근로자들을 보호하거나 약자의 위치에 있는 사람들을 보호하는 데 깊은 관심을 기울인다.

만드는 일과 나눠 갖는 일

경제문제를 해결하는 데 필수적인 자원을 확보하는 일

을 누군가가 맡아야 그다음에 나누어 가질 수 있지 않는가! 흔히 성장과 분배 가운데 무엇을 우선해야 하는지를 둘러싸고 열띤 논쟁이 벌어지기도 한다. 좌파적 사고는 대체로 분배에 무게중심을 두는 경향이 있다. 명확하게 우선순위를 매기는 일은 쉽지 않겠지만, 필자는 만들어내는 일에 더 많은 관심을 기울여야 한다고 생각한다. 만들어야 나눌 수 있기 때문이다. 어떤 자원도 하늘에서 뚝 떨어지는 법은 없다. 좌파적 사고를 지닌 이들은 이처럼 너무 평범한 진리를 놓칠 때가 많다.

지식인이나 정치계에 종사하는 사람들은 대부분 봉급생활로 살아가는 사람들이다. 고객을 상대로 직접 돈 버는 일을 해본 경험이 적다. 직접 체험해보지 않은 일과 관련해서는 자신의 생각에 영향을 받기 쉽다. 돈을 버는 일을 상대적으로 쉬운 일로 생각하기 쉽다. 심지어 자본주의에 대한 확고한 신념을 갖고 있었던 윈스턴 처칠조차 정치적으로 낙마했을 때, 앞이 보이지 않았을 때 미국 출신인 아내에게 "우리 모두 그만두고 돈이나 벌러 캐나다로 이민을 가면 어떤가?"라고 제안하기도 했다. 돈벌이라는 것은 그것이 큰 사업이든 작은 사업이든 무척 힘들고 어려운 일이다. 노력한다고 해서 반드시 돈을 벌 수 있는 것도 아니다. 돈벌이에 대해 사람마다 다양한 견해를 피력할 수 있지만 필자에게 누군가 돈벌이에 대한 견해를 묻는다면, '번다'는 표현보다 '벌어진다'고 표현하는 게 적절하다는 의견을 내놓을 것이다. 노력하더라도 우연적인 요소인 행운이나 불행에 따라서 성과가 상당히 달라지는 것이 돈벌이다.

돈벌이의 어려움을 몸소 체험해봤거나 그것이 얼마나 어려운 일인지 아는 사람들은 그런 활동에 종사하는 사람들을 장사꾼이나 장사치 혹은 돈벌이에만 골몰하는 사람들이라고 함부로 단정하지 않는다. 돈벌이가 얼마나 어려운 일인지 잘 알기에 기업가들의 삶과 과거를 인정하고 배려하기 때문이다. '그 사람들의 삶이 얼마나 고단할까?'라는 이해심을 갖고 기업가들을 바라본다.

좌파적 사고는 돈벌이가 없었던 시절에 뿌리를 두고 있다. 소규모 집단 사회에 뿌리를 둔 좌파적 사고는 돈벌이에 우호적이기 힘들다. 돈벌이를 우호적인 시각으로 바라보려면 이성과 합리의 도움이 필요하다. 이익이 어떻게 생겨나는지, 이익을 얻으려면 어떻게 해야 하는지, 시장은 어떻게 돌아가는지, 기업가들은 어떻게 하는지 등을 이해해야 자신이 물려받은 원시 본능의 굴레에서 벗어날 수 있다. 공부를 많이 한다고 해서 좌파적 시각을 벗어날 수 있는 것은 아니다.

인류 역사는 지식인들의 반자본주의 심리를 생생하게 전해준다. 지식인들이 갖고 있는 계획에 대한 열망, 간섭에 대한 열망, 돈벌이에 대한 경멸은 예외적인 일이 아니라 보편적인 현상이다. 이는 많이 공부하기만 하면 자본주의에 대해 우호적인 시각을 갖게 되는 것은 아님을 말해준다. 다시 말하면 공부를 많이 한다고 해서 자본주의에 친화적인 생각, 즉 우파적 사고에 익숙해질 수 있는 것은 아니다. 따라서 자본주의에 우호적인 지식인을 만나기란 쉽지 않다. 확증 편향의 오류에 쉽게 빠지는 보통 사람들처럼 지식인들조차 자신이 갖고 있는 좌파적 사고를 더욱 확증해주는 사례들을 더 많이 접하면서 좌파적 사고에 편향되기 때문이다.

튀는 자와 좌파적 사고

좌파적 사고를 지닌 이들은 앞선 자를 보며 편안함을 느끼기 힘들다. 좌파적 사고가 익숙한 소규모 집단생활에서 앞선 자는 공동체의 이익을 침해하고 공동체를 위기에 빠뜨리는 위험한 자였기 때문이다. 함께 보조를 맞추는 자들이 소규모 집단 사회에 반드시 필요한 자들이었기 때문이다.

익명 사회가 등장하며 앞서가는 자는 완전히 새로운 평가를 받게 됐다. 거대한 공동체가 생존과 번영에 필요한 자원을 확보하기 위해서는 공동으로 보조를 취하는 사람들뿐만 아니라 튀는 사람이나 앞서가는 사람들이 반드시 필요하기 때문이다. 튀는 자들이 존재하지 않는 사회는 경쟁에서 뒤처질 수밖에 없다. 모든 유기체는 생명이든 공동체든 서로서로 경쟁과 협조 관계에 있다. 누가 더 많은 자원을 확보하느냐에 따라 경쟁의 성패가 갈린다. 튀는 자를 우호적으로 바라보고, 튀는 자의 삶을 존중하고 이해하는 공동체가 이런 경쟁에서 승리할 가능성이 높다.

튀는 자를 어떻게 바라볼 것인가? 우파적 사고는 대체로 튀는 자에 대해 우호적이다. 반면에 좌파적 사고는 튀는 자에 대해 비판적이다. 익명 사회는 튀는 자를 필요로 하지만 소규모 집단 사회는 보조를 맞추는 자를 필요로 한다. 대규모 익명 사회가 소규모 집단 사회로 돌아갈 수는 없다. 그렇다면 튀는 자를 기꺼이 인정하는 사고야말로 대규모 사회에서 필수적인 사고다. 하지만 이것이 쉽지 않다는 데 고민이 있다. 눈으로 보이는 격차가 크게 보이고 튀는 자들이 하는 활동이라는 것이 별것 아닌 것처럼 보이는데 튀는 자를 괜찮게 보는 일이 어떻게 가능하겠는가? 어떤 사회라도 번영으로 나아가기 위해서는 튀는 자를 우호적으로 바라볼 수 있도록 설득하고, 홍보하고, 계몽해야 한다. 이는 다른 공공재와 마찬가지로 그냥 주어지는 것은 아니다. 우리 사회에서 일어나고 있는 다양한 갈등의 원인에는 이 같은 튀는 자에 대한 뿌리 깊은 반감과 원한 그리고 질투와 시기심이 도사리고 있다.

이따금 SNS에서 오랫동안 알아온 사람들의 놀라운 면모를 엿볼 때가 있다. 젊은 날 외국에서 유학도 하고 학위도 받은 사람이지만 그가 SNS에 남긴 글에서는 지식인의 원념에서 나오는 거친 감정들이 반복적으로 표출된다. 여러 사람들이 '좋아요'를 외치는 댓글로 옹호하는 것을 지켜보면서 질투와 시기심 같은 원초적인 본능을 극복하는 것이 얼마나 힘든지를 확인하게 된다. 세월의 무게나 학문의 축적도 원시 본능을 극복하는 데는 별로 도움이 되지 않음을 알 수 있다. 또한 어느 사회든 좌파적 사고가 광범위하게 확산되는 것이 이례적인 일이 아니라 자연스러운 현상임을 확인하게 된다.

07

평준화와 획일화를 선호한다

"다양성에 대한 믿음과 선택의 자유에 대한 신념이 부족하다."

사람들은 정교한 기계에서 아름다움을 느낄 때가 자주 있다. 마찬가지로 정교한 좌우대칭을 이룬 고전 건축물에서도 아름다움을 느낄 때가 있다. 고전미의 전형을 보여주는 프랑스 베르사유 궁전의 정원에서도 정교하게 규격화된 모습을 보며 아름다움을 느낀다. 인간의 인지구조는 혼란스러운 다양함보다는 정형화된 질서 속에서 아름다움을 느낀다. 오히려 이것저것이 다양하게 어우러진 곳에서는 아름다움보다는 혼란함을 느끼는 것이 자연스럽다.

남자아이들을 키우다 보면 장난감을 집 안 전체에 흩어놓는 광경을 쉽사리 목격하게 된다. 이때 부모들은 하나같이 혼란스러움을 경험한다. 서둘러 정리 정돈을 하며 아이들을 나무라기도 한다. 그런데 아이들은 전혀 다른 감정을 느낄 수 있다. 아이들은 오히려 질서보다 무질서에서 더 큰 기쁨을 누리곤 한다. 그래서 아이들을 둔 집에서는 질서와 무질서를 바라보는 부모와 자녀의 시각 차이로 인해 작은 갈등과 반복 그리고 다툼이 계속된다. 초보 아버지였던 시절 방 안을 온통 레고 블록으로 어지른 아이들을 나무란 적이 있다. 돌이켜 보면 아이들에게 야단을 칠 일은 결코 아니었다. 아름다움과 자연스러움을 바라보는 시각이 서로 달랐을 뿐이다.

질서에 대한 욕구

　　질서 속에서 아름다움과 편안함을 느끼는 인간의 심성은 어디에서 연유했을까? 소규모 집단 사회를 살던 인류에게 질서는 자연스러운 일이었다. 계절의 흐름이나 식량의 수확, 계절에 따른 사냥터의 변동 등은 모두 일정한 질서에 따라 이루어졌으며, 설령 질서가 깨지는 일이 발생하더라도 어떻게든 나름의 질서를 부여하는 방법을 갖고 있었을 것이다. 질서는 그들에게 생존과 곧바로 직결되는 것이었기에 무질서한 상황에서도 어떻게든 질서를 찾아내곤 했다. 설령 스스로를 속이는 일이라 할지라도 그럴듯한 설명을 더해서 마치 질서가 존재하는 것처럼 질서를 부여하는 일을 공동체 차원에서 자주 수행했다.

　그렇게 소규모 집단생활은 인간에게 모든 것에 나름의 질서를 부여하는 본능을 물려줬다. 질서는 곧바로 평준화와 획일화 그리고 규격화를 뜻한다. 평준화와 획일화는 소규모 집단 사회에서 분배에 따르는 불안감을 현저하게 낮추는 수단이었다. 무질서는 인류에게 오랜 세월 동안 불필요했을 뿐만 아니라 생존과 번영에 아무런 도움이 되지 않았다. 인간이 태생적으로 무질서를 싫어한다는 것은 일상의 삶에서도 얼마든지 확인할 수 있다. 필자처럼 자기계발서 작가이자 자기관리에 관심을 기울이는 사람은 스트레스와 불안의 주요 요인이 무질서 상태임을 잘 안다. 그래서 생활에 질서를 부여하기 위해 '해야 하는 일'을 기록하는 습관을 들인다. 이처럼 인간은 태생적으로 질서를 사랑한다.

그러나 세상의 모든 것은 변하게 마련이다. 대규모 익명 사회가 등장하면서 무질서와 다양성은 불가피해졌다. 소규모 사회는 사회 구성원의 수가 적었기에 획일적으로 보조를 맞추는 일이 가능했지만, 익명 사회에서는 사회 구성원의 수가 많아 획일화나 평준화는 원천적으로 불가능하다. "별놈이 다 있다"는 말이 이를 잘 담아낸다. 물론 다수는 다른 사람들과 보조를 맞추려고 하지만 구성원들이 많다 보면 여기저기서 비쭉비쭉 튀어나오는 사람들이 늘어나게 된다.

대규모 익명 사회의 특징은 다양성이다. 그 전형적인 특징을 보여주는 것이 시장질서이며, 이를 눈으로 확인할 수 있는 대표적인 장소가 런던, 서울, 뉴욕의 맨해튼 같은 대도시의 도심일 것이다. 대도시의 도심에서는 도저히 획일화할 수 없는 요소들이 거대한 질서를 이루면서 물결치듯이 흘러간다.

바로 이 글을 쓰고 있는 장소가 맨해튼의 한 모퉁이에 있는 커

피숍이다. 책을 쓸 때는 늘 그렇듯이 아무런 검색 도구도 켜지 않은 채 오로지 자신의 머리에 있는 아이디어를 쏟아내면서 생각의 속도에 맞추어 노트북의 자판을 분주하게 쳐 내려간다. 창밖 거리를 수많은 사람이 지나간다. 피부색이 흰 사람, 검은 사람, 황색인 사람들이 제각각의 계획에 따라 거리를 물결치듯이 걸어간다. 도로는 또 어떤가? 승용차, 스포츠유틸리티 자동차, 버스, 관광버스 등 다양한 차들이 흘러간다. 길거리를 장식하고 있는 갖가지 모습의 상호들도 도시의 아름다움과 질서를 만들어내는 조연 역할을 톡톡히 담당하고 있다. 이런 모습을 보고 있노라면 우리가 사는 세상은 '정말 다양하다'는 탄성이 절로 나온다.

획일화와 다양화의 충돌

획일화와 다양화는 서로 대조적이다. 조직 질서에 무게중심을 두는 사람들은 획일화를 선호한다. 시장질서에 무게중심을 두는 사람들은 다양화의 손을 들어준다. 획일화는 관료화와 동의어다. 관료화는 문건이나 문서에 의해 정형화 혹은 규격화된 것들로 이루어진다. 그러나 다양화는 저마다의 개성을 한껏 뽐낸다. 각자가 선택하는 것이 주를 이룬다.

좌파적 사고는 획일화와 평준화에 친화적이다. 좌파적 사고는 무질서보다는 질서를 선호한다. 좌파적 사고는 일률적으로 공급하는 것에 깊은 관심을 기울이고 선호한다. 교육 서비스도 획일화되고 평준화된 것을 공급하기를 선호한다. 계획을 선호하는 좌파적 사고는 본질적으로 획일화된 것에 무게중심을 둘 수밖에 없다. 좌파적 사고와 다양화 사이에서 유사성을 찾을 수 있을까? 두 가지 사이에 유사성은 없다. 따라서 시장질서는 좌파적 사고와 충돌하는 측면이 많을 수밖에 없다.

좌파적 사고는 개별 경제주체들에게 선택할 수 있는 자유를 허용하는 것을 가능한 억제하려 한다. 대신에 경제주체들이 누려야 할 선택권을 정치가나 관료들에게 이양하고 싶어 한다. 경제주체들에게 선택할 수 있는 권한이 주어지면 다양한 것들이 쏟아져 나오기 때문이다. 되도록 획일화하고 평준화하고 규격화하고 정형화하는 것을 선호하는 좌파적 사고는 다양한 것들에서 아름다움이나 유용성을 찾을 수 없다. 반듯하게 정리되지 않은 것에서 어떤 아름다움이나 유용성을 발견할 수 있겠는가!

획일화되고 평준화된 것은 한번 정해지면 그것으로 오래가게 된다. 세상은 쉼 없이 변화하는데 한번 정해진 것을 기화로 계속되어야 한다면 필연적으로 변화에 적응하지 못하는 문제가 발생하게 된다. 변화하는 세상과의 격차가 커지다 보면 결국에는 부조화의 문제가 누적되면서 어려움을 겪게 된다. 좌파적 사고는 획일화에 대한 신념을 갖고 있기 때문에 변화에 친화적이지 않다. 좌파적 사고가 득세하는 사회에서 환경 변화를 제대로 반영하는 멋진 혁신 기회나 창조 기회가 태어날 가능성도 현저히 낮다.

획일화와 평준화를 벗어나는 것은 쉬운 일이 아니다. 본능을 벗어나는 일이기에 지적 투자나 체험이 필요하다. 우선 지적 투자가 필요한 경우를 살펴보자. 획일화와 평준화가 자연적인 것이 아님을 인식하는 일이 필요하다. 공급자 중심의 사고는 자연적인 것이 아니다. 내가 편안하다고 해서 혹은 우리가 편안하다고 해서 획일화된 것이나 평준화된 것을 공급하는 것은 민원인을 상대하는 관공서라면 모를까, 고객과의 관계에서는 있을 수 없는 일이라는 것을 이성적으로 깨우쳐야 한다.

마찬가지로 획일화와 평준화가 올바른 것이 아니라는 점은 시장경제에서 주인공으로 활동하면서 스스로 체득할 수 있다. 시장의 경제주체들은 모두 다르다. 선호가 다르고 재능이 다르고 기회가 다르다. 인간의 다양성에 대한 깊은 인식은 체험을 통해서 얻을 수 있다.

피터 드러커는 자서전에서 자신이 일생을 통해서 깨우친 깊은 진리 가운데 하나로 인간의 다양성을 꼽는다. 드러커처럼 체험과 공부를 통해서 인간의 다양성을 깊이 인식하게 되면 다양성을 찬양하는 사람이 된다. 그런 사람은 동시에 획일화와 평준화를 기도하는 모든 시도에 강력한 반감을 표한다. '어떻게 그런 획일적인 조치들을 취할 수 있는가?' 이런 의문을 자주 표하게 된다. 이를테면 '학생들이 저마다 타고난 능력이 다른데 어떻게 획일화된 교육 서비스를 제공하려고 하는가?' 같은 반감이 절로 나오게 된다. '사람들이 타고난 재능과 특성이 다른데 어떻게 사람들을 획일화해서 같은 서비스를 제공하려는 발상을 할 수 있는가?' 같은 의문을 자연스럽게 던지게 된다.

여기서도 우리가 지적하지 않을 수 없는 것은 같은 문화권에서도 획일화를 막연히 선호하는 사람이 있는가 하면 본능적으로 이를 거부하는 사람도 있다는 점이다. 이런 현상을 보면 사람들은 획일화와 관련해서 일정한 선호 체계를 타고나는 경향이 있는 듯하다. 획일화된 문화 속에서 자란 사람들 중에서도 드물게 이를 거부하고 다양화를 깊이 신뢰하는 사람들을 이따금 관찰할 수 있다. 진정한 의미의 자유주의자라고 부를 수 있는 이들은 무리 속에 함몰되는 것을 의도적으로 거부한다.

08

유연성에 거부감을 느낀다

"경제에서 유연성이 필수적인 원칙임을 인정하는 데 인색하다."

어떤 분야든 처음 시작하는 사람의 이름은 오랫동안 기억된다. 한국에 미국 선교사로 처음 파송된 인물은 호러스 뉴턴 알렌(Horece Newton Allen, 1858~1932) 의료선교사다. 알렌은 제중원이라는 서양 의료기관을 최초로 설립했으며, 일반 선교사로 처음 파송된 사람은 2년 후에 파송된 호러스 그랜트 언더우드(Horace Grant Underwood, 1858~1916) 선교사다. 그는 연세대학교와 새문안교회를 창립했다.

영원한 것은 없다

　　미국 선교사들을 파송한 최초의 교단은 미국 북장로교 단이고, 이들에게 최초로 자금을 내놓은 인물은 미국의 부호인 프레드릭 마퀀드(Fredrick Marquand, 1799~1882)다. 조선 선교를 위해 마퀀드의 자금 5만 달러를 내놓는 결정을 한 인물은 마퀀드 기금의 운영 책임을 맡고 있던 D. W. 맥윌리엄스(David W. McWilliams) 장로다. 뉴욕 브루클린에 소재한 라파예트 애비뉴 장로교회(LAPC) 의 장로였던 그가 조선 선교 자금을 내놓은 덕분에 조선 선교가 활성화될 수 있었다.

　　얼마 전 19세기의 걸출한 부흥사인 D. L. 무디(Moody, 1837~1899)가 1896년에 세운 노스필드마운트허먼(NMH) 고교의 노스필드 캠퍼스(과거의 노스필드 세미너리)를 방문했다. 남학교와 여학교 가 통합되면서 노스필드 캠퍼스는 지금 폐쇄된 상태다. 19세기의 아름다운 붉은색 벽돌집과 석조건물들로 가득 찬 캠퍼스의 이곳 저곳을 둘러보다가 초기 건물에 속하는 '프레드릭 마퀀드 기념 홀' 앞에 잠시 서서 이런저런 생각을 했다. 이 건물은 무디 부흥사와 특별한 교분이 있던 맥윌리엄스가 주도해서 마퀀드의 기금을 이 용해 1884년에 건립한 건물이다. 이 아름다운 건물이 오랫동안 사 용되지 않아 이제는 퇴락해가고 있었다. 1884년에 세워진 이 건물 은 여학생을 위한 디어필드 세미너리의 중심 건물로 사용되다가 1971년에 남학교인 마운트허먼과 통합되어 운영되었다. 그러다가 2012년에 통합학교인 NMH가 단일 캠퍼스로 마운트허먼을 선택함에 따라 디어필드 캠퍼스가 잊히게 된 것이다. 많은 사람의 기부와 정성으로 만들어진 아름다운 19세기 건물들이 모두 사용되지 않은 채 퇴락의 길을 걷게 된 것은 가슴 아픈 일이다.

필자가 방문한 2018년 3월, 쌀쌀한 날씨는 캠퍼스 투어를 더 쓸쓸하게 만들었다. '이 아름다운 건물도 결국 세상의 변화에 따라 버려지는구나!'라는 아쉬움을 금할 수 없었다. 당시에 캠퍼스 통합 문제를 두고 관계자들 사이에 다른 의견이 있었다고 한다. 하지만 제법 떨어진 두 캠퍼스를 운영하는 데 드는 비용 문제 때문에 이사회는 결국 캠퍼스 하나를 폐쇄하고 단일 캠퍼스를 운영하기로 결정한다. 이처럼 세상에 존재하는 것들 중에서 영원불변한 것은 드물다. 환경이 변하면 이에 따라 많은 것들이 유연하게 변화를 거듭해야 한다.

우리가 인정하든 인정하지 않든 간에 세상을 관통하는 한 가지 뚜렷한 법칙이자 원칙은 유연성이다. 계속해서 환경 변화에 맞추어서 유연하게 만들지 않으면 개인도 단체도 나라도 위상을 온전히 유지하기 힘들다. 하지만 인간이 물려받은 본능은 유연성과 거리가 멀다. 소규모 집단 사회는 변화나 흐름과는 별로 관련이 없는 사회였다. 모든 것들이 거의 멈추어 있었고 설령 변화가 존재하더라도 서서히 조금씩 변화하는 사회였다. 거의 정체된 사회였다고 보면 된다. 그런 사회는 과거의 방식을 계속해서 유지하면 된다. 유연성 대신에 관성이 지배하던 사회였다. 과거에 해오던 방식대로 하면 생존이 보장되던 그런 사회였다. 특별히 시대 변화에 발맞추어서 스스로를 변화시켜 나가야 할 필요는 없었다.

쉽게 말하자면, 인간은 유전적으로 유연성을 유산으로 물려받지 않았다. 오히려 그 반대편에 우뚝 서 있는 경직성을 물려받았을 뿐이다. 좌파적 사고에는 유연성이 들어설 공간이 상대적으로 적다. 그래서 좌파적 사고를 가진 이들은 유연성에 대한 개방적인 태도와 마음가짐이 많이 부족하다. 노동자들이 변화의 거센 파고에 허물어져 내리고 있는 회사의 정문 앞에서 구호를 힘차게 외치는 일도 따지고 보면 좌파적 사고를 가진 이들이 보이는 전형적인 모습이다. 세상의 모든 것들이 변하는데, 자신이 몸담고 있는 회사라고 해서 예외로 남아 있을 수 있겠는가!

배워야 하는 덕목, 유연성

유연성은 후천적으로 배워야 하는 덕목이다. 세상을 있는 그대로 직시하는 철저한 노력이 없다면 유연성을 받아들이기가 쉽지 않다. 변화와 유연성을 가슴 깊이 새기는 사람은 환경 변화 때문에 어려움에 처하더라도 속죄양을 찾지 않는다. 어렵지만 결국 내부적인 변신과 유연성에서 해법을 찾는 길 이외에는 다른 대안이 없다는 점을 인식하고 있기 때문이다. 그러나 유연성을 인식하는 것과 이를 실천에 옮기는 것은 또 다른 차원의 일이다. 유연하게 만들어내는 데는 필연적으로 고통이 따르기 때문이다. 인간은 문제를 미룰 수 있다면 되도록 미루길 원한다. 장기적인 손실이나 고통이 따르더라도 단기간에 큰 문제가 될 것이 없다면 대충 은근슬쩍 넘어가려는 경향을 보인다.

어떤 사람이 타고나는 시간에 대한 선호 체계도 유연성을 받아들이는 데 매우 중요한 역할을 한다. 선호 체계가 현재와 미래를 동시에 고려하는 사람들은 유연성을 삶의 원칙으로 받아들이지만, 선호 체계가 현재에 편중된 사람들은 미래를 위해 현재의 안일함과 편안함을 희생하지 않으려 한다. 사람들은 대체로 현재에 훨씬 큰 비중을 둔다. 그래서 의사결정 과정에서 비용청구서의 도래일을 미래로 미룰 수 있다면 그쪽의 손을 들어준다. 어느 사회에서든 당장 약간의 편익을 제공하는 민중주의가 득세하는 이유다.

유연성을 거부할 수 있을까? 삶의 본질은 변화다. 유연성이라는 덕목을 채택하는 것은 선택의 문제가 아니다. 개인이든 단체든 나라든 필요에 따라 유연성을 일시적으로 거부할 수는 있다. 이런저런 논리를 동원해서 자신이 유연성을 거부하는 이유를 합리화할 수 있고, 유연성은 옳지 않다는 주장을 펼칠 수 있다. 그러나 그런 주장들이 얼마나 갈 수 있겠는가! 결국 버티다 버티다 마치 거센 홍수에 강둑이 허물어져 내리듯이 변화의 파고에 휩쓸려 넘어지고 만다.

여기서 우리가 명확하게 정리하고 넘어가야 할 점은 현실을 있는 그대로 반영하는 사고방식과 그렇지 않은 사고방식 사이에는 옳고 그름의 차이가 반드시 존재한다는 것이다. 현실을 미화하거나 치장해서 자신의 논리가 옳음을 포장하기 위해 잘못된 사고방식을 채택하면 현실과 미래에 대한 오판의 결과로 참혹한 대가를 치를 수밖에 없다. 좌파적 사고는 유연성에 대해 되도록 유보적인 입장을 취한다. 변화를 거부하는 사람들을 보호할 수 있는 한 보호하려는 입장을 선호한다. 그것이 물려받은 본능이라는 유산에 더욱더 적합하기 때문이다.

아이들을 키우다 보면 흥미로운 장면을 자주 관찰하게 된다. 유아들은 손으로 자신의 눈을 가리면 상대방이 자신을 볼 수 없다고 생각한다. 그들은 어떤 은폐물에 자신의 몸을 전부 숨겨야 상대방이 자신을 볼 수 없다고 생각하지 않는다. 비슷한 상황이 우리에게 자주 일어난다. 현실을 제대로 반영하는 사고방식을 채택할지 여부는 개인이나 사회의 선택에 맡길 수 있다. 그렇지만 현실을 제대로 반영한 사고방식과 그렇지 않은 사고방식 중 어느 것을 채택하느냐에 따라 엄청난 격차가 발생하게 된다. 유연성을 받아들이는 데 유보적인 좌파적 사고는 현실을 제대로 반영하지 못한 대가를 언젠가는 치르게 만든다. 유연성은 우리를 번영과 쇠락, 성공과 실패로 가는 두 가지 선택의 갈림길에 서게 만든다.

마음의 중요성을 이해하지 못한다

"경제에서 의지가 차지하는 비중을 과소평가한다."

물질은 별다른 노력을 하지 않더라도 금방 눈에 들어온다. 그러나 물질을 낳는 것에 대해서는 깊이 생각해야 그 존재를 확인할 수 있다. 설령 그 존재를 확인한다고 하더라도 그것의 실체와 본질을 정확히 파악하는 일은 만만치 않다. 직접 두 눈으로 확인할 수 없기 때문에 이를 증명하는 것이 쉽지 않다.

마음의 중요성을 아는 것은 타고나는 것이 아니다. 소규모 집단 사회에서는 대부분이 눈에 보이는 것이었다. 물론 집단 사회의 연장자들의 노하우 같은 가치를 구성원들이 인정하지만, 이것은 눈에 보이지 않는 것이었을 뿐 마음의 한 부분인 '의지'와는 별 관련이 없다. 소규모 집단 사회에서는 특정 구성원이 의지를 갖고 있든 갖고 있지 않든 간에 별로 중요하지 않았다. 의지 소유 여부에 관계 없이 각자에게 분배되는 몫은 거의 비슷하기 때문이다. 공동으로 생산하고 공동으로 분배하는 사회에서 개개인의 의지나 의욕은 고려 대상이 되지 않는다.

의지와 의욕의 중요성

의지의 소유 여부라는 측면에서 보면, 대규모 익명 사회는 이전의 사회와는 완전히 다른 사회다. 치열한 경쟁 과정에서 성공할 수 있는지 여부는 구성원 개인이 가진 의지에 크게 좌우된다. 우리는 개인의 삶을 통해서 누가 가르쳐주지 않더라도 의지를 갖는 것이 대단히 중요하다는 사실을 안다. 고객에게 더 잘 팔기 위해서, 고객을 설득하기 위해서는 무엇보다 강한 의지를 갖고 상대방에게 접근해야 한다. 아무리 많은 시간을 투입하더라도 의지를 갖고 노력하지 않으면 기대하는 성과를 거두는 데는 어려움을 겪게 된다. 그래서 자기계발과 관련한 많은 책에는 개인의 상승 의지나 욕구 그리고 의욕을 어떻게 개발하고 관리할 것인지를 가르치는 내용이 많다.

필자는 개인적으로 책을 지속적으로 써내는 힘도 의지에 달려 있다고 생각한다. 이것을 완결하고야 말겠다는 결심이 굳게 서 있지 않거나 이런 결심을 계속 유지할 수 없다면 책 쓰기를 시작할 수는 있지만 끝내기는 쉽지 않다. 누구에게나 포기해야 하는 이유를 찾는 일이 계속해야 하는 이유를 찾아내는 일보다 훨씬 쉽기 때문이다. 그래서 의지를 만들어내고 유지하고 강화하는 일은 한편으로는 기술의 문제이지만 다른 한편으로는 타고나는 재능 가운데 하나로 이해할 수 있다.

오늘날 대다수 사람은 가난을 물질의 소유 여부로 판정한다. 돈이 많으면 부유한 것이고 돈이 없으면 가난한 것이다. 이런 간략한 정의를 부정하는 사람은 없을 것이다. 그러나 물질만이 전부인가라는 의문을 품을 수도 있다.

의지나 의욕이라는 면에서 보면 부모에게 물려받은 것이 많은 사람이 반드시 유리한 위치에 서 있는 것은 아니다. 오히려 불리한 위치에 서게 되는 사람도 많다. 가난하기 때문에 강렬한 의지와 의욕을 갖고 정상에 도전할 수 있는 점에서는 오히려 유리한 위치에 있는 사람들도 드물지 않게 만날 수 있다. 필자는 나이가 들어가면서 이따금 이런 질문을 자신에게 던지곤 한다. "처음부터 모든 것들이 갖추어졌다면 계속해서 자신을 움직이도록 만드는 데 얼마나 어려움이 많았을까!"

조직을 이끄는 리더라면 누구든지 의지나 의욕의 중요성을 확신할 것이다. 리더십의 핵심은 어떻게 하면 개개인이 목표 달성을 위해 의지를 갖고 노력하도록 만들 것인가 하는 것이다. 개인 차원에서나 조직 차원에서 의지나 의욕의 중요성은 상대적으로 쉽게 알 수 있다. 의지의 소유 여부에 따라 자신에게 귀결되는 성과가 눈에 띄게 달라지기 때문이다.

의지에 무심한 사고방식

좌파적 사고는 의지와 같은 마음에 무심하다. 따라서 어떤 사회문제가 발생하면 물질로 문제를 해결하려는 성향이 강하다. 문제가 생기면 물질을 지원해서 문제를 해결하려고 시도할 뿐 그런 물질의 제공이 의지를 약화시키는 데는 별로 신경을 쓰지 않는다. 물질을 지원하는 방법으로 사회문제를 해결하는 데 익숙한 것이 좌파적 사고의 중요한 특징이다.

흥미로운 점은 사회정책은 대부분 물질을 지원함으로써 문제를 해결하려는 정책이라는 것이다. 그런데 물질 지원이 불러올 수 있는 의지의 약화에 주목하는 정책은 거의 없다. 그냥 돈을 지원하고 그 수혜를 받은 사람이 도움을 받으면 그것으로 족하다는 믿음을 갖고 있다. 우리가 흔히 접하는 정부의 지원 정책에서 의지의 저하를 우려하는 목소리는 거의 들을 수 없다.

필자는 정부가 바뀔 때마다 나오는 정책을 볼 때면 대부분 보이는 것을 다루는 데 집중하고 있음을 안타깝게 여긴다. 그래서 "경제하려는 의지를 복돋우는 정책을 사용해보라. 우선 돈이 들지 않는 정책에 관심을 기울이고 그다음으로 돈이 드는 정책에 초점을 맞추라"고 권한다. 하지만 이런 제언이 통하는 일은 별로 없었다. 대부분의 정부 정책은 물질 지원에 집중한다. 특히 좌파적 정책의 핵심에는 돈으로 문제를 해결하려는 강한 신념이 있음을 알 수 있다.

예를 들어, 저출산 문제를 해결하기 위한 정책도 마찬가지다. 돈을 얼마를 지원해서 출산율은 언제까지 얼마큼 올리겠다는 것이 모든 정책의 근간이다. 돈을 얼마 지원받는다고 해서 아이를 더 낳을 의향을 가진 젊은 부부들이 많을까? 부부가 내릴 수 있는 가장 장기적인 의사 결정 가운데 하나가 출산 결정이다. 물론 예기치 않게 아이를 가지는 경우도 있기는 하지만 말이다. 아이를 더 낳고 싶은 마음이 들도록 만들려면 무엇을 해야 할까? 이런 질문에 대한 답은 단순히 재원을 투입해서 누군가에게 얼마를 지원하는 것과는 거리가 멀 것이다.

좌파적 사고의 기초에는 물질에 대한 강조와 마음에 대한 소홀이 놓여 있다. 세상에는 물질로서 해결할 수 없는 것이 많다는 점을 기꺼이 인정하지 않는 것이 바로 좌파적 사고의 큰 특징이다. 이를 극복할 수 있는 방법은 물질처럼 보이는 것 이면에 더 깊은 무언가가 없을지를 항상 관심 있게 묻고 탐구하는 것이다. 동시에 자신의 개인적 체험을 개인적 체험에만 국한하지 않고 공동체의 문제를 해결하는 데도 확대 적용하는 일관성이다. 대다수 사람들은 자기 자신의 문제를 해결할 때는 의지가 중요하다고 생각하지만 공동체의 문제를 해결하는 과정에서는 의지를 고려하지 않는다. 일관성이 없다. 인간이 직면하는 모든 문제를 해결하려 할 때는 그것이 개인의 문제이든, 회사의 문제이든, 공동체의 문제이든 마음이라는 요소의 중요성을 간과하면 기대하는 성과를 거두기 힘들다.

정부개입주의와 항상 함께한다

"지속적으로 정부 개입의 확대를 선호하고 그것이 옳다는 믿음이 강하다."

왜, 당신은 존재하는가? 어떤 것에도 존재 이유가 있다. 사물이든 유기체든 모든 것에는 고유 기능이라는 것이 있다. 우리가 사용하는 공산품에는 각각마다 그것이 수행하는 역할이 있다. 마찬가지로 직장에서 일하는 사람에게는 직급에 따라 맡은 역할이 있다. 고유 기능을 제대로 잘 수행하는 것은 누구에게나 의무라 할 수 있다.

여러분의 존재 이유는 무엇인가? 직장인으로서 가장으로서 존재 이유는 다양하게 정의할 수 있다. 정치인의 존재 이유가 있을 것이며, 관료의 존재 이유가 있을 것이다. 조국의 앞날을 위해 헌신한다는 등과 같은 거창한 존재 이유를 이야기할 수 있을 것이다. 그러나 더 구체적으로 누구나 고개를 끄떡거릴 수 있는 존재 이유를 들

자면, 정치인이든 관료든 간에 자신이 무엇인가를 하고 있다는 보람과 긍지를 느낄 수 있는 '그 무엇'이 존재 이유다.

.

관료와 정치인의 존재 이유

필연적으로 정부개입주의가 성행할 수밖에 없는 것은 어느 사회건 정부개입주의가 정치인과 관료들의 존재 이유와 밀접하게 연결되어 있기 때문이다. 마치 사업가들이 자신의 이익을 위해 이리 뛰고 저리 뛸 때 보람과 긍지를 느끼는 것처럼 정치인과 관료들도 사회가 직면하고 있거나 직면하고 있는 것처럼 여겨지는 과제들을 해결하기 위해 예산을 투입해서 일을 할 때 보람과 재미와 긍지를 느낀다.

이런 존재 이유가 사라지면 어떤 일이 벌어질까? 존재 이유를 상실하면 사람은 무력해지거나 시름시름 앓거나 힘들어하게 된다. 따라서 어떤 사회에서 정치의 영역에 간여하는 사람들의 숫자가 많아지거나 공공 영역에 종사하는 사람들의 숫자가 늘어나면 필연적으로 정부 예산의 비중이나 증가율은 늘어나게 된다. 정부의 규모 자체를 줄이지 않고서는 정부 예산의 비중이나 규모를 줄일 가능성은 거의 없다. 이런 점에서 보면 최근에 막대한 예산을 동원해서 공무원 수를 증원하는 것은 그것을 어떤 명분으로 치장하든지 간에 결국 국가의 개입주의를 강화하는 것으로 귀결되고 만다.

좌파적 사고를 가진 이들은 경제문제를 해결하는 과정에서 경제주체들에게 맡기는 것보다는 정부가 개입해서 문제 해결을 도모하는 방법을 선호한다. 이는 일종의 신념이라서 좌파 정부가 등장하면 정부의 비중이나 예산이 증가하는 일은 피할 수 없다. 주목할 만한 일은 우파 정부도 정부 개입과 관련해선 좌파적 사고에서 자유롭지 않다는 점이다.

그런데 한 가지 구분할 필요가 있는 것은 좌파적 사고에서 정부 개입주의는 신념의 문제이고, 우파적 사고에서 정부개입주의는 선택의 문제라는 점이다. 전자는 정부 규모를 확대하는 것이 정의라고 믿기 때문에, 후자는 선거 승리 등의 이유 때문에 올바른 일이 아닌지 알면서도 정부개입주의를 강화하게 된다. 한 가지 분명한 사실은 '정부가 큰 것이 정의다'라고 생각하는 사람들이 집권하면 뭐라 브레이크를 걸 수 있는 방법이 드물다는 것이다. 그들은 옳지 않은 것을 옳다고 믿고 따르기 때문이다.

정부개입주의

정부개입주의가 확산되는 또 다른 이유는 그것이 정치인이나 관료에게 이익이 되기 때문이다. 정부 예산을 늘리고 공무원을 더 늘리는 일이 정치인이나 관료에게 도움이 되기 때문에 그렇게 행동하는 경향이 강하다. 이는 경제학계에서 오랫동안 정통 이론으로 간주되어온 제임스 뷰캐넌(James Buchanan)의 공공선택이론으로 충분히 설명할 수 있다. 국익이나 공익 등과 같은 근사한 명분을 내세우지만 그 밑바닥에는 자신과 자신이 속한 그룹의 이익을 극대화하려는 의도가 있다.

사람은 자기 이익에 충실한 존재다. 우리 지역에, 우리 산업에 어떻게든 더 많은 이익을 배분해달라는 요구가 하늘을 찌르면 이를 마다할 정치인이나 관료는 없다. 거대정부를 원하는 다수 국민의 욕구와 정치인과 관료들의 필요와 존재 이유 그리고 이익이 겹치면서 어느 사회든 정부 부문은 중단 없는 성장을 거듭하게 된다. 문제는 어떤 사회는 유별날 정도로 성장 속도와 폭이 빠르다는 점이다.

이러한 정부개입주의의 확대 추세에 브레이크가 걸리는 시점은 언제일까? 재정 위기가 목전에 닥쳐야 비로소 거대정부로 가는 길을 멈추게 된다. 하지만 경제 위기에서 슬쩍 벗어나면 망각이라는 것이 고개를 들게 되고 거대정부로 가는 또 다른 길이 시작된다. 결국 정치라는 것은 특정 그룹에게 이익을 나누어 주는 기능을 수행하는 합법화된 강제 정도로 이해할 수 있다. 되도록 더 많은 이익을 빼 가기 위한 치열한 경합이 정치의 진면목 가운데 하나일 것이다. 이익단체나 지역을 중심으로 잘 조직화된 그룹들이 더 많은 이익을 나눠 갖게 된다. 이를 비판하는 목소리는 늘 울려 퍼지지만 이를 막을 수 있는 근원적인 방법은 작은 정부로 가는 길 이외에는 없다.

누가 이를 좋아하겠는가! 그래서 어떤 사회든 배고픔을 넘어서고 나면 그다음에는 정부의 규모가 커지는 일을 막기 힘들고, 이런 현상이 정도를 벗어나면 결국 경제 위기를 맞거나 경제 활력이 형편없이 떨어지는 상황으로 내몰리게 된다. 좌파적 사고는 정부개입주의에 대한 신념과 맥을 같이하고 정부개입주의의 정당성을 철저하게 옹호한다.

5장

정치와 좌파적 사고

"연대, 단결, 평화, 민족, 자주 등은 좌파적 사고에 익숙한 사람들이 즐겨 사용하는 용어들이다. 이런 용어들은 대부분 편익 분석이나 옳고 그름을 제쳐두고라도 사람들의 감성을 촉촉이 적시는 위력이 있다. 현실적으로 타당한지 아닌지는 중요하지 않다."

* *

즐겨 사용하는 용어는 의식구조의 산물이다. 어떤 사람이 혹은 어떤 그룹의 사람들이 즐겨 사용하는 용어를 살펴보면, 그가 어떤 사고방식에 익숙한 사람인지를 판단하는 일은 어렵지 않다. 좌파적 사고를 가진 사람들은 평화나 연대와 같은 단어를 즐겨 사용한다. 자신들이 평화를 사랑하는 사람들로 간주되는 것을 좋아하며, 반대편에 선 사람들은 평화에 반대하는 사람으로 지칭하기를 좋아한다. 그들이 말하는 평화가 가능한지 아닌지는 그다지 중요하지 않다. 평화라는 감성적인 단어가 가진 위력 덕분에 일단 다수의 갈채를 받을 뿐만 아니라 이슈를 선점하는 효과를 거둔다.

냉전 시대에 서구에서 유행한 좌파 사상이 공산주의가 붕괴되자 인권운동, 환경운동, 반핵운동, 반전운동 등으로 관심거리를 이동시킨 것처럼, 이 땅에서도 좌파적 사고는 저마다의 관심 분야에 따라 갈래를 달리한다. 하지만 그들을 묶어주는 좌파적 사고의 뚜렷한 특성까지 부인할 수는 없다. 정치 영역에서 좌파적 사고의 6가지 특성은 다음과 같다.

자유가 목적인 정체를
추구하지 않는다

"다른 목적을 달성하기 위해 자유를 양보하는 일을 서슴지 않는다."

한 사회의 정체(政體), 즉 정치체제는 매우 중요하다. 그것은 현시대를 살아가는 사람들의 삶의 모든 측면에 걸쳐 크고 작은 영향을 미친다. 뿐만 아니라 정체는 다음 세대의 삶에도 측량할 수 없을 만큼 심대한 영향을 미친다. 어떤 사회의 정체는 그 사회의 구성원들이 도저히 벗어날 수 없는 제약 조건과 같다. 자유민주주의 정체를 채택한 나라에서 살아가는 사람들과 그 밖에 다양한 모습의 전체주의 정체를 선택한 나라에서 살아가는 사람들의 삶은 180도 달라지고 만다.

어떤 사람이 어떤 사회에 태어나면 운명적으로 어떤 정체가 주어진다. 개인으로서 자신에게 주어진 정체를 받아들이기를 거부하는 사람들은 삶의 터전이 되어온 나라를 떠나는 것 이외엔 달리 다른 방법이 없다. 그나마 개인이 노력해서 떠날 수 있다면 다행스러운 일이다. 특정 정치체제를 떠나는 일이 현실적으로 가능하지 않을 수도 있다. 오늘날 북한 땅에서 살아가는 일반 백성들 가운데 그 체제하에서 살아가고 싶은 사람들이 얼마나 되겠는가? 하지만 그들 대부분은 그 체제를 떠날 수 있는 자유가 없다. 구소련의 억압적인 공산 체제하에서도 체제에 환멸을 느낀 사람이 많았지만 그들이 원한다고 해서 모두가 조국을 떠날 수는 없었다. 알렉산드르 솔제니친(Aleksandr Solzhenitsyn)과 같은 반체제 인사가 국제사회의 도움을 받아 조국을 떠날 수 있는 자유를 얻었지만, 그런 선택이 개인에게 빛만 있는 것은 아니다. 자신과 함께한 것들 가운데 많은 것을 포기해야 한다면 이는 마치 뿌리가 송두리째 뽑히는 경험에 비유할 수도 있다.

정치체제를 결정하는 요인들

한 사회가 정체를 결정하는 일은 복잡하기 짝이 없다. 역사적으로 축적된 경험, 역사적 변곡점에서의 집단적 선택, 정체를 변혁시키기 위한 혁명이나 쿠데타, 우연적 요소들이 어우러지면서 정체가 결정된다. 이런 요소들이 날줄과 씨줄로 엮이면서 한 사회의 정체는 고스란히 헌법에 담긴다. 대한민국은 정치적으로는 자유민주주의를, 경제적으로는 자유시장경제를 선택했다. 그런 선택은

1948년 5월 10일에 실시된 5·10선거를 통해 선출된 국회의원들이 중심이 된 1948년 7월 17일 제헌국회에서 일어난 일이다. 이보다 앞서 1946년에 북한은 이미 인민민주주의와 계획경제를 선택한 바 있다.

같은 민족으로 오랫동안 살아왔지만 정체는 두 나라의 운명과 두 나라에 속하는 구성원들과 그 후손들의 삶을 도저히 줍힐 수 없을 만큼 크게 벌려놓고 말았다. 우리나라에서 정체가 선택된 과정을 잠시 살펴볼 필요가 있다. 1948년을 전후해 한반도에서는 일찍부터 인민민주주의 정체를 선택한 북한에 의한 소요 사태가 끊이질 않았다. 당시에 일어난 테러와 봉기를 미화하려는 움직임도 최근 들어 부쩍 활발하지만, 당시를 기준으로 하면 북한의 사주를 받은 남한 좌익에 의한 사회 불안 조성 행위는 상상할 수 없을 정도로 극심했다.

당시 한국인들이 자유민주주의 체제에 대해 강력한 신념을 갖고 있었던 것은 아니다. 냉전의 시작을 전후해서 한반도 남쪽에 진주한 미군정의 의도가 대한민국의 정체 선택에 중요한 역할을 했다. 또한 공산주의 체제가 지닌 약점을 예리하게 꿰뚫고 있었던 선각자적인 일부 정치인들이 권력의 중심부로 부상하면서 대한민국은 자유민주주의와 자유시장경제를 선택하게 됐다.

이제껏 살펴본 바와 같이 대다수 사람은 그들의 유전자에 깊이 뿌리내린 오랜 소규모 집단생활의 영향력에서 벗어나기가 쉽지 않다. 이는 특별한 노력이 더해지지 않으면 좌파적 사고에 친숙한 정체를 선택할 가능성이 높음을 뜻한다. 제헌국회가 헌법을 제정해서 통과시키지 않고 국민투표로 양 체제 가운데 하나를 선택하도록 했다면 북한은 물론이고 남한도 자유민주주의 체제를 선택했을 가능성이 높지 않다.

자유라는 가치

오늘날 유럽이나 미국 같은 서구 선진국들의 정치체제 선택에서 '자유'는 매우 중요한 역할을 수행해왔다. 유럽의 선진국들은 왕정에서 근대 시민사회로 전환하는 과정에서 개인의 자유를 자신의 손으로 획득했다. 이런 과정에서 대부분 국가의 국민들이 피를 흘렸다. 예를 들어, 영국과 프랑스만 하더라도 절대왕정으로부터 어렵게 개인의 자유를 획득한 나라들이다. 미국은 식민 지배를 지속하려는 영국과 맞서 싸워 자유를 손에 넣는 과정을 거쳤다.

이처럼 모습은 다르지만 '자유'를 향한 투쟁은 거의 모든 서구 선진국들의 정치체제 선택 과정에서 발견되는 공통점이다. 다만 러시아만이 독특한 행로를 걸었다. 그들은 절대왕정에서 시민사회를 거치지 않고 곧바로 볼셰비키 혁명을 통해 공산주의 체제를 선택했으며, 구소련의 지배하에 있던 동유럽 국가들은 대부분 제2차 세계대전부터 1990년까지 공산주의 체제를 선택하지 않을 수 없는 상황에 내몰리고 말았다.

공산주의 체제의 핵심에는 '자유'가 놓여 있지 않다. 자유의 추구, 자유를 향한 전진, 그리고 자유를 향한 열정이 그들에게는 존재하지 않는다. 대신에 그들은 공동체가 필요에 의해 선택하는 특별한 목표를 수행하기 위해 자유는 양보 가능한 가치이자 수단이자 도구로 간주하는 경향이 강하다. 그들에게 자유는 언제든지 포기할 수 있는 하위 가치에 불과했다. 어떤 나라의 정체에서 자유가 그 자체로 절대적인 가치를 지닌 목표인지, 아니면 평등이나 그 밖에 좋아 보이는 가치를 실현하기 위한 수단이나 도구로 활용되는지는 매우 중요한 문제다.

좌파적 사고의 뚜렷한 특징 가운데 하나가 시대 상황이나 환경에 따라 상위 가치가 얼마든지 변할 수 있다고 간주한다는 점이다. 다시 말하면 어떤 공동체라도 구성원들의 합의 과정을 통해서 혹은 소수의 지도자들의 결단에 의해 상위 가치를 설정할 수 있다고 믿는다. 예를 들어, 소수의 지도자들이 토지가 불공평하게 분배되어 있다고 판단하면 그들은 사회정의를 실현한다는 명분으로 토지를 균등하게 배분하는 것을 사회가 해결해야 할 상위 목표로 설정할 수 있다. 이른바 '토지 배분의 평등화' 내지 '토지의 공유화'를 가장 중요한 상위 목표라고 결정할 수 있다. 정치권력을 쥔 소수의 지도자가 얼마든지 국민의 이름으로 혹은 사회정의의 이름으로 자신의 개인적인 신념을 사회가 추구해야 할 목표로 결정할 수 있는 것이다. 이를테면 국민투표와 같은 수단을 통해서 자신들의 믿음을 실현할 수 있다.

1946년 북한에서 이루어진 무상몰수와 무상분배와 같은 토지개혁도 김일성을 비롯한 소수의 지도자가 '토지는 무상으로 분배되어야 한다'는 신념을 갖고 추진한 정책이다. 토지를 소유하지 못한 다수는 당연히 찬성하게 된다. 불과 몇 년 후에 토지를 분배받았던 사람들이 모두 현대판 농노가 되고 말지만, 당장 국가가 나서서 땅을 무상으로 준다고 하니 대다수는 열광적으로 찬성했다. 북한 당국자들은 인민의 이름으로 개인의 재산을 약탈한 것이다.

상위 가치의 변경 가능성

　　좌파적 사고는 제어되지 않고 무제한적으로 영향력을 확장할 수 있다. "코에 걸면 코걸이 귀에 걸면 귀걸이"라는 말이 적용되는 생생한 사례에 속한다. 정치권력을 쥔 사람들이 필요한 것이라면 무엇이든 상위 목표에 자리 잡을 수 있다. 좌파적 사고를 가진 사람들은 이를 가능하게 하기 위해 개인의 자유는 얼마든지 양보의 대상이 될 수 있다고 여긴다. '공익의 이름으로', '사회의 이름으로' 이런 선택들이 행해진다. 더욱이 형식적으로는 삼권분립이 이루어진 상태지만 입법부와 사법부 모두 행정부의 시녀가 될 수 있을 정도로 허약한 체제라면 자유의 양보는 얼마든지 실천에 옮겨질 수 있다.

　때로는 "자유민주주의 체제에서 자유라는 단어를 쑥 빼버리는 것이 무엇이 문제인가?"라고 묻는 사람들도 나오게 된다. 자유라는 단어가 사라지고 나면 필요에 따라서 인민민주주의도 될 수 있고, 민중민주주의도 가능해진다. 좌파적 사고의 소유자들은 실제로 다수가 원한다면 자유를 얼마든지 유보할 수 있다고 주장한다. 다수가 원하는 것은 얼마든지 변질될 수 있다. 다수가 모든 이들의 재산이 균등해지길 원한다 해도, 이러한 다수 의견이 그대로 수용되어야 한다고 믿는가? 절대권력의 폭정이 무서운 것처럼 다수의 폭정도 무서운 것으로 변모할 수 있다. 다수는 얼마든지 자신의 질투심이나 시기심을 타인의 재산과 자유를 빼앗는 용도로 활용할 수 있다.

민주주의의 산실로 통하는 고대 그리스 시대에도 직접민주주의의 폐해가 고스란히 드러났다. 그 시대의 부자들도 끊임없이 송사의 대상이 되는데, 당시에는 법관이 있는 것도 아니고 오늘날처럼 법체계가 제대로 잡혀 있는 것도 아니었다. 배심원으로 참석한 사람들이 소송을 건 달변가에게 설득당해 부자들의 재산을 빼앗는 일에 손을 들어주는 일이 비일비재하게 발생했다.

어떤 사회가 자유사회라는 정체를 지속적으로 유지하기를 원한다면, 설령 다수가 원하더라도, 설령 권력자가 간절히 바라는 것일지라도 절대로 양보하지 않아야 하는 대원칙이 있어야 한다. 그런 원칙은 어떤 상황에서도 자유 그 자체가 침해되지 않도록 모든 다른 가치를 하위 가치나 하위 목표로 설정하는 것을 사회 구성원들이 받아들이는 것이다. 타인의 자유를 빼앗음으로써 얻는 이득에 잠시 환호성을 내지를 수도 있지만, 이는 얼마 가지 않아 부메랑이 되어 자신의 자유 상실이라는 대가로 돌아오게 된다. 결국 타인의 자유가 상실되는 것이 나의 자유가 상실되는 것으로 연결된다. 또한 나의 자유가 상실되는 것이 타인의 자유가 상실되는 것으로 이어진다. 익명 사회를 살아가는 사람들이 유지하려고 필사적으로 노력해야 할 정치체제는 자유 그 자체에 무한 가치를 두는 정체이며, 이를 위해 어떤 비용도 감내하려는 구성원들이 다수를 차지하는 정체일 것이다.

이런 맥락에서 보면 좌파적 사고는 자유의 보호라는 면에서 전적으로 다른 시각을 갖고 있다. 필요하다면 얼마든지 자유를 희생할 수 있다고 생각하는 것이 좌파적 사고의 중요한 특성이다. 어떤 명목으로 자유를 유보하거나 빼앗을 수 있다면 그런 정치체제가 어떤 길을 걸어가게 될지 예상하는 일은 어렵지 않다. 다수의 이름으로, 공익의 이름으로 자유와 재산과 생명을 빼앗는 일이 충분히 가능해질 것이다.

재산권을 수단이나 도구로
간주한다

"사적 재산권도 다른 권리와 마찬가지로 양보될 수 있다고 생각한다."

노예와 시민의 차이는 자유의 유무와 동시에 개인 재산 소유 여부에 있다. 자기 재산을 가질 수 없는 것은 노예 상태 혹은 준노예 상태에 놓이는 것과 같다. 중세 봉건사회에서 농노는 자기의 토지를 갖지 못했다. 마찬가지로 조선조의 노비 역시 자신의 토지는 물론이고 자신의 소유물을 가질 수 없었다.

오늘날 북한에서는 개인의 토지 소유가 허용되지 않는다. 국가가 모든 토지를 소유하고 있으며, 공식적으로 배급제로 사회가 돌아가는 체제를 유지하고 있다. 오늘날 북한은 배급제의 기초가 허물어지는 바람에 부분적으로 장마당을 통한 교환이 이루어지고 이런 과정에서 개인 재산을 축적한 사람들이 등장하고 있지만, 공

256

식적으로는 개인 재산을 인정하지 않는 사회다.

재산을 가질 수 있다는 것

개인에게 가장 소중한 재산은 신체다. 자신의 신체를 마음대로 할 수 있는 자유는 직업 선택의 자유와 거주 이전의 자유 그리고 표현의 자유를 포함한다. 따라서 자신의 재산을 소유할 수 있는 권리를 갖는 것은 신체의 자유와 밀접한 관계가 있다. 의식주 문제를 전적으로 누군가에게 의지해야 한다면 노예 상태와 다를 바 없다. 오늘날 빈부 격차 문제에 지나치게 민감한 사람들도 개인의 재산권이 가진 의미와 중요성을 간과하지 않도록 해야 한다. 빈부 격차를 없애는 유력한 방법은 모두가 똑같이 가지거나 아니면 정부가 모든 것을 소유하는 것이다. 이는 모든 개인이 노예 상태에 놓이는 것과 차이가 없음을 잊지 말아야 한다.

좌파적 사고를 가진 사람들은 자유에 대해서도 유보적인 태도를 취하는 것과 마찬가지로 재산권에 대해서도 상황에 따라 모호한 태도를 취한다. 상위 목표나 상위 가치가 있다면 얼마든지 개인의 사적 재산권도 양보해야 할 대상으로 삼는다. 자유사회에서도 정부의 간섭과 개입이 증가하면 필연적으로 이러한 좌파적 사고가 개인의 사적 재산권에 대한 침해 형식으로 그 모습을 드러낸다. 공동체의 삶을 위해서 부분적으로 그리고 한시적으로 일부 사람들의 사적 재산권에 대한 침해가 불가피할 때가 있다. 예를 들어, 도로

와 같은 공공재를 공급할 때라면 토지수용이 불가피하다. 이것은 공익을 위해 사적 재산권을 유보하는 것이다. 국방의 의무도 마찬가지다. 국방이라는 공공서비스는 공동체의 안위에 필수적이다. 이를 수행하기 위해서 국가 구성원들에게 일정 기간 군복무를 강제하는 것도 개인의 시간을 의무적으로 군복무에 투입하게 한다는 점에서 개인의 재산권 침해의 한 가지 사례에 속한다. 이처럼 공동의 이익을 위해 개인의 재산권을 유보해야 하는 예외적인 경우가 있다.

좌파적 사고는 소규모 집단 사회에 그 뿌리를 두고 있다. 그 시대는 모두가 공평한 시대였다. 그래서 어떤 사회든 좌파적 사고를 지닌 이들은 재산을 균등히 분배해야 한다는 염원을 갖고 있으며, 다양한 모습으로 사적 재산권을 침해하는 데 과감한 행보를 보인다. 공익을 위해서 누군가의 재산을 사회가 취하는 것은 재산을 내놓지 않을 수 없는 일부 사람들을 제외하면 모두에게 이득이 되는 일로 간주될 수 있다. 따라서 다수가 가진 질투심이나 시기심을 법적으로 제도화함으로써 타인의 재산을 사회의 재산으로 만드는 과정이 꾸준히 진행된다.

이미 충분히 이야기한 바와 같이 본능을 극복하는 일은 쉽지 않다. 그러나 대규모 익명 사회를 살아가는 사람들은 재산권과 관련되어 제대로 된 이해로 본능의 영향력을 극복할 수 있도록 노력해야 한다. 왜냐하면 임의적인 재산권 침해가 낳는 부작용이 너무나 크기 때문이다.

재산권 침해의 파급효과

좌파적 사고를 지닌 이들은 재산권 침해로 인한 1차적인 효과에만 주목하는 경향이 강하다. 재산권 침해가 단기간을 벗어나서 중기 그리고 장기에 걸쳐서 미치는 2차, 3차 효과는 충분히 염두에 두지 않는다. 직접 효과뿐만 아니라 시간을 두고 일어나는 간접 효과까지 충분히 염두에 둔다면 사적 재산권을 침해하는 일에 신중하게 접근할 것이다.

개인이 재산을 갖는 것은 자본을 축적하는 것을 뜻한다. 자본을 축적하는 일은 정부의 도움이나 타인의 시혜에 의존하지 않고 자신의 삶을 꾸려가는 것을 뜻한다. 자본축적은 당사자에게만 도움이 되는 일로 그치는 것이 아니다. 자식들에게 더 나은 교육 기회를 제공하고, 자식들이 더 나은 삶을 살아갈 기초를 제공한다. 이렇게 축적된 자본은 사회의 다른 구성원들에게 의도하지 않은 결과를 낳는다. 어떤 사람이 축적한 자본은 다른 사람이 새로운 사업을 시작할 수 있는 가능성을 열어준다. 은행 예금, 주식 투자, 채권 구입의 형식으로 다른 사람들의 사업에 자본을 공급하는 원천이 될 수도 있다.

우리나라가 많이 발전했다고 하지만 여전히 자본축적이라는 면에서 보면 오랜 세월 동안 번영해온 선진국에 비해 크게 미진한 수준이다.

우리나라 주식시장에서 외국인 투자가의 비중은 60%가 넘는다. 이는 자본 수익 가운데 60%가 외국인들의 자본축적의 결과물로 이동함을 뜻한다. 이런 현상은 1997년 외환 위기 이후에 더욱더 심해졌다. 강남의 굵직굵직한 빌딩 가운데 다수가 외국인이나 외국 기관투자자들의 소유인 것도 임대 수입이 그들에게 돌아가는 것을 뜻한다. 자본축적은 경제성장은 물론이고 더 나은 삶을 위해 반드시 필요한 일이다.

재산을 모으는 일은 자본축적을 뜻한다. 개인 차원에서나 가족 차원에서 자본축적은 선한 일이다. 이를 장려하는 사회, 개인의 재산권을 더욱 엄격하게 보호하는 사회가 더 많은 자본축적을 달성할 수 있을 것이다.

오늘날처럼 자본의 이동이 자유로워진 세상에서는 국가 간에 자본축적을 위한 경쟁이 치열하게 벌어진다. 재산권 보호가 미흡한 국가에서 재산권 보호가 안정된 국가를 향해 자본의 이동이 이루어질 수밖에 없는 환경인 것이다.

어떤 사회가 개인이 재산을 축적하기 힘든 제도를 갖고 있거나 계속해서 재산권을 침해하는 제도를 만들어내는 것은 무엇을 뜻하는가? 국가가 더 많은 재산을 개인에게서 거두어들이는 것은 어떤 의미가 있는가? 주인 없는 돈이 늘어나는 것을 뜻하며, 당연히 낭비되는 재산이 늘어날 수밖에 없다는 것을 뜻한다. 재산이 공유되면 그만큼 쓸모없는 일이나 효율이 떨어지는 일에 더 많은 재원이 투입될 수밖에 없다. 따라서 재산권 침해가 일상적인 나라는 자본의 축적보다는 자원의 낭비를 더욱더 조장하는 사회로 나아가게 된다.

타인의 재산을 존중하는 것

좌파적 사고를 지닌 이들은 재산의 불균등한 분배 상태와 같은 곧바로 눈에 보이는 효과에 집중하는 경향이 강하다. 재산권 침해로 인한 2차, 3차 효과가 계속 발생함으로써 사회 전체가 겪는 어려움은 고려하지 않는다. 눈에 보이는 효과만이 아니라 눈에 보이지 않는 효과까지 염두에 두면 재산권과 관련된 좌파적 사고가 가진 폐해를 훨씬 줄일 수 있다. 눈에 보이지 않는 부분까지 생각하려면 이성과 합리의 눈으로 사물이나 현상을 볼 필요가 있다.

인간은 태어날 때부터 자신이 갖고 있는 것에 대해서는 강한 애착을 느낀다. 재산에 대한 인간의 욕심은 본능적이다. 그러나 타인의 재산에 대한 존중이나 배려는 철저하게 배워야 하는 것이지 타고나는 것은 아니다. 한 사회가 재산권을 존중하는 것은 자신과 타인의 자유를 존중하는 것임을 반드시 가르쳐야 한다. 하지만 재산과 자유가 밀접한 관계에 있다는 것을 배울 기회는 흔치 않다. 우리 사회에서 재산권의 보호는 다양한 각도에서 접근해볼 수 있다. 어떤 사회현상에 대해 어떤 사람이 자신의 주장이나 의견을 발표하는 것은 일종의 재산권에 해당한다. 이에 대해 찬성이나 반대를 표명하는 것은 또 다른 사람의 자유에 속하며, 그런 의견이나 주장은 그 사람의 재산권에 속한다. 다른 사람이 자신의 의견을 마음껏 발표할 수 있는 것처럼 반대하는 사람 역시 자신의 의견과 주장을 마음껏 발표할 수 있다. 바로 이런 상태를 두고 표현의 자유라고 부르지만, 재산권의 시각에서 보면 서로서로 상대방의 재산권을 인정하는 것으로 해석할 수 있다.

　어떤 의견에 대해서 자신과 의견이 다르다고 해서 떼거리로 몰려다니면서 상대방이 심리적으로 위축되거나 심한 불쾌감을 느낄 정도로 음해성 댓글을 남기는 일을 어떻게 봐야 할까? 개인의 도덕과 윤리 문제로 이해할 수 있지만 상대방이 더는 자신의 의견을 발표하지 못하도록 위력적인 표현을 사용하는 것은 상대방의 자유, 즉 상대방의 재산을 강탈하는 것에 비유할 수 있다. 그러나 우리 사회에서 이런 시각을 가진 사람은 많지 않다. 성추행이나 성폭행 같은 사건도 재산권 침해라는 차원에서 접근할 수 있다. 개인이 가진 가장 근본적인 재산이 자신의 신체다. 자신의 동의 없는 타인의 강제나 강압은 넓은 의미에서 재산권 침해의 문제로 접근할 수 있다.

　근대화 과정에서 서양과 동양의 격차가 벌어진 데는 재산권 보호 유무가 큰 영향을 미쳤다. 절대왕정하에서 개인이 재산을 갖기 힘들었던 동양 사회는 전반적으로 침체를 면치 못했고 결국 서구 열강들의 식민지가 될 수밖에 없었다. 문명 발전과 한 나라의 번영은 내 자유와 남의 자유, 즉 내 재산과 남의 재산에 대한 명확한 구분이 있을 때 가능하다. 이것이 흔들리면 문명과 번영 모두 위기에 처하게 된다.

03

민중주의에 친화적이다

"정도의 차이는 있지만 민중주의에 우호적인 성향을 보인다."

한 번 더 생각하는 일은 쉽지 않다. 어떤 일에 대해 한 번 더 따져 보는 일은 에너지가 필요한 일이라서 누구에게나 쉬운 일은 아니다. 인간의 의식은 본래 논리적이라기보다 반응적이다. 소규모 집단 사회에서 생존에 적합한 덕목은 찬찬히 따지는 논리나 합리에 있지 않았다. 위해를 가할 수 있는 동물이 출현할 때 이것저것 따지는 데 익숙한 사람들은 살아남지 못했을 것이다. 어떤 현상이 출현하자마자 곧바로 반응을 보이는 것이 생존에 훨씬 적합한 덕목이었다. 이런 본능도 현대인에게 고스란히 유산으로 남겨졌다.

누군가 공짜로 갖고 싶은 것을 얻는다면 그 자체로 기분이 좋은 일이다. 노력하지 않고 얻을 수 있는 것이라면 무엇이든 환영할 만

하나. 좌파적 사고를 가진 이들은 정부든 이웃이든 자신에게 선물을 주는 것을 환영한다. 노력하지 않고 가만히 있는데도 얼마를 손에 쥐어주니 누가 이를 반대하겠는가?

따라서 좌파적 사고를 가진 이들은 정부가 제공하는 모든 종류의 시혜에 호의를 표한다. 혜택을 받는 대부분 사람들은 혜택을 환영한다는 점에서 좌파적 시각을 갖고 있을 가능성이 높다. 정부가 어떤 혜택을 약속할 때 다수는 환영하지만 이것저것을 따지면서 "그런 혜택이 왜 필요한가?"라고 반문하는 소수가 있게 마련이다. 숫자로 보면 환영하는 사람들은 다수이고 반대하는 사람들은 늘 소수다.

혜택을 제공하는 사람은 어떨까? 혜택을 제공하는 사람들은 두 가지 이유로 혜택을 제공할 것이다. 하나는 가부장적인 사고다. "우리가 어려움에 처한 사람들을 도와야 한다"는 생각에서 비롯된 도움이다. 다른 하나는 도움을 제공함으로써 자신에게 돌아올 수 있는 정치적 혜택이다.

좌파적 사고를 가진 이들은 두 가지 모두를 강력히 선호할 것이다. 소규모 집단 사회에서 추장이 도우는 것처럼 자원을 배분할 수 있는 권한을 가진 사람이 대인처럼 도와야 한다고 생각하기 때문이다. 또한 도움을 주는 일이 자신에게 이익이 되기 때문에 도움을 제공하게 된다. 나랏돈이라는 것이 주인이 없기 때문에 나의 득표 활동에 도움이 될 수 있다면 거리낌 없이 그곳에 돈을 투입하는 것이다.

민중주의의 약진

　　민중주의(포퓰리즘)는 계속해서 혜택을 베풀고 혜택을 받는 사람의 범위를 지속적으로 확장하는 정책을 선호하는 정치적 입장이다. 민중주의는 좌파건 우파건 간에 정치권력을 획득하기를 원하는 사람들에게서 공통적으로 관찰할 수 있는 속성이다. 정치권력을 얻기 위해서는 어떻게든지 표를 주는 사람들의 환심을 사야 하기 때문이다. 그렇지만 정도나 빈도 면에서 민중주의는 좌파적 사고와 깊이 연결되어 있다. 좌파적 사고는 대부분 더욱더 민중주의로 흘러가게 된다.

　　민중주의는 처음에는 미약하게 시작된다. 어느 나라건 절대적 빈곤에서 벗어나는 데 급급한 시기에는 공동체 전체가 처분할 수 있는 자원이 빈약하기 때문에 민중주의의 움직임은 미약하다. 그런 시기만 하더라도 자신의 운명을 스스로 책임져야 한다는 관점을 공유하는 사람들이 다수를 차지한다.

　　1997년 외환 위기를 경험했을 때 우리나라의 국가 부채 수준은 세계의 어떤 나라보다도 더 건실했다. 재정지출을 수입의 범위 내에서 엄격하게 운용한 것은 민중주의가 이 땅에서 자리를 잡을 수 없었음을 뜻한다. 이후 재정지출은 가파르게 상승했다. 경제성장률을 크게 웃도는 재정지출은 다양한 혜택을 다양한 계층에 제공하는 방식으로 우리 사회의 고정비 지출의 성장을 견인해왔다. 그런 추세 속에서 기념비적인 순간으로 2011년 서울시의 무상급식 관련 투표를 들 수 있다. 모든 학생들에게 점심을 공짜로 먹인다는 발상은 그 이전에는 대다수 사람들이 받아들이기 쉽지 않은 것이었다. 그러나 공짜라는 것이 워낙 강력한 유혹이기에 보편적 복지라는 거센 파고를 막을 수 없었다. 이후 마치 봇물이 터지듯이 공짜는 점심을 넘어서 다른 분야로 그 영역을 확장해왔다.

이처럼 일단 어떤 사회에서 국가의 재정으로 다양한 계층을 도와야 한다는 주장이 설득력을 얻기 시작하면 브레이크를 걸기 힘들다. 마치 선명성 경쟁이라도 벌이듯이 좌파건 우파건 간에 경쟁적으로 민중주의적 정책을 쏟아내게 된다. 본래 도움이라는 것은 누구도 도움의 양에 좀처럼 만족할 수 없다는 위험성을 내포하고 있다. 일단 공짜에 맛을 들이기 시작하면 얼마를 받든 무덤덤해진다. 사람의 생각이란 묘해서 처음에는 '공짜'라는 것에 알레르기 반응을 보이던 사람들도 자꾸 노출되면 익숙해진다. 자신도 모르는 사이에 처음에는 생소하던 것들을 당연하게 여기게 된다.

민중주의의 든든한 후견자, 좌파적 사고

좌파적 사고는 민중주의에 대해 강력한 확신과 정당성을 부여한다. 소외되었거나 소외된 것처럼 보이거나 도와야 하는 사람들을 만들어내는 일은 얼마든지 가능하다. 여기서 좌파적 사고가 놓치는 맹점은 두 가지다. 하나는 자원의 낭비고, 다른 하나는 모럴의 퇴락이다. 정부의 재정지출 가운데서 복지와 관련된 재정지출은 대부분 고정비 성격의 지출이다. 일단 한번 만들어지면 좀처럼 없애기 힘들며, 점점 그 액수가 증가하고 적용 대상의 범위가 확장된다.

김대중 정부가 집권하는 동안 노인들을 위한 지하철 무료 제도가 도입됐다. 미약한 시작이니까 별문제가 없다고 주장하는 사람들이 정책을 밀어붙였다. 당시 기준으로 얼마 되지 않은 수준에서 시작되었지만 소수의 사람들은 일단 시작되면 없앨 수 없기 때문에 도입을 반대했다. 이후에 지하철 운영기관의 수익성 악화 때문에 여러 차례 폐지안이 제안되었지만 결국 납세자들이 계속해서 적자를 메우는 쪽으로 정리되고 말았다. 혜택은 일단 시작되고 나면 불변의 권리가 되어버린다.

민중주의적 정책을 밀어붙이던 이들은 재정지출의 경보음이 울리고 경제 위기와 같은 상황이 닥쳐야 비로소 문제 해결책을 마련해서 부분적으로 실행에 옮긴다. 그 이전까지는 민중주의에 브레이크를 걸 수 있는 가능성은 낮다. 어느 사회건 민중주의를 제어해야 한다는 목소리는 높을지라도 정치인들의 당락과 직접 관련되기 때문에 위기 발생 이전에 이를 스스로 제어하기는 쉽지 않다.

민중주의는 대다수 사람들이 젖기 쉬운 좌파적 사고와 정책 담당자의 좌파적 사고가 어우러질 때는 속수무책일 정도로 단기간에 민중주의적 정책으로 발전하게 된다. 왜, 이를 제어하는 것이 힘든 것일까?

사람의 두뇌는 전체보다 부분에 익숙하다. 대다수 생활인들에게 중요한 것은 '부분의 최적 값'이지 '전체의 최적 값'은 아니다. 부분은 자신의 이익과 직접 관련되어 있지만 전체는 공동체 전체의 이익과 직접 관련되어 있다. 앞의 것은 시시각각으로 내 이익과 손해를 결정하지만, 뒤의 것은 시간을 두고 공동체 전체가 얻는 것과 지불하는 것과 관련되어 있다. 따라서 다수의 사람들이 전체를 두루두루 살핀 끝에 민중주의의 폐해를 자신의 문제로 혹은 자기 자식의 문제로 혹은 공동체 전체의 문제로 받아들일 가능성은 아주 낮다.

그렇다고 해서 모든 사람이 부분에 익숙하다는 이야기는 아니다. 생활인 가운데서도 전체를 조망할 수 있는 사람도 있을 것이다. 민중주의 정책의 빛과 그림자를 파악할 뿐만 아니라 그런 정책들이 중장기적으로 낳을 수밖에 없는 부작용을 걱정하는 사람들이 있다. 하지만 안타깝게도 어느 사회건 이런 사람들이 다수를 차지하기는 쉽지 않다.

그래도 사상의 자유와 표현의 자유가 충분히 용인되는 사회라면 민중주의의 폐해에 대한 경고가 더 많이 나올 수 있다. 특히 정치권력의 영향력으로부터 자유로운 연구소나 언론이 많은 사회라면 민중주의의 폐해를 지적하는 허심탄회한 주장이 빈번히 등장할수 있다. 그러나 민중주의의 폐해를 꼬집는 주장이나 보도는 현재 정치권력을 장악한 사람들이 추진하는 정책에 대한 반대로 해석될수 있기 때문에 사상의 자유가 미흡한 사회에서는 민중주의의 약진을 제어할 수 있는 방법이 드물다.

무엇보다도 민중주의에 대한 확신을 가진 정치권력이 등장하면 단시간 내에 민중주의 성격의 정책을 엄청나게 쏟아낼 수 있다. 강력한 좌파적 사고로 무장한 정치인들일수록 민중주의야말로 나라를 구하는 지름길이고, 소외된 사람들에게 도움을 줄 수 있는 확실한 방법이라고 확신한다. 수많은 사례들이 그러한 확신이 잘못된 것임을 보여주는데도 말이다. 가까운 예로 민중주의 정책을 밀어붙인 결과 혹독한 경제 위기를 겪고 있는 베네수엘라를 들 수 있다. 차베스는 죽었지만 엄청난 고통을 베네수엘라 국민들에게 남겼다.

민중주의적 정책이 미래에 어떤 결과를 낳을지는 이론과 역사적 경험을 참고하고 분석하면 충분히 예측할 수 있다. 하지만 강력한 좌파적 사고로 무장한 정치인, 특히 강한 권력을 쥔 사람들에게 이런 경고나 미래는 와닿지 않는다. 우려되는 미래를 경고하는 사람을 자신의 정책에 반대되는 주장을 일삼는 사람으로 치부할 가능성이 높다. 이론은 직접 실천하면서 비용을 치르기 전에 미래를 전망하도록 기여하지만, 집권 세력은 이러한 이론에 귀를 닫고 눈을 감는 경향이 있다.

따라서 좌파적 사고에서 잉태된 민중주의는 이를 적극 후원하는 집권 세력과 만나면 마치 누룩이 번져가듯이 단시간 내에 사회를 포퓰리즘으로 전염시켜버리고 만다. 그래서 무상급식에서 출발한 민중주의의 여파는 무상의료, 무상교육, 무상수당 등으로 성역 없이 확대되고 만다. 경보음이 울리지만 손에 쥐는 혜택이 너무 달콤하기 때문에 재정 위기가 닥치기 전에는 그러한 움직임을 멈추기란 불가능하다.

정치 과잉의 시대를 연다

"정치가 모든 것을 해야 하고 할 수 있다고 믿는 경향이 강하다."

대규모 익명 사회가 경제문제를 해결하는 방법에는 두 가지가 있다. 하나는 정치 원리에 따라 자원을 배분하는 방법이고, 다른 하나는 경제 원리에 따라 자원을 배분하는 방법이다. 자본주의 체제를 선택한 나라라면 좌측에 정치 원리를 그리고 우측에 경제 원리를 두고 그 중간의 어느 곳에 위치해 있을 것이다. 이른바 혼합경제 체제를 말한다.

좌파적 사고는 소규모 집단 사회의 자원 배분 방식에 기초한다. 부족장이 형평의 원리에 기초해서 공동체가 획득한 자원을 배분하는 방식이다. 이 같은 방식은 소규모 집단 사회의 고유한 자원 배분 방식인데, 좌파적 사고에 따르면 현대와 같은 대규모 사회에서는 부족장 대신에 행정부가 그 역할을 맡게 됐다. 행정부는 정치인으로 대체할 수 있다. 원칙적으로 익명 사회의 존립을 가능하게 하는 것은 교환과 교역을 기본으로 하는 자본주의 체제다. 가격 메커니즘에 따라 경제주체들이 각자의 사익을 추구하는 자본주의 체제를 대체할 수 있는 자원 배분 방식은 존재하지 않는다. 20세기 동안 새로운 대안으로 등장했던 공산주의와 사회주의는 철저한 실패로 끝나고 말았다.

정치 원리 대 시장 원리의 갈등

좌파적 사고를 가진 이들은 경제주체를 대신해서 제3자가 자원 배분의 주역이 되어야 한다고 믿는다. 이른바 정치 원리를 통해서 자원을 배분하는 것이 옳다는 믿음을 갖고 있다. 좌파적 사고에 친숙한 이들은 공동체가 직면한 현안 과제들을 해결하는 과정에서 정치에 의한 해결 방식을 선호하는 경향이 강한데, 이런 경향이 심해지면 이른바 '정치 과잉의 시대'가 열리게 된다. 정치 과잉의 시대란 정치 원리에 따른 자원 배분이 점점 더 큰 비중을 차지해가는 것을 말한다. 경제주체들 사이의 상호관계를 존중하는 방식의 문제 해결이 얼마든지 가능한 경우에도 정부가 주도해서 문제 해결을 도모하는 경우를 두고 하는 말이다.

예를 들어 의료보험 제도를 보자. 의료보험 제도는 경제주체들의 과중한 의료비 부담을 해소해주기 위해 시작된다. 의료비 가운

대서 보험이 보장하는 부분과 보장하지 않는 부분으로 나뉘기 때문에 보험료 부담은 과중하지 않다. 그러나 보장하지 않는 부분까지 말끔하게 보험으로 보장해야 한다는 주장을 믿는 정치가라면 자연스럽게 추가적인 부담을 전제로 해서 모든 영역을 의료보험 영역으로 포함하게 된다. 이런 선택은 유권자들의 박수를 받을 수 있지만, 결국은 과도한 의료비 증가로 말미암아 편법이 등장할 수밖에 없다. 의료비 증가를 억제하기 위해서 의료 수가를 엄격하게 규제하거나 납세자들에게 보험료 인상을 요구하는 일이 뒤따를 수밖에 없다. 일단 모든 의료 행위에 의료보험을 적용하면 의료 서비스에 대한 과잉 수요를 억제하기가 현실적으로 쉽지 않다. 그래서 사회적으로 의료비 부담이 증가하고, 또 이를 억제하기 위한 정부의 행정 조치들이 뒤따르게 된다. 이렇게 의료 부문에 대한 정부 개입은 계속해서 확대되고 의료 부문의 획일화와 평준화가 계속되면서 의료 부문 전체가 낙후되는 결과가 발생하고 만다.

교육 부문도 비슷한 상황에 처하게 된다. 평등 교육을 이유로 정부가 교육 부문에 개입할수록 획일화된 교육 서비스를 제공하는 방향으로 나아가게 된다. 더 나은 교육 서비스를 제공하기 위함이라는 정부 개입의 본래 취지와 다른 방향으로 정책이 나아가게 되는 것이다. 일단 시작되고 나면 정부 개입은 점점 그 강도를 더해가게 된다. 마치 잘 가꾸어진 공원이나 공장처럼 정리되지 않은 부분을 모두 다 제거한 다음에 말끔하게 잘 단장된 모습으로 재탄생시키고 마는 것이 정부 개입이 지닌 관성이다.

정치 과잉의 후유증

정치 과잉의 시대가 도래하면 사람들의 행동에서도 변화가 일어나게 된다. 경제 논리에 따른 경제활동에 시간과 에너지를 쏟기보다는 관련 단체들을 중심으로 이해 당사자들이 힘을 규합하여 정부가 배분 권한을 쥐고 있는 자원 가운데 더 많은 몫을 차지하기 위해 치열한 로비전에 뛰어든다. 정치 과잉의 시대는 지대추구 사회(Rent-seeking Society)의 도래를 의미한다. 경제 논리로 움직이는 사회에서는 고객을 위해 누가 누가 더 잘하느냐에 따라 승부가 결정되지만, 정치 논리가 지배하는 사회에서는 정치인에게 누가 더 많은 영향력을 행사하고 협조 관계를 맺을 수 있느냐가 중요해진다.

어느 사회건 일단 초창기의 역동적인 성장 과정이 지나면 점점 더 많은 이익단체들이 등장하게 되고 이들을 중심으로 정부의 자원 배분에서 더 중요한 이익을 차지하려는 움직임이 일게 된다. 이때가 되면 하이에크가 지적한 것처럼 정부 정책은 마치 축구공처럼 바뀌게 된다. 정부는 공정한 중재자나 판단자의 역할을 벗어나서 더 많은 표를 가진 그룹에게 유리한 권한을 제공하는 방향으로 움직이게 된다. 머릿수가 많은 이익단체들 가운데 대표 주자는 노동조합이다. 상급 노동단체의 요구를 수용하다 보면 상대적으로 수적으로 열세에 놓인 기업들의 입장은 반영되지 못한다.

정치 과잉의 시대에 사회는 필연적으로 특정 이익단체들을 보호하는 방향으로 움직여 가게 되는데, 그 결과 필연적으로 사회에 다양한 장벽이 세워지게 된다. 곳곳에 칸막이가 생기면 사회는 점점 성직화되고 자원 배분의 효율성이 떨어지며 역동성을 상실하게 된다.

정치 과잉의 시대에 사회가 직면하게 되는 것은 다음의 세 가지다. 하나는 역동성의 상실로 인한 생산성의 하락과 성장률의 하락이다. 다른 하나는 자원의 낭비다. 정부가 배분할 수 있는 자원이 경제 논리가 아니라 정치 논리에 따라 배분됨으로써 생산성이 형편없는 분야에서 자원이 낭비되는 상황이 벌어진다. 마지막으로 자원의 낭비와 추가적인 자원 확보가 난항을 겪으면서 적자를 부채 증가로 메우는 상황이 지속된다. 궁극적으로 정치 원리가 압도하는 사회는 크고 작은 경제 위기에서 완전히 벗어나기는 힘들다.

이론적으로나 역사적 경험을 미루어 보면 정치 원리가 압도하는 사회는 온전하기를 기대할 수 없다. 자원의 낭비와 재생산의 부족 때문이다. 그럼에도 좌파적 사고를 지닌 이들은 할 수만 있다면 되도록 많은 영역에서 시장 원리를 정치 원리로 대체하기를 원한다. 대체로 정치 원리에 익숙한 사람들은 좌파적 사고로 무장한 사람들이다. 이들은 정치 원리를 깊이 신뢰한다. 신념이 행동을 낳듯이 그들이 갖고 있는 신념은 결국 그것에 합당한 결과를 낳고야 만다.

정치 원리가 압도하는 사회의 등장을 정치인들만의 책임으로 돌릴 수는 없다. 일상에서 나름대로 성실히 살아가는 사람들조차 "정부가 이것을 해줘야 한다"거나 "정부가 저것을 해줘야 한다"는 주장을 예사롭게 한다. 이는 불확실한 상황에서 경제주체 대신에 정부가 문제 해결을 도모하는 역할을 수행해야 한다는 믿음이 강함을 말해준다.

정치 의존의 악순환

　　많은 이들이 '이것을 정부가 해결해주어야 한다'고 생각하는 것은 무엇을 뜻하는가? 특별한 교육을 받지 않은 보통 사람들은 좌파적 사고에 친숙함을 말해준다. 이처럼 간단한 질문을 던져보는 것만으로도 사회가 어려운 상황을 향해 나아가는 것을 막을 수 있지만, 이를 실천에 옮기기란 쉽지 않다. 정부 개입이란 곧 관련 정치인이나 관료가 문제 해결을 위해 나서는 것을 뜻하는데, 이들이 관련 문제에 대해 속속들이 알 수 있다는 가정은 올바르지 않다. 이들이 할 수 있는 최대한의 조치는 크게 무리하지 않는 선에서 정해진 규칙과 관례에 따라 문제를 해결하는 것이다.

　　이런 문제점에도 불구하고 정부가 더 많은 역할을 해주길 바라는 사람들의 욕구를 제어하기는 쉽지 않다. 시간이 가면서 어떤 사회가 정치 만능의 시대로 달려가는 것을 방지하기는 쉽지 않다. 사회가 더 많은 공무원, 더 많은 관변 단체, 더 많은 예산, 더 많은 정치인, 더 많은 예산에 의존하는 사람들로 구성되어가는 것은 우리가 현재도 목격하고 있는 일이다.

　　정치 과잉은 일단 시동이 걸리면 계속해서 더 많은 정치 과잉을 낳게 된다. 현재의 상황에 만족하지 못한 다수가 정부 개입을 요구할 때의 생각은 단순하다. 국가가 개입하면 더 나은 결과를 낳을 수 있다는 막연한 믿음에 따라 국가 개입이 시작된다. 하지만 개입은 대체로 상황을 더욱 악화시키는 결과를 낳게 된다. 이에 만족하지 못한 사람들은 더욱더 강도 높은 개입을 요구하게 되고, 그 결과 또한 더욱더 예상하지 못한 부작용을 낳게 된다.

이렇게 개입이 어려움을 낳고, 또 어려움이 개입을 낳고, 그 개입이 또 다른 어려움을 낳는 상황이 벌어진다. 이런저런 개입이 중첩으로 이루어지면 나중에는 빠져나올 수 없을 정도로 복잡한 상황에 놓이고 만다. 정치적 개입은 또 다른 정치적 개입을 낳고, 그 개입은 또 다른 정치적 개입을 낳는 상황이 벌어진다. 좌파적 사고가 시대정신으로 자리 잡은 사회가 겪을 전형적인 모습은 얼마든지 예상이 가능하다.

역동성에 대한
대안 제시가 쉽지 않다

"잘해야 현상 유지를 낳거나 대부분 침체된 사회를 낳는다."

세상의 변화를 어떻게 받아들이고 이해할 것인가? 사람들이 변화를 바라보는 시각은 뚜렷이 나뉜다. 어떤 사람은 세상이 자신의 의지와 전혀 관계없이 세상 그 자체로 마치 어디론가 돌진하듯이 변화해간다고 생각한다. 사업가 가운데 이런 변화관을 갖고 있는 사람들이 많다. 그들은 변화와 적응을 삶의 한 부분으로 받아들인다. 그들은 개인이 이를 인정하든 인정하지 않든 그것은 중요하지 않다고 생각한다. 자연에 법칙이 있듯이 세상에도 법칙이 있다고 생각하기 때문이다. 그들이 생각하기에 세상의 역동성은 인정하고 말고 할 것이 아니다. 세상은 그 자체로 역동적일 수밖에 없기 때문이다.

변화를 외면하는 사람들

반면에 어떤 사람은 세상의 변화를 애써 외면하거나 자신이 통제 가능한 영역 안에 있다고 믿고 싶어 한다. 특히 좌파적 사고에 익숙한 이들은 변화에 관하여 독특한 견해를 갖고 있다. 좌파적 사고의 뿌리인 소규모 집단 사회에는 급격한 변화가 존재하지 않았다. 소규모 집단 사회에서 인간은 태어나서부터 익숙한 인물들과 더불어 생활했다. 그들이 접하는 식량 채집도 절기의 변화에 따라 채집하는 식량의 종류가 바뀌는 것을 제외하면 별반 달라지는 것이 없었다. 동물 사냥도 변화와 큰 관련이 없었다. 사냥터는 항상 예상 가능한 장소였으며, 그곳에서 어떻게 사냥감을 공략할 것인가도 어느 정도 추측 가능했다. 과거로부터 본능을 물려받은 현대인들이 변화에 우호적인 시각을 가질 수 없는 충분한 이유가 있음을 짐작할 수 있다.

좌파적 사고는 기본적으로 변화에 우호적이지 않다. 그냥 이대로 머물러 있는 것에 훨씬 더 우호적이다. 꼭 좌파적 사고를 가진 사람이 아니더라도 본능의 영향력하에 있는 보통 사람들이 변화에 대해 덜 친화적이고 덜 우호적인 부분을 이해할 수 있는 실마리는 정태적이었던 소규모 집단 사회에서 찾을 수 있다. 여기서 우리는 대다수 정치인들이 변화를 적극적으로 수용하는 데 소극적인 이유도 찾을 수 있다. 다수의 사람들이 원하지 않은 일에 다수의 정치인들이 적극적으로 나설 수 없는 것은 당연하기 때문이다.

그러나 대규모 익명 사회는 변화라는 관점에서 소규모 집단 사회와 전혀 다른 사회다. 익명 사회는 수를 셀 수 없을 만큼 많은 사람들의 상호작용으로 이루어진다. 국내만이 아니라 국외의 수많은 사람과 수많은 기업과 수많은 단체들의 상호작용은 인간의 인지능력의 범위를 초월하고 남음이 있다. 이따금 거대도시를 거닐 때면 "이 많은 사람들이 무엇을 해서 먹고사는 것일까?"라는 질문을 던질 때가 있다. 단순하게 말하자면 사람들이 상호작용을 정확하게 이해하는 것이 불가능함을 간접적으로 드러낸 표현이다. 상호작용이 만들어내는 결과물이 변화다. 따라서 익명 사회에서 만들어지는 변화는 본질적으로 예상 가능한 것이 아니며, 예상할 수 없기에 통제 가능한 것도 아니다. 변화를 통제할 수도 없고, 예상할 수도 없는 사회에서 경제주체들에게 요구되는 필수적인 덕목은 변화에 개방적인 태도를 유지하는 것이다.

역동성을 인정하고 받아들이는 것의 중요성

역동적인 세계를 있는 그대로 받아들이고 이에 대응해서 필요한 경우에 자신을 변화시키는 것은 현대인에게 필수적인 덕목이다. 개방성을 유지하는 일은 선택할 수 있는 사안이 아니라 반드시 필요한 것이다. 익명 사회는 대단히 역동적인 사회를 뜻한다. 어떤 경제주체가 성공했다는 것은 일시적인 것일 뿐이다. 이제까지 역동적인 환경에 제대로 적응할 수 있었기에 성공이라는 부산물을 손에 쥘 수 있었다. 그러나 지금부터 전개되는 변화에 어떤 태도를 보이느냐에 따라서 성공이라는 부산물을 얻을 수도 있고 그러지 못할 수도 있다. 익명 사회의 변화에 관해서는 보장되는 것이 아무것도 없다.

그러나 대규모 익명 사회가 전개되었음에도 좌파적 사고는 소규모 집단 사회에 뿌리를 두고 있다. 예상할 수 없고 통제할 수 없는 변화가 빚어내는 실업, 파산, 저생산 등과 같은 현상에 대해서 가슴 아파하는 경향이 강하다. 좌파적 사고를 지닌 이들은 당사자들의 고통을 줄여주기 위해 당사자들에게 직접적인 지원을 행하는 경향을 자주 보인다. 변화로 인해 발생한 대규모 실업 사태에 대해서 천문학적인 재정을 투입하는 일도 자주 일어난다. 그런 지원금을 누가 지원했는지, 그런 지원금이 얼마나 효과가 있는지, 그런 지원금이 생산적인 용도로 활용될 수 있는지 등은 엄격하게 따지지 않는다. 그런 엄격한 계산이나 판단은 좌파적 사고와는 별반 인연이 없다. 그냥 마음이 아프기 때문에 어려움에 처한 사람들을 직접 도와야 한다는 주장이 박수를 받을 때가 잦다.

좌파적 사고는 역동성과 역동성이 빚어낼 수밖에 없는 여러 종류의 효과를 기꺼이 받아들이는 데 인색하다. 역동성이 삶의 본질 그 자체임에도 좌파적 사고는 역동적인 세상에 대응하기보다는 정체된 사회에서 가능한 조치를 취하는 데 익숙하다. 여기서 자원 낭비가 줄을 잇는다. 실제로 살아가는 현실은 역동적인 세계인데, 이에 대처하는 방법으로는 정체된 세계에 적합한 방법을 주로 사용하기 때문이다.

좌파적 사고가 역동성을 기꺼이 받아들일 가능성이 있을까?

따뜻함 때문에 쉽지 않다. 역동성 때문에 어려움에 처한 사람들을 사후적으로 돕는 일이 중요하다고 생각하는 한 쉬운 일은 아니다. 역동성 자체를 인정한다면 미리 역동성에 적응할 수 있도록 경제주체들의 자발적인 적응 능력을 키워주는 데 초점을 맞춰야 한다. 이 같은 사전적인 조치를 취하는 데 좌파적 사고가 효력을 발휘하기 위해서는 사고의 일대 전환이 있어야 한다.

진정한 의미에서 따뜻함을 재해석하려면 본성에서 일정 정도 벗어나야 한다. 어차피 세상은 그 자체로 돌진하듯이 나아갈 수밖에 없기에 역동성 때문에 흥하고 망하는 경제주체들이 우후죽순처럼 등장하는 것은 자연스러운 일이다. 이를 기꺼이 받아들일 수 있다면 좌파적 사고가 역동성을 대하는 데서 큰 성과를 거둘 수 있다. 반면에 역동성이 빚어내는 탈락과 좌절 자체에 초점을 맞추고 어려움을 당한 사람들을 어떻게 도울 것인지에 주목하면 좌파적 사고는 결코 역동적인 세계와 함께 갈 수 없다.

좌파적 사고가 지배하는 사회는 칙칙함과 가라앉음이 지배하는 사회로 나아갈 수밖에 없다. 왜냐하면 역동성 자체를 인정하는 데도 인색하고 역동성에 대응하는 데도 더딜 수밖에 없기 때문이다. 오랫동안 정부의 과잉 개입이 지배해온 사회에서 느낄 수 있는 것은 발랄함이나 활달함이나 개방적인 것과 전혀 반대되는 그런 분위기다. 이미 인류는 20세기를 거치며 충분한 비용을 치렀음에도 역사적 교훈으로부터 배우지 못한 사람들이 많다.

감각의 선택을 선호한다

"좌파적 사고는 깐깐하게 따져보거나 계산에 의존하는 성향이 약하다."

이성적으로 생각하는 데는 힘이 든다. 우리가 무엇인가를 골똘하게 생각하는 일에는 노력이 필요하다. 반면에 막연하게 '무엇 무엇인 것 같다'는 느낌대로 생각하고 행동하는 일은 상대적으로 쉽다. 사람들은 개인적으로 막대한 이익과 손실이 갈리는 문제를 대할 때는 꼼꼼하게 따진다. 자칫 잘못하면 큰 손해를 볼 수 있기 때문이다. 그러나 사회적인 문제는 단기적으로 봤을 때 개개인에게 큰 이익이 걸려 있지 않다. 생업과 직접 관련되지 않은 어떤 사회정책이 통과된다고 해서 당장 어려움을 겪지는 않는다. 따라서 사람들은 자신의 이익이 걸려 있는 사안에 관해서는 계산과 이성에 따라 행동하지만, 공동체의 이익이 걸려 있는 일에 관해서는 느낌대로 행동하는 경향이 강하다.

느끼는 대로 선택하고 행동하는 일

좌파건 우파건 간에 공익적인 이슈에 대해 특별한 관심을 기울이는 사람들이 있다. 이들은 보통 사람들과 달리 공적인 이슈에 자신의 시간과 에너지를 투입하는 일을 주저하지 않는다. 하지만 대다수 사람들은 공적인 이슈에 일정 수준 이상의 시간과 돈을 투입하는 데 매우 인색하다. 그것이 그들의 입장에서 합리적인 의사결정이기 때문이다.

좌파적 사고는 계산과 느낌 가운데서 느낌에 따라 판단하고 행동하는 경향이 강하다. 반면에 우파적 사고는 계산과 느낌 가운데서 상대적으로 계산에 치우치는 경향이 강하다. 느낌을 우선하는 일이 위험한 일인가? 사랑이나 우정 그리고 가족 간의 연대감에 계산이 끼어들 수는 없다. 끼어드는 일도 바람직하지 않다. 어떤 사람이 사랑을 느낄 때 일일이 계산을 하고 난 다음에 사랑에 빠지지는 않는다. 그러나 공공정책, 예를 들어 경제정책을 대할 때는 나름의 엄밀한 계산이 있어야 한다. 느낌이나 감정 등과 같은 자연스런 본능에 따르는 경우에는 십중팔구 잘못된 결정으로 이어질 수 있기 때문이다.

좌파적 사고는 막연하게 좋은 느낌이 드는 감정 등을 따르기 쉽다. 예를 들어, 도움이 필요해 보이는 어떤 그룹에 도움을 주는 정책을 생각해보자. 특정 그룹에 무상급식을 제공하는 정책을 추진하는 이들이 "아이들에게 따뜻한 밥 한 끼 먹이자는데 무슨 말이 많은가?" "누구에게는 무상으로 주고 누구에게는 유상으로 주는 것은 문제가 많지 않은가?"라고 지적하면 대부분 사람들은 마음이 따뜻하게 느껴진다. 이러한 정책을 비판하는 사람에게 "어려운 이들을 도와주는데 왜 그렇게 깐깐하게 따지느냐"라고 되묻고 싶은 사람들도 있을 것이다. 이처럼 좌파적 사고는 약간의 어려움에 처한 사람들이라 할지라도 정부가 도와주는 정책에 절대적으로 유리한 상황을 제공한다. 좋은 느낌이나 인간적인 따뜻함과 함께하기 때문이다.

대북 관계에서도 마찬가지다. "전쟁 없이 평화의 시대가 왔는데 왜 자꾸 방해하는 이야기만 하는가!"라고 나무라는 사람도 있다. 누군가 "그들을 어떻게 믿을 수 있나요? 그들이 휴전 70여 년 동안 무슨 일을 해왔나요? 그들이 약속을 지킨 적이 있나요? 그들이 적대감을 버렸다는 어떤 증거가 있나요?"라고 이야기하면 혹독한 비판의 소리를 들어야 할 각오를 해야 할 것이다. 대체로 이제 평화가 왔다고 굳게 믿는 사람들에게 실상은 별로 중요하지 않다. 신념이 눈을 가리고 나면 실제 모습은 눈에 들어오지 않는 법이다.

따지는 것의 중요성

좌파적 사고와 다른 관점으로 세상을 바라보는 사람들은

큰돈이 들어가는 일이므로 꼼꼼하게 따져본 다음 혜택을 받아야 할 사람과 혜택을 받지 말아야 할 사람을 엄격하게 구분해야 한다고 주장한다. 이런 주장을 펼치는 사람은 어김없이 지나치게 계산적인 사람, 지나치게 꼼꼼한 사람, 지나치게 찬 사람으로 간주된다.

공무원을 증원해서 청년 실업 문제를 해결해야 한다는 주장이 실천에 옮겨질 때의 일이다. 전후 파급효과를 염두에 두는 사람들은 일자리를 늘리기 위해 공무원을 더 뽑는 일이 얼마나 위험한 일인지 안다. 수십 년에 걸쳐 지급해야 할 봉급은 그렇다고 치더라도 은퇴 이후에 장기간에 걸쳐 지속될 연금 부담을 생각하면 도저히 받아들일 수 없는 정책이다. 그러나 이를 강행하는 사람들은 "사기업이 일자리를 만들지 못하면 공공 부문이라도 일자리를 만들어 줘야 하지 않는가?"라는 이야기를 서슴지 않는다. 오랜 세월 동안 두고두고 지불해야 할 비용이나 부담을 판단 과정에서 고려하려면 철저하게 이성적이고 논리적인 사고가 필요하다. 이성과 논리는 더 많은 시간과 에너지를 특정 사안에 투입할 것을 요구한다.

익명 사회를 대상으로 하는 여러 가지 공공 정책에 사람들이 일일이 신경을 써야 할 인센티브는 크게 없다. 설령 나중에 모두가 함께 엄청난 비용을 치르는 사안이라 할지라도 사람들은 자신의 이익에 충실할 수밖에 없다. 좌파적 사고는 막연한 느낌이나 호감에 이끌리는 경향이 강하기 때문에 잘 포장된 공공 정책이라면 중장기적인 비용이 크더라도 인기를 끌 수 있다. 일단 정치적으로 좌파적 사고가 인기를 끌 수 있다는 점에서 유리한 위치에 있는 것은 사실이다.

느낌이나 호감에 휘둘리지 않으려면 나름의 체계적인 훈련 과정을 거쳐야 한다. 다시 말하면 논리적으로 시시비비를 가리는 훈련 과정을 거친 사람은 쉽게 좌파적 사고에 빠지지 않는다. 논리적인 모순과 거짓을 찾아낼 수 있기 때문이다. 하지만 모든 사람에게 그다지 즐겁지 않은 논리적인 훈련 과정을 요구할 수는 없다. 따라서 어느 사회든 민중주의 정책이 보통 시민들의 호감을 끌어낼 수 있는 유리한 위치에 있는 것이 사실이다. 여기에다 논리적인 훈련을 받을 수 있는 기회가 희박한 교육 시스템에서 성장해온 사람들이 다수를 차지하는 사회에서는 좌파적 사고가 둥지를 틀기가 무척 유리하다.

익명 사회가 만들어내는 복잡한 문제를 염두에 두면 사람들이 느낌이나 호감에 따라 정치인을 선호하고 정책을 선호하는 것은 자연스런 일로 간주할 수 있다. 이처럼 좌파적 사고는 여러모로 유리한 위치에 있다.

기술로 인한 오늘날의 환경 변화도 언급해둘 만한 가치가 있다. 디지털 기기의 유행은 언제 어디서나 영상물을 소비할 수 있는 시대를 열었다. 책을 읽는다는 것은 쌍방향 교신이 이루어지는 것과 같다. 작가의 글을 읽으며 자신의 생각을 해볼 기회를 좀 더 많이 가질 수 있다. 반면에 계속해서 흐르는 영상물은 일방적이다. 재미를 취할 수 있다는 점에서는 압도적인 우위에 있는 것이 영상물이다. 언제 어디서든 손쉽게 근사한 영상물을 소비할 수 있는 시대는 사람들이 기분이나 느낌 그리고 선호와 같은 감정을 더 중시하도록 만들고 있다. 복잡하게 이것저것을 따지거나 분석하는 것을 멀리하도록 만드는 데 유리한 기술 및 문화 환경이 형성됐다. 기술이 생활의 일부분으로 편입되고 나면 그 기술은 사람의 사고방식에도 영향을 미친다. 보통 사람들이 논리적인 사고를 해야 할 기회와 능력은 점점 줄어들고 있다. 결과적으로 좌파적 사고의 특성인 감각과 느낌과 선호가 중요한 역할을 할 가능성이 훨씬 높아졌다. 기술 발달도 좌파적 사고에 유리한 토양을 제공하고 있음이 틀림없다.

좌파적 사고의 약진과 미래

"아주 예외적인 상황이 발생하지 않는다면 한국 사회에서 좌파적 사고의 약진은 상당 기간 계속될 것으로 보인다. 일종의 시대정신으로 자리잡은 이 같은 사고는 한국 사회의 경제, 정치, 안보, 문화, 대북관계, 한미동맹, 한일관계 등에 전방위적으로 영향을 미칠 것으로 예상된다."

본능은 힘이 세다. 이성과 논리 그리고 합리에 기초한 개인과 사회의 선택은 성찰과 숙고를 필요로 한다. 한 번 더 생각해야 하고, 한 번 더 고민해야 하고, 한 번 더 전후좌우를 따져야 한다. 이처럼 개인적으로 에너지가 소모되는 활동을 대다수가 선택하리라고 기대하기는 어렵다. 따라서 앞으로 상당 기간 한국 사회에서 좌파적 사고가 대세를 차지하리라 예상하는 일은 어렵지 않다.

더욱이 한국 사회는 역사적으로 자유 그 자체를 소중히 하는 자유주의적 전통을 가진 사회가 아니다. 자유를 옹호하는 것이 도구적이고 수단적인 의미에서 정당화되었지만, 그 어떤 가치에도 양보할 수 없는 절대적인 의미에서 자유의 소중함과 중요성을 받아들이는 사회 구성원은 흔치 않다.

한국 사회에는 싱크탱크다운 싱크탱크가 드물다. 싱크탱크의 다수는 정부의 지원을 받는 정부 산하단체이며, 그 밖에 기업연구소와 각종 이익단체 소속의 싱크탱크는 정부의 영향력하에 놓여 있다. 그래서 본능에 호소하는 좌파적 사고의 문제점과 한계를 적극적으로 알리고 설득하는 일이 한국 사회에서 추진될 가능성은 아주 낮다. 관의 영향력하에 있는 지식인들과 그들이 속한 단체는 직간접으로 집권 세력의 이익과 선호를 만족시키는 주장을 펼치기 쉽다.

한편 한국 사회에는 좌파적 사고를 굳게 신뢰하는 활동가나 지식인들의 활동 공간이 매우 넓고 저변이 크게 확대되어 있다. 이들은 폭넓은 활동을 펼치며 안보 이슈는 물론이고 역사·정치·경제·사회·문화 관련 다양한 이슈를 선점하고 자신들의 영향력을 넓히는 데 열심이다. 이들은 오랜 기간 운동권이나 시민사회단체에서 사회를 상대로 활동해온 풍부한 경험이 있기 때문에 대단히 조직적이고 체계적으로 움직인다. 이들은 일부 교원 단체나 상급 노동단체로부터 적극적인 후원을 받거나 이들과 연대 관계를 형성하고 있어서 그만큼 활동 효과를 강화할 수 있는 능력도 있다.

기술 발전도 좌파적 사고의 확산에 기여할 것으로 보인다. 혹자는 전 세계가 네트워크망으로 촘촘히 연결된 오늘날에는 사람들이 올바른 정보를 습득할 가능성이 높다고 주장한다. 그러나 모든 현상에는 빛과 그림자가 있다. 네트워크로 연결된 사회에서는 선전과 선동도 그만큼 쉬워진다. 정교하게 조직되고 대중의 심성을 파고드는 정보나 슬로건은 손쉽게 대다수 사람을 특정 방향으로 움직이는 데 기여할 수 있다. 사람들을 움직이는 데는 이성적이고 합리적인 정보보다 본능에 호소하는 정보가 훨씬 유리하다. 느낌이나 선호와 같은 감정에 바로 영향력을 행사할 수 있는 정보는 좌파적 사고에서 비롯되었거나 좌파적 사고를 옹호하는 정보나 의견일 가능성이 높다. 기술 발전으로 과거에 비해 포퓰리즘에 우호적인 환경이 전개되고 있다고 할 수 있다.

그렇다면 경제적 성과는 앞으로 좌파적 사고의 진로에 어떤 영향을 미칠까? 한국은 아주 예외적인 상황이 발생하지 않는 한 장기 불황의 수렁을 벗어나기 힘들 것이다. 장기 불황은 격차 확대와 중산층을 비롯한 대다수의 지갑이 얇아지는 것을 뜻한다. 성장률이 떨어지고 개개인의 소득이 정체 내지 줄어드는 현상의 원인을 대다수 사람들이 정확히 짚어내서 그 돌파구를 모색할 가능성은 높지 않다. 이성이나 합리를 바탕으로 하면 경제의 역동성 회복에서 대안을 찾겠지만, 정반대 상황이 발생할 가능성이 높다. 성장률 저하의 원인을 대기업과 같은 부를 만들어내는 집단들에 돌릴 가능성이 높다. 더욱이 격차 확대에 대한 분노가 부를 만들어내는 사람들을 향할 수 있으며, 이 같은 속죄양 찾기는 특정 정치 세력의 사적인 이익과 정권 연장을 위한 수단으로 얼마든지 활용될 수 있는 단골 메뉴가 될 것이다.

여기서 주목해야 할 것은 대북 관계의 변화다. 북한은 일정 기간 핵무장을 기정사실화한 상태에서 남한의 좌파적 사고를 가진 사람들에게 협조하는 모습을 취할 것으로 보인다. 이런 협조 관계가 오래 지속될 것으로 보이진 않는다. 좌파적 사고를 가진 정치 세력으로부터 더는 얻을 것이 없다고 판단하는 순간부터 북한은 노골적으로 남한에 대한 압박 정책을 실행에 옮길 것이다. 만일 그 전에 주한미군이 한국을 떠날 수밖에 없는 상황이 발생한다면 한국인들이 좌파 정부를 넘어서 북한의 영향력하에 놓이는 딱하고 위험한 상황이 전개될 가능성도 있다.

이 모든 요소는 한국에서 좌파적 사고와 이를 강하게 옹호하는 사람들의 약진을 뜻한다. 좌파적 사고의 약진은 딱 한 문장으로 요약할 수 있다. 개인의 삶에서든 사회적인 문제와 관련해서든 '정부의 규모와 비중 그리고 영향력이 과거와 비교할 수 없을 정도로 커지는 것'을 뜻한다. 개인의 삶에서도 피부로 느낄 수 있을 정도로 개인이 선택할 수 있는 영역은 줄어들고 많은 선택이 정부의 권한하에 놓이는 상황을 예상할 수 있다. 이러한 상황이야말로 좌파적 사고를 가진 사람들이 경제민주화의 이상적인 상태라고 보는 것이다.

전방위적인 정부개입주의가 활성화된 한국 사회는 어떤 상황을 맞을까? 논리적이고 합리적인 전망이 얼마든지 가능하다. 결국 경제주체들이 활용하는 '암묵적 지식'이 발휘될 수 있는 영역은 줄어들고, 관료나 정치인 그리고 시민사회단체 종사자들이 갖고 있는 '과학적 지식'이 활개를 치게 될 것이다. 그 결과 경제적 동기가 꺾임과 아울러 한국 경제는 현저한 수준으로 역동성을 상실하게 될 것이다. 역동성의 상실과 경제적 유인의 감소, 여기에다 장기 불황까지 겹치면 한국 사회의 구성원들은 미증유의 경제적 고통을 경험하게 될 수밖에 없을 것이다.

유능한 경제주체들 가운데 다른 선택을 하는 사람들도 많아질 것이다. 기업들 가운데서도 해외시장 의존도가 높을수록 바깥에서 기회를 찾는 기업이 부쩍 늘어날 것이다. 모든 것에 빛과 그림자가 있듯이 내부가 어렵기 때문에 오히려 바깥에서 좋은 결과를 만들어내는 기업들도 속속 등장할 것이다. 그러나 홈베이스의 경쟁력 상실로 인해 한국계 기업의 경쟁력은 전반적으로 하락할 것이다. 가장 큰 어려움은 한국이란 나라에 모든 것을 걸 수밖에 없는 대다수의 경제주체들이 치르게 될 것이다.

한 시대를 풍미하는 사상이나 신념은 한 사회가 갖고 있는 지적 인프라에 속한다. 풍요의 세월이 지배하는 동안 한국 사회의 주류는 눈에 보이지 않는 사상의 중요성을 간과하고 말았다. 20여 년 이상 꾸준히 축적되어온 좌파적 사고라는 거대한 흐름을 되돌려 놓기에는 늦은 감이 없지 않다. 불가능한 일은 아니지만 그만큼 힘이 들 것이다. 경제 위기와 같은 위급 상황을 경험한 이후에 정부개입적 사고로는 그러한 상황을 탈출하는 것이 쉽지 않다는 사실을 깨우치는 시민들이 나올 것으로 기대한다. 그런 깨달음을 얻을 즈음이면 한국을 둘러싼 주변 환경은 크게 변화해 있을 것이다. 마치 버스가 떠난 후에 손을 드는 형국이 되지는 않을지 걱정스럽다. 건강한 생각이 무너지면 눈에 보이는 물질도 함께 허물어진다. 더한 어려움이 닥치기 전에 본능을 극복하는 시민들이 더 많이 나오길 소망하며 이 책을 준비했다.

공병호의 저작물 목록

인물 탐구 부문

- 『김재철 평전』

  –파도를 헤쳐온 삶과 사업 이야기: 동원그룹·한국투자금융지주 창업자

- 『이용만 평전』

  –모진 시련을 딛고 일어선 인생 이야기: 전 재무부 장관·전 신한은행장

- 『나는 탁월함에 미쳤다』

  –공병호의 인생 이야기

자기계발 부문

- 『일어서라! 서서 일하고, 서서 공부하라!』

  –공병호의 스탠딩 데스크 100% 활용법

- 『부자의 생각 빈자의 생각』

- 『운명을 바꾸는 공병호의 공부법』
- 『핵심만 골라 읽는 실용독서의 기술』
- 『습관은 배신하지 않는다』
- 『명품인생을 만드는 10년 법칙』
- 『공병호의 초콜릿』
  - ─맛있는 성공 이야기
- 『공병호의 인생사전』
  - ─삶의 갈림길에서 꼭 한번 물어야 할 74가지
- 『공병호의 일취월장』
  - ─나날이 성장하는 나를 위한 그 한마디
- 『공병호의 우문현답』
  - ─힘들고 지칠 때마다 나를 잡아준 그 한마디
- 『공병호의 내공』
  - ─뿌리 깊은 나무처럼
- 『벽을 넘는 기술』
  - ─돈·직업·생활의 위기를 해결하는 18가지 리스크 관리법
- 『공병호의 희망 리더십』
- 『에스프레소, 그 행복한 사치』
- 『공병호의 성찰』
- 『나를 혁명하는 13가지 황금률』
- 『이런 간부는 사표를 써라』
- 『주말 경쟁력을 높여라』
- 『두뇌가동률을 높여라』

- 『3040, 희망에 베팅하라』

자기경영 부문

- 『공병호의 다시 쓰는 자기경영노트』
  - –나를 경영하는 9가지 지혜
- 『공병호의 자기경영노트』
  - –80/20법칙 자기실현편
- 『공병호의 군대 간 아들에게』
- 『공병호의 소울메이트』
  - –겁 많고 서툰 젊음을 위한 공병호의 인생 정면돌파법
- 『공병호 인생의 기술』
- 『공병호 미래 인재의 조건』
- 『인생은 경제학이다』
  - –공병호의 신 경제학 산책
- 『공병호의 자기경영 실천 프로그램』

경제 부문

- 『3년 후, 한국은 없다』
  - –총체적 난국에 빠진 대한민국 민낯 보고서
- 『10년 후, 한국』
  - –공병호가 바라본 한국 경제의 위기와 전망
- 『공병호 대한민국의 성장통』
  - –혼돈의 대한민국을 향한 공병호 박사의 통찰과 해법

- 『시장경제란 무엇인가』
- 『시장경제와 민주주의』
- 『시장경제와 그 적들』

정치사회 부문

- 『불안한 평화』
  –대한민국의 운명을 결정할 한미 관계 전략
- 『진화심리학을 통해 본 5년 후 대한민국』
- 『한국, 번영의 길』
- 『3년 후, 세계는 그리고 한국은』
- 『한국, 10년의 선택』
- 『공병호의 10년 후, 세계』

경영 부문

- 『공병호의 사장학』
- 『공병호의 대한민국 기업흥망사』
  –실패의 역사에서 배우는 100년 기업의 조건
- 『1인 기업가로 홀로서기』
- 『공병호의 변화경영』
- 『공병호의 창조경영』
- 『기업가』

독서 부문

- 『공병호의 무기가 되는 독서』

  —파괴적 혁신의 소용돌이 속에서 무엇을 읽고, 어떻게 대응할 것인가?

- 『공병호의 독서노트: 미래편』

- 『공병호의 독서노트: 창업자편』

- 『공병호의 독서노트: 경영법칙편』

- 『공병호의 독서노트: 미국편』

- 『공병호의 독서노트: 창의력편』

서양 고전 부문

- 『공병호의 고전강독 1』

  —소크라테스와 플라톤에게 최고의 인생을 묻다

- 『공병호의 고전강독 2』

  —소크라테스와 플라톤에게 다시 정의를 묻다

- 『공병호의 고전강독 3』

  —아리스토텔레스에게 진정한 행복을 묻다

- 『공병호의 고전강독 4』

  —아리스토텔레스에게 희망의 정치를 묻다

- 『공병호, 탈무드에서 인생을 만나다』

  —흔들릴 때 힘이 되어준 유대인의 지혜

- 『리더의 나침반은 사람을 향한다』

  —공병호, 불변의 리더십 키루스를 만나다

신앙 부문

- 『이름 없이 빛도 없이』
  - −미국 선교사들이 이 땅에 남긴 것
- 『크리스천의 자기경영』
  - −성경대로 사는 것이 답이다
- 『공병호가 만난 예수님』
  - −예수님을 알아야 진짜 크리스천이 될 수 있다
- 『공병호가 만난 하나님』
  - −잘 믿기 위해서는 하나님 공부가 필요하다
- 『공병호의 성경공부』
  - −성경에서 답을 찾다

어린이 및 청소년 부문

- 『공병호의 10대를 위한 자기경영노트』
- 『영어만은 꼭 유산으로 물려주자』
- 『열두 살에 처음 만난 경제사 교과서』
- 『10년 후 성공하는 아이, 이렇게 키워라』
- 『나를 이기는 아이 & 남을 이기는 아이』
- 『친구가 따르는 아이 & 친구를 따라가는 아이』
- 『대화를 잘하는 아이 & 대화를 못하는 아이』
- 『내 꿈을 이루는 아이 & 남의 꿈을 좇는 아이』

좌파적 사고
왜, 열광하는가?

1판 1쇄 발행 2019년 3월 29일
1판 6쇄 발행 2019년 10월 20일

지은이 공병호

펴낸이 공병호
펴낸곳 공병호연구소

주소 경기도 고양시 덕양구 충장로 614-29
출판신고번호 제2018-000118호
신고연월일 2018년 7월 11일
전화 02-3664-3457 / 010-9004-0453
이메일 gong@gong.co.kr
홈페이지 www.gong.co.kr

ISBN 979-11-965092-4-8 03330
값 13,000원

잘못 만들어진 책은 구입하신 서점에서 교환해 드립니다.

이 도서의 국립중앙도서관 출판예정도서목록(CIP)은 서지정보유통지원시스템 홈페이지
(http://seoji.nl.go.kr)와 국가자료공동목록시스템(http://www.nl.go.kr/kolisnet)에서
이용하실 수 있습니다. (CIP제어번호: CIP2019010599)

판매·공급
   전화 031-927-9279
   팩스 02-2179-8103